EUGÈNE TAVERNIER

l'Esprit laïque

PARIS (VIᵉ)
P. LETHIELLEUX, LIBRAIRE-ÉDITEUR
10, RUE CASSETTE, 10

EUGÈNE TAVERNIER

La Morale et l'Esprit laïque

PARIS (VIᵉ)
P. LETHIELLEUX, LIBRAIRE-ÉDITEUR
10, RUE CASSETTE. 10

La Morale

et

l'Esprit laïque

DU MÊME AUTEUR

Du Journalisme, son histoire, son rôle social, politique et religieux. In-12 (Paris, H. Oudin)............... **3 fr. 50**

L'auteur et l'éditeur réservent tous droits de reproduction et de traduction.

Cet ouvrage a été déposé, conformément aux lois, en mai 1903.

EUGÈNE TAVERNIER

La Morale
et
l'Esprit laïque

PARIS (VIᵉ)

P. LETHIELLEUX, LIBRAIRE-ÉDITEUR

10, RUE CASSETTE, 10

CHAPITRE PREMIER

LES GRANDS MOTS

I

DANS LE PUBLIC

Nature, Morale, Conscience, Devoir, Raison, Idéal, Liberté, Justice, ô précieux et illustres vocables, qui terminez tant de discours et qui servez à éclaircir mainte chose, est-ce que, par hasard et par miracle, vous vous passeriez de toute explication? On paraît croire, en effet, que tel serait votre destin, unique et mystérieux. Vous gouvernez les idées, les sentiments et les passions, mais presque personne n'éprouve le besoin de savoir ce que vous désignez au juste, ni même à peu près, ni d'où vous arrive la clarté que tant d'objets vous empruntent. D'ordinaire, il semble fort inutile et assez ridicule de vouloir pénétrer votre signification réelle. Dirigé de ce côté, l'entretien s'arrête court, comme épuisé dès le début, sans toutefois que la *Morale*, l'*Idéal*, la *Nature*, la *Conscience*, toujours inexpliqués, incompréhensibles toujours, perdent jamais rien de leur prestige.

Comment peut-on demeurer si solidement convaincu de vérités dont on ne sait rien dire ?

L'expérience de ce fait singulier est à la portée de tout le monde.

Que la question soit posée à des commerçants, à des avocats, à des écrivains, à des fonctionnaires, à des médecins et même à des députés : généralement, chacun donne une réponse tranchante, bien que banale. Tout homme, ou peu s'en faut, se montre surpris d'être interrogé là-dessus. D'un ton assuré, il déclare que les réalités ainsi dénommées sont suffisamment claires par elles-mêmes. Il prétend les distinguer à merveille, bien qu'il ne puisse indiquer à quoi elles ressemblent. Avec un fier sourire, notre homme prononce qu'il faut vouloir chercher midi à quatorze heures pour se mettre en quête de pareilles explications.

Ne nous moquons pas de tant d'honnêtes gens qui croient avoir leur pleine suffisance intellectuelle et ne leur demandons pas de nous élever d'un coup à ce degré de bonheur. Mais ne pourraient-ils du moins nous procurer quelque renseignement et faire comprendre, par exemple, sous quel aspect ils se représentent la *Nature*, la *Loi morale* et la *Conscience*? En abrégé, qu'est-ce que c'est ?

Nous n'obtenons qu'un geste dédaigneux. Il a l'air de désigner des réalités visibles à l'œil nu ; mais il n'en montre aucune. Insistons. Notre interlocuteur s'impatiente et fait une vague allusion à de nombreux auteurs et penseurs qui, dit-il, ont répandu sur ce sujet une abondante lumière. Malheureusement il a toujours oublié leurs noms, leurs ouvrages et même leur opinion. Pressé de faire un effort de mémoire, il hausse les épaules et tourne le dos. Il s'en va, inséparable de sa belle assurance et ne s'apercevant même pas qu'il s'est révélé absolument incapable de la justifier. S'en apercevrait-il, qu'il n'éprouverait encore nul embarras et conclurait qu'elle est d'autant plus légitime qu'elle ne possède aucun moyen de s'exprimer.

Encore une fois, comment peut-on être à ce point persuadé de choses sur lesquelles on ne sait rien dire ?

Que dans la société policée et même lettrée l'inconséquence et l'étourderie occupent beaucoup de place, c'est un très vieux sujet de confusion, auquel on doit bien se résigner. Mais qu'elles étendent leur empire sur le domaine d'où elles devraient être tout spécialement exclues, voilà un phénomène agaçant et pitoyable.

Il ne s'agit pas d'obtenir de particuliers quelconques qu'ils se livrent à la spéculation métaphysique, comme les théologiens du moyen âge, ni comme les maîtres de la philosophie contemporaine. Sans raffinement, sans chicane et sans piège, il est permis de réclamer un peu de lumière sur les notions qui forment la base et le but de notre vie. Cette *Nature*, cette *Loi Morale*, cette *Conscience*, qui sont indispensables pour discourir, il importerait de soupçonner au moins d'où leur vient leur autorité catégorique.

Est-ce que l'on continuera de les honorer en s'abstenant d'examiner ce qu'elles valent, à quoi elles se rapportent, bref, ce qu'elles signifient ?

Vous le savez? vous, tel ou tel, économiste, chimiste, avocat, député, professeur, littérateur, rentier ? Puisque vous le savez, parlez donc !

Toujours muets sur l'affaire essentielle, ils se rengorgent, pérorant à côté, imperturbables dans leur conviction d'être supérieurs aux ouvriers, aux employés, aux paysans. Ceux-ci, néanmoins, croient également dire tout le nécessaire et tout le possible quand ils jugent qu'il est naturel que la pluie et le soleil fassent mûrir le blé et qu'une maison construite de travers s'écroule ; quand ils apprécient un acte conforme ou contraire à la morale et quand ils parlent « la main sur la conscience ». A ces grands mots, le vulgaire n'ajoute rien non plus, n'éprouvant nul désir de donner ou de recevoir une explication supplémentaire. Ainsi, des hommes de catégories différentes arrivent avec une égale rapidité au bout de leur pensée, embellie d'un accent solennel et qui s'épuise instantanément. Ayant attesté la *Conscience*, la *Morale* ou la *Nature*, ils se campent fiers et tranquilles comme s'ils venaient de faire jaillir la source de la vérité en prononçant quelques substantifs familiers... et impénétrables à tout le monde. Après ces vaines contemplations devant des signes perpétuellement mystérieux, l'élite et la foule se réfugient dans la routine, qui trompe l'activité de l'esprit et le besoin de l'âme.

Cet entêtement se nourrit encore de divers propos jetés dans la circulation. Des conférenciers ou des publicistes semblent s'imposer un grand effort et déclarent que la nature est le type du bien. Ils la traitent en personne réelle et vivante, qui serait de leurs relations. Tel fut l'usage durant le dix-huitième siècle et au commencement du dix-neuvième ; aussi Joseph de Maistre demandait-il ironiquement qu'on lui fît connaître « cette dame ». D'autres publicistes et d'autres conférenciers décident que la nature est impassible ou cruelle, et ils l'injurient. D'autres enfin la décrètent d'inconscience et continuent de lui garder rancune. Beaucoup la considèrent comme une sorte de chaos et lui opposent la civilisation et l'art. Ils n'ont pas remarqué que Voltaire, très détaché des soucis métaphysiques, attribue cependant des discours malicieux à cette soi-disant rustaude : « La *Nature* dit au *Philosophe* : — Mon pauvre enfant, on m'appelle nature et je suis tout art... Ne sais-tu pas qu'il y a un art infini dans ces montagnes que tu trouves si brutes ?... Quant à ce qu'on appelle mes règnes, animal, végétal, minéral, j'en ai des millions. Mais si tu considères seulement la formation d'un insecte, d'un épi de blé, de l'or et du cuivre, tout te paraîtra merveilles de l'art... Puisque je suis tout ce qui est, comment un être tel que toi, une si petite partie de moi-même, pourrait-elle me saisir ? Contentez-vous, atomes, mes enfants, de voir quelques atomes qui vous environnent, de boire quelques gouttes de mon lait, de végéter quelques moments sur mon sein et de mourir sans avoir connu votre mère et votre nourrice ». Et comme le *Philosophe* l'interpelle encore ainsi : « Ma chère mère, dis-moi un peu pourquoi tu existes, *pourquoi il y a quelque chose...* », la *Nature* réplique : « Je te répondrai ce que je réponds à ceux qui m'interrogent sur les premiers principes : Je n'en sais rien... Va interroger celui qui m'a faite »[1]. Suivant son habitude, Voltaire s'en tire par une pirouette ; mais cette pirouette augmente la confusion des philosophes et du public.

En effet, tantôt inhumaine, tantôt bienfaisante, tantôt à demi impuissante, la Nature est, selon les occasions, n'importe quoi, son propre contraire, immorale et néanmoins source de la loi morale. Et puisque c'est elle qui garantit la réalité et l'autorité de la conscience, le public continue de manquer des renseignements nécessaires.

Ceux que répandent certaines officines, certains groupes ou certains pontifes de circonstance, flottent sur l'onde de l'opinion comme des coques vides. Quelques orateurs, désireux de ne point paraître dépourvus d'idées, feuillettent un manuel et citent la tirade de Rousseau : « Conscience ! Conscience ! instinct divin, immortelle et céleste voix, juge infaillible du bien et du mal... C'est toi qui fais l'excellence de sa nature et la moralité de ses actions »[2] ; ou bien, en l'honneur du *Devoir*, ils arrangent la phrase où le philosophe de Kœnigsberg compare la splendeur de la loi morale au rayonnement du ciel étoilé. Ainsi, dans une conférence pédagogique donnée lors de l'Exposition de 1878, M. Buisson, directeur de l'enseignement primaire, déplorait que les élèves et un peu les maîtres n'eussent pas l'esprit d' « observation ». Il recommandait les promenades nocturnes à la campagne afin d'exciter le sentiment de la grandeur et de l'ordre. « Ils n'ont jamais été saisis de cette pensée des mondes innombrables et de l'ordre éternel et de l'éternel mouvement de l'univers ». La page fut lue devant le Sénat, au cours d'une discussion sur quelque loi scolaire. Les sénateurs crurent qu'ils étaient émerveillés. Mais, pas plus que M. Buisson et pas plus que les instituteurs et les élèves qui contemplaient les étoiles, ils n'eurent l'idée de chercher l'origine des magnificences sidérales.

Tous également eussent éprouvé de l'enthousiasme (et peut-être en eussent-ils encore moins distingué le motif), si on leur avait lu le texte où Kant célèbre le *Devoir*, sous le nom d'impératif catégorique : « *Devoir*, nom sublime et grand ! Tu ne renfermes rien d'aimable ni d'insinuant, mais tu réclames la soumission ; cependant, pour ébranler la volonté, tu ne menaces de rien de ce qui éveille dans l'âme une aversion naturelle ou l'épouvante ; mais tu poses simplement une loi qui trouve d'elle-même accès dans l'âme et qui cependant gagne elle-même, malgré nous, la vénération, sinon l'obéissance, devant laquelle se taisent tous les penchants, quoiqu'ils agissent contre elle en secret ! Devoir ! *Quelle origine est digne de toi et où trouvera-t-on la racine de ta noble descendance* qui repousse fièrement toute parenté avec les penchants et de laquelle dérive la condition essentielle de la seule valeur que les hommes puissent se donner ? Ce ne peut être rien de moins que ce qui élève l'homme au dessus de lui-même, en tant que partie du monde sensible, ce qui le lie à un ordre de choses que l'entendement seul peut concevoir... Ce ne peut être que la *personnalité*, c'est-à-dire la liberté et l'indépendance à l'égard du mécanisme de la nature » [3].

Froid et goguenard devant ce lyrisme, Schopenhauer disait de l' « impératif catégorique » que c'était « une coquille sans noyau ».

Et, en effet, comment nous trouvons-nous ainsi doués d'un instinct supérieur à la nature, nous qui faisons partie de la nature ? On glorifie Kant d'avoir procuré la solution décisive, tandis qu'il nous laisse le soin de la découvrir, puisqu'en somme c'est lui qui nous interroge. C'est lui qui demande quelle est l'origine du devoir. Sans doute, il conseille de sonder les profondeurs de notre « personnalité »; mais les conférenciers, ni les simples auditeurs, ni les sénateurs, ne révèlent ce qu'ils aperçoivent dans ces régions-là. Ils se contentent de répéter, comme avant l'examen : « Loi Morale ! Conscience ! Ah ! Conscience ! ô Conscience ! »

Le corps humain est une machine d'une complication et d'une ingéniosité surprenantes : mais l'esprit ! En regardant fonctionner la raison, Taine éprouve une sorte de stupeur, puisque, dit-il, *à proprement parler, l'homme est fou :* « La plus simple opération mentale, une perception des sens, un souvenir, l'application d'un nom, un jugement ordinaire est le jeu d'une mécanique compliquée (on évalue le nombre des cellules cérébrales — couche corticale — à douze cents millions et celui des fibres qui les relient à quatre millions), l'œuvre commune et finale de plusieurs millions de rouages, qui, pareils à ceux d'une horloge, tirent et poussent à l'aveugle, chacun pour soi, chacun entraîné par sa propre force, chacun maintenu dans son office par des compensations et des contrepoids. Si l'aiguille marque l'heure à peu près juste, c'est par l'effet d'une rencontre qui est une merveille, pour ne pas dire un miracle ; et l'hallucination, le délire, la monomanie, qui habitent à notre porte, sont toujours sur le point d'entrer en nous. A proprement parler, *l'homme est fou, comme le corps est malade, par nature ;* la santé de notre esprit, comme la santé de nos organes, n'est qu'une réussite fréquente et un bel accident. Si telle est la chance pour la trame et le canevas grossier, pour les gros fils à peu près solides de notre intelligence, quels doivent être les hasards pour la broderie ultérieure et superposée, pour le réseau subtil et compliqué qui est la raison proprement dite et se compose d'idées générales ? Formées par un lent et délicat tissage, à travers un long appareil de signes, parmi les tiraillements de l'orgueil, de l'enthousiasme et de l'entêtement dogmatique, combien de chances pour que, dans la meilleure tête, ces idées correspondent mal aux choses » [1] !

Or, cette effrayante complication s'accroît encore, et sans limites, dans la structure et dans le jeu de la conscience morale. Ici, d'autres rouages, aux mystérieux mouvements, dans l'appareil instable qui vient d'être décrit. Instincts, désirs, tendances, passions, de nouvelles forces font leur entrée, escortant une puissance pour ainsi dire fantastique, la volonté, qui lutte contre elles et qui doit aussi se frayer sa voie parmi les idées assemblées avec tant de peine. Et dans l'insondable intimité de notre être, une invisible main refrène cet ensemble de conflits, dispose des contrepoids, donne des impulsions, reconstitue l'équilibre ; une voix lointaine profère des avertissements et des conseils ; enfin, par un arbitre innommé et sans figure, sont rendus des jugements qui font prévaloir l'ordre et la paix, qui rétablissent la joie ou qui infligent le regret et le remords. Et chaque créature est le lieu de ce spectacle !

Si prodigieux qu'il soit, il n'intéresse que fort peu de monde. Les pédagogues eux-mêmes en parlent très brièvement, laissant voir que leur curiosité, pourtant bien peu exigeante, s'est trouvée tout de suite en déroute, et persuadant ainsi la foule que l'incompréhensible merveille ne mérite pas l'attention. Certains philosophes se renferment dans l'analyse du détail ; d'autres écrivent des pages éloquentes, bien pâles en comparaison de celles que, sur le même sujet, nous tenons de Platon, d'Aristote, de Cicéron, de Sénèque, de saint Thomas, de Leibniz, de Bossuet. Presque personne ne prend soin d'examiner comment la conscience est organisée, ni pourquoi elle existe et d'où peut provenir cette loi morale qu'elle manifeste.

Mais enfin, Taine et ceux qui ont pensé avant lui nous proposent-ils donc des exercices absolument différents de nos procédés habituels ? Non, au contraire. Il s'agit d'appliquer à nous-mêmes la méthode dont nous nous servons quotidiennement vis-à-vis des objets qui nous entourent et dans laquelle nous avons pleine confiance. Ni scolastique raffinée, ni métaphysique abstruse. Fénelon, qui assurément avait l'esprit délié, ne croyait pas néanmoins en faire parade lorsqu'il reprenait à son compte la parole dite par Cicéron à propos des *Annales* d'Ennius : le hasard ne composerait jamais un poème.

Nous étant trop familière, cette vérité nous devient trop évidente ; et comme elle a ainsi perdu son prestige, elle passe pour n'avoir plus de valeur. Il est certain, toutefois, qu'elle continue de diriger notre raisonnement et que sans elle nous serions dépourvus d'une règle indispensable. « Un assemblage de moyens choisis tout exprès pour parvenir à une fin précise, un ordre, un arrangement, un dessein suivi », cela est la marque et la signature de l'intelligence. Le principe rappelé par Fénelon et popularisé par Voltaire :

> L'univers m'embarrasse ; et je ne puis songer
> Que cette horloge marche et n'ait pas d'horloger,

ce principe est-il décidément usé ? Non, puisque les psychologues, les savants et les badauds qui refusent de l'appliquer aux problèmes essentiels, l'emploient dans toutes les autres occasions.

Avec un soin pieux, les géologues recueillent des cailloux sur lesquels ils étudient la moindre trace de l'industrie rudimentaire. Ayant noté une entaille, une pointe, des dispositions combinées, ils devinent un but et une pensée; ils décident alors que lesdits cailloux ont été travaillés par une force intelligente, par l'homme, — et ils imaginent l'histoire, les mœurs, les habitudes, les types de la peuplade qui a vécu en cet endroit.

Priez les mêmes observateurs professionnels d'étudier un peu la conscience, qui vaut bien un caillou : soudain ils perdent leurs facultés d'attention. S'ils ramassaient une espèce d'horloge ou un cadran solaire préhistorique, ils bondiraient de joie et accuseraient d'imbécillité tous les gens qui n'éprouveraient pas de pareils transports : essayez d'utiliser cette belle ardeur et insinuez que, par rapport au mécanisme de la conscience, une horloge, un chronomètre et un phonographe sont de pauvres jouets ; une moue ironique vous répondra. Dites que, si la machine à vapeur et le télégraphe sont d'admirables inventions, l'esprit qui les a conçus et réalisés n'est pas une mécanique agencée par le hasard et par le néant : la conclusion, évidente à l'égard des objets matériels, sera repoussée soudain comme une puérilité vis-à-vis de l'homme. Pas de statue sans un sculpteur : eh ! bien, et la statue animée, parlante et consciente, de qui est-elle l'œuvre ? Pressez les penseurs, les savants et les badauds d'indiquer l'idée qu'ils ont sur l'origine de l'être vivant, pourvu d'une faculté qui lui révèle les règles de la vie, qui combat les mauvais instincts, qui résiste à la brutalité physique, à l'injustice et au mensonge, qui rend des arrêts irréformables, qui donne à l'humble et faible créature une indomptable énergie, les voici muets et indifférents, eux qui pariaient de résoudre tous les problèmes. Celui-là, l'essentiel, ne les intéresse pas.

En réalité, il les gêne. Dès que la pensée l'envisage, elle ressent la vibration qui monte vers l'infini.

Beaucoup de bons esprits, qui raisonnent bien en d'autres cas, ont peine à croire qu'un résultat d'une telle importance dépende d'un mouvement si simple. Et encore, la certitude à laquelle ils atteindraient de la sorte est si claire et si vaste qu'après les avoir séduits un instant elle les intimide. Déçus et pris de défiance pour avoir réussi par delà leurs forces, ils reculent, se détournent, retombent dans l'ornière. Dépensée dans un élan gauche et lourd, toute cette ardente aspiration s'affaisse, égarée, brisée... Néanmoins, elle s'obstine à célébrer le rêve qui l'a trompée, parce que l'abandon du rêve entraînerait un sacrifice trop douloureux ; et aussi, parce que, sous le coup du cruel désappointement, persiste le terrible besoin, plus incapable de s'anéantir que de se rassasier. On court après les chimères. Justement, et par milliers, des Œdipes menteurs se flattent d'avoir jusqu'au fond déchiffré l'énigme qu'ils n'ont pas eu le talent d'épeler, et réussissent à se duper eux-mêmes. Que la disconvenance demeure énorme entre leur prétention et leur conquête ; que, réduite à balbutier une formule inintelligible, leur foi dans la conscience, dans la loi morale, dans la nature, reste fière et intacte ; enfin, qu'un minimum d'ordre et de tranquillité subsiste au milieu de désirs impétueux et de débiles ressources et que l'humanité continue d'honorer le bien, de compter sur la droiture, sur le dévouement, sur le courage, sur la raison dans un monde que le hasard aurait engendré, ce n'est même pas un sujet d'étonnement ni de réflexion. L'habitude en est prise. On agit, on croit, on admire, sans conclure et sans comprendre.

Quelques adjectifs, l'ampleur d'un geste et d'une aspiration, un regard solennel et mystique, notre France libre-penseuse ne désire rien de mieux en fait de pensée. Comme ses maîtres, comme ses orateurs préférés, comme ses pontifes, elle adore deux ou trois vocables-fétiches, plus intraduisibles pour elle que les formules d'incantation dont les nègres sont ravis.

« Nature ! Nature ! » l'esprit d'observation, conseillé par la pédagogie, va jusque-là. Vous devinez qu'il doit aider puissamment à réprimer les mauvais instincts et à fortifier les bons. L'ouvrier qui entend cette leçon n'a plus envie de « faire la noce », ni le bourgeois non plus. Admirez comme la moralisation est devenue une œuvre simple, grâce au prestige des mots ! Nous voyons restaurer une sorte de magie.

Seulement, l'art des nouveaux magiciens est

court ; et leurs incantations n'émeuvent qu'à la surface les auditeurs. Fatigués de n'avoir entendu que de vagues apostrophes, ceux-ci prêtent l'oreille à une voix plus claire et confondent la morale avec leurs désirs, avec leur humeur, avec leurs caprices, avec leurs appétits.

ENNUI ET MISÈRE

Dans l'intervalle de quatre années, de 1891 à 1895, *neuf mille suicides*.

Ainsi que le note M. Proal, les ravages de cette passion ne s'exercent pas principalement dans la catégorie la plus malheureuse. Paris compte cent mille indigents soumis à la dernière mendicité : ceux-là, pour la plupart, s'habituent à leur sort, domptés et engourdis par l'abaissement suprême. On dit d'eux qu'ils ne sont pas intéressants. Quelques âmes généreuses cependant prennent le souci de leur donner du pain.

Mais la classe immédiatement au-dessus, la foule des gens qui pratiquent un métier, qui possèdent un petit emploi, qui ont gardé la notion du groupement familial, qui habitent un logement, qui ne savent pas dormir dans les chantiers ou dans les tranchées de tuyaux de gaz, qui ne se résignent pas à la condition d'animaux errants traqués par la police et qui ne veulent pas déchoir d'un minimum de civilisaion, d'ordre, de fierté, cette classe est assujettie au voisinage du désespoir[5].

Imprévoyance, envie de jouir, alcoolisme, évidemment, mais, en plus, une autre cause intervient : le besoin de s'étourdir. Ouvriers et employés courent les guinguettes ; ils ont tort ; pourtant il faudrait qu'ils trouvent de l'agrément à rester chez eux. Or le logis n'est pas gai. Tant de citoyens qui ont un domicile confortable leur donnent l'exemple de besoins qui exigent le café, le cercle et le restaurant de nuit !

Et ce logement, même bien tenu à force de soins et de labeur, les ouvriers ne peuvent guère en être sûrs. Une maladie les charge de dettes pour longtemps. Le propriétaire, même humain, même généreux, finit par se lasser de ne pas recevoir l'argent qui lui est nécessaire à lui aussi : il annonce qu'il va faire saisir les pauvres meubles des locataires et que, le logement vidé, il en fermera la porte. Alors, on se tue en famille.

Les gens qui n'ont pas subi ces épreuves ne se rendent pas compte à quel point elles sont intolérables. Ou bien ils en détournent leur pensée, effrayés de n'apercevoir aucun remède. Ils concluent mentalement, parfois tout haut, que des êtres si malheureux n'ont en effet rien de mieux à faire que de se tuer, quoique le spectacle soit pénible pour les autres qui trouvent du plaisir à vivre. Que du moins l'on se hâte d'enlever ces restes lugubres et nauséabonds. Un service de voirie bien fait, c'est ce qui est le plus nécessaire à la civilisation moderne, puisque, malheureusement, le suicide jalonne la route du progrès.

Certain jour, le public lut sans trop d'émoi le récit écrit par une femme qui venait d'organiser la mort de ses enfants, comme, la veille, elle préparait leur repas. En apprenant l'arrestation de son compagnon, faux-monnayeur qui se dédommageait ainsi des pertes subies aux courses, elle conclut que le moment était arrivé, pour elle et pour les pauvres petits, de fuir vers le tombeau. Son jeune garçon l'encourageait et elle notait, probablement avec fierté, ce trait de vaillance, ne se doutant pas du tout qu'elle était criminelle.

Quand, trois ou quatre années plus tôt, pareil exemple fut donné pour la première fois, il provoqua un sursaut d'épouvante et de consternation. Mais l'habitude a repris ses droits. Il y a une impression de tristesse ; et puis les lecteurs se regardent d'un air décidé, en avouant qu'ils ne savent pas quelle raison on aurait pu donner au désespéré pour lui rendre courage.

D'ordinaire, les moralistes improvisés et même les professionnels, se montrent tout aussi dépourvus que les badauds. Ou bien encore, par des arguments d'aspect philosophique, ils confirment l'opinion d'après laquelle on a le droit de se tuer quand la vie est trop pénible, trop désagréable, ou simplement fastidieuse. Voilà une théorie facile à comprendre. Qui disait donc que la philosophie est chose compliquée ?

Dans un recueil d'articles intitulés la *Mêlée sociale*, M. Clémenceau s'est, entre autres choses, appliqué à démontrer la légitimité du suicide. Toute son argumentation procède de l'idée de révolte, son idée maîtresse, laquelle lui vient d'un tempérament audacieux et emporté. « Le pouvoir de disposer de soi est la plus haute affirmation d'individualité d'un être qui n'a pas demandé l'existence ». Cette belle pensée séduit spontanément l'esprit des pauvres diables les plus dépourvus de littérature. Ils la conçoivent d'instinct et ils l'expriment avec une énergie profonde. M. Clémenceau y voit la preuve d'un droit incontestable. Avec un peu d'attention, on apercevrait là un autre caractère : le besoin invincible qui pousse les hommes à justifier leurs actes. L'assassin veut non seulement persuader les autres, mais se persuader lui-même, qu'il avait le droit de tuer. Le débauché affirme qu'il n'est pas libre de dominer ses vices et il les impute à ses ancêtres. On accuse autrui, on accuse Dieu ; et M. Clémenceau ne se fatigue pas de cette récrimination. Tout en recommandant la persévérance et tout en assurant que le courage donne la paix et la joie, il a soin de réserver le droit à la désertion, qui lui apparaît comme la dignité suprême. Sa conclusion est celle-ci : « Et puis, je vais te dire : Si tu es trop fatigué, va-t-en »[6]. C'est la charité qu'il reproche aux chrétiens de méconnaître.

En avril 1901, certain Anglais quinquagénaire

tue par passion une Allemande divorcée et se suicide ayant en poche son testament à lui. Vingt-quatre heures après, les journaux mentionnaient qu'une ouvrière mécanicienne avait logé deux balles dans la tête d'un sculpteur, puis lampé une bonne dose de sublimé corrosif et déchargé sur elle un revolver. Aux alentours de cette date, la chronique avait enregistré des meurtres et des suicides analogues : jeunes couples, amoureux de rencontre, vieux ménages aussi, tous fascinés par la mort volontaire ; folie du cœur ou des sens, chagrin, jalousie, découragement, ennui. De tout temps, la foule humaine en connut les épreuves ; mais cette contagion et cette fureur de meurtre et de suicide sont bien des phénomènes nouveaux.

Un brillant écrivain, très détaché de toute doctrine et qui n'aimait pas qu'on accuse la morale indépendante, Henry Fouquier, ne put s'empêcher de dire que le désordre actuel des mœurs vient du désordre des idées. « Au fond de tous les crimes passionnels, comme de tous les suicides, il y a, écrivait-il, le même état de choses qui est *la corruption même de la vie* dans beaucoup d'âmes contemporaines... L'humanité d'aujourd'hui, en sa généralité, vit sur cette idée que, entre l'inconnu d'avant et d'après, il y a la réalité de la vie et que chacun a le droit et quasiment le devoir de faire son existence la plus heureuse qu'il soit possible. Le *droit au bonheur* est là formule par excellence de notre temps ; et cette formule est commune aux rêveurs et aux socialistes les plus pratiques ».

Le problème du bonheur, inépuisable sujet de dissertations pour les philosophes et pour les moralistes, on le retrouve au fond des pensées et des actes qui occupent le public le plus vulgaire. Gens au tempérament équilibré et à la conscience droite, travailleurs courageux, patients, modestes, ceux-là, comme les agités et les emportés, ont besoin de savoir le but et la raison de leur effort.

Gagner son pain, nourrir une famille, poursuivre un rêve d'ambition ou de tranquillité, souffrir dans sa chair, dans son cœur, dans son orgueil, voilà l'histoire des trente ou cinquante années qui sont départies à une masse d'êtres vivants. Puis ils meurent ; et les favorisés laisseront un souvenir qui durera quelques mois dans l'âme de trois ou quatre personnes. Qu'est-ce que cela signifie ?

Et ceux qui ont cru comprendre et saisir la réalité parce qu'ils se sont abandonnés à l'entraînement, ne sont-ils pas troublés en pleine joie ?

> Attestez-le-moi bien, ô couples enlacés,
> Que vos plaisirs sans deuils vous remplissent assez,
> Que le fouet du devoir pour toujours vous oublie,
> Et que vous vous sentez contents de votre vie...
> Attestez-le, j'éprouve au plus secret de moi
> Je ne sais quel frisson qui ressemble à l'effroi.

Ainsi M. Sully-Prudhomme a traduit l'inquiétude que donne la vue du bonheur terrestre et il a promené ses amants parmi les astres et enfin les a menés dans un ciel analogue à celui de Platon [7].

Mais, même ce ciel-là, notre génération incroyante ne s'en montre pas enthousiaste. Elle ne veut considérer que les trente ou cinquante années, que la vie terrestre séparée complètement de l'avant et de l'après. Le fameux *au-delà*, prêché autrefois par de célèbres moralistes, plus forts en rhétorique qu'en morale, l'*au-delà*, qui dispensait de Dieu, la foule s'en est dispensée.

En 1767, Voltaire écrivait de Genève : « On se donne beaucoup, dans ce pays-là, le passe-temps de se tuer : voilà quatre suicides en six semaines ». Ce n'était guère. Le bienfaiteur de l'humanité se plaignait déjà que les idées funèbres eussent trop de place dans les préoccupations. « La pensée de la mort, disait-il, n'est bonne qu'à empoisonner l'existence ». Mais la fâcheuse compagne a une terrible ténacité.

Soixante-dix ans plus tard, témoin de faits jugés alors très surprenants et qui, pour nous, sont devenus très ordinaires, Victor Hugo jetait sa lamentation :

Mais lorsque, grandissant sous le ciel attristé,
L'aveugle suicide étend son aile sombre
Et prend à chaque instant plus d'âmes sous son ombre
. . . .
Alors le croyant prie et le *penseur* médite.

O penseurs, vous aurez bien sujet de penser : *neuf* mille suicides en quatre ans ; et non point seulement parmi les miséreux, ne l'oubliez pas ; car le monde riche, lui aussi, se laisse envahir par la fatigue et le dégoût. La « fête » prolongée, l'amour du gain rapide, la fièvre du plaisir, quelques adultères imprudents amènent des complications qui se dénouent par une balle de revolver ou qu'une fiole d'aconit suffit à dissoudre. L'éperdue *joie de vivre*, chantée par Zola, se termine dans la fureur de la destruction. Voilà l'humanité affranchie. Elle ne veut pas confesser sa faute ; et, comme Néron gagné par la pourriture, elle dit : « Je sens que je deviens Dieu », puisque de grands penseurs lui ont signalé dans le suicide la forme de l'indépendance et de la fierté suprêmes. Renan a loué Marc-Aurèle d'avoir soutenu au nom du droit ce que lui, Renan, approuvait au point de vue de l'art et nommait une « eurythmie ». Quant aux autres, qui n'ont pas fait le pari de poétiser, d'idéaliser et d'égayer la mort volontaire, ils prétendent du moins qu'elle soit pleinement licite. La déplorer, passe : la blâmer, ils n'y peuvent consentir à aucun prix, puisqu'il faut que l'homme se considère comme le maître de son existence, bien qu'il n'en soit pas l'auteur. Reconnaître une autorité légitime au-dessus de la volonté humaine ; non, jamais. Ils sacrifieront le peuple gémissant et leur ordre social dont ils sont si fiers, et les générations futures, et n'importe quoi, et même le bien-être, plutôt que de renoncer à leur blasphème. Ils favoriseront des ligues pour combattre l'alcoolisme, qui consume les corps, et ils entretiendront le fol orgueil qui verse la frénésie dans les âmes.

II

DANS LA LITTÉRATURE

LE ROMAN

« On dit qu'ils sont six mille », s'écriait, vers 1887, M. Alphonse Bergerat. Il parlait des gens qui, munis d'une plume, emploient leur existence à dépeindre le jeu des passions. D'après ce chiffre pris au vol, un critique délicat, M. Le Goffic, supputait que l'étude complète du roman contemporain aurait alors exigé la lecture de trente mille volumes environ [8]. Mais on peut bien aussi tenir compte des phases littéraires antérieures, dont certains représentants, demeurés parmi nous en possession du prestige, continuent d'exercer leur fonction, élevée parfois à la dignité du magistère.

De 1800 à 1900, la librairie française mit en vente *cinquante-sept mille trois cent trois* romans. Négligeons le nombre des exemplaires, qui, plusieurs fois, atteignit le million. Un vieux journaliste, romancier lui-même, M. Philibert Audebrand, a eu la patience d'inventorier la production qui, durant ce long espace, fournit au public la pâture, indispensable, paraît-il, d'histoires amoureuses, pathétiques, fantastiques, judiciaires, où « s'emmêlent le viol, le faux, le meurtre, la suppression d'enfant, le duel, la trahison, le mystère, le suicide, l'héroïsme, l'adultère, ah ! l'adultère surtout, la folie et l'inceste »[9].

A l'aurore du siècle, colorée par le reflet de Rousseau et de Bernardin de Saint-Pierre, l'un et l'autre « moralistes », se dresse Chateaubriand, avoisiné de Mme de Staël, de Senancour, de Stendhal, de Benjamin Constant, du vieux Restif de la Bretonne justement surnommé « le Jean-Jacques du Ruisseau » ; du non moins justement oublié Ducray-Duminil, le maître de la candeur artificieuse et dont les inventions grotesques eurent souvent un énorme succès ; du tourbillonnant et cynique Pigault-Lebrun ; du cacophone vicomte d'Arlincourt, de Paul de Kock... chacun recueillant ou la gloire ou le profit, soit sur les hauteurs de l'art, soit dans les bas-fonds de l'ordure, soit dans les vastes plaines de la futilité, de la grivoiserie et de la sottise. La chronologie n'est pas seule à réaliser cet absurde bariolage. Fils de la même époque, citoyens du même pays, ce n'est pas assez dire, puisqu'ils furent collaborateurs dans la confection d'une œuvre nationale, de ce roman qui réserve un emploi au goujat de Lettres comme à l'écrivain de génie. Plus encore : docteurs en cette morale universelle qui vivifie l'éloquence et qui souffre les pires atteintes. Également invoquée par l'élégiaque et par l'histrion, elle a, dans la personne de tout romancier, un interprète, un casuiste, un législateur.

Du romantisme jaillit un esprit de conquête ; et la renaissance artistique s'épanouit avec les allures d'une révolution, libre à l'égard de la morale comme à l'égard des procédés littéraires. Ainsi que le diront, longtemps après, certains de ses admirateurs, Victor Hugo se croit « un mage »[10] et « se trompe de moment pour apparaître ». Disposant de Notre-Dame comme de sa maison, il prêche sur le parvis. Durant cinquante années, le romancier-poète évoquera l'*ananké*, la fatalité : c'est elle qui donne au monstre physique la splendeur de l'âme ; à l'officier, le brutal caprice ; au prêtre, le penchant luxurieux et sanguinaire ; à la courtisane, l'innocence. D'après les *Misérables*, toutes les souffrances qui affligent et qui déshonorent le monde découlent des institutions, des mœurs, des doctrines. Mal faite la société ; trahie et méconnue la morale ; aussi le forçat est-il préposé à l'œuvre de rénovation. Vieillard (*Les travailleurs de la mer*), Victor Hugo se rendra ce témoignage d'avoir dénoncé l'*ananké* des dogmes, des lois, des choses, du cœur humain ; et dès le début, en effet, tout le plan est indiqué par l'aveu de la pudique Esmeralda, qui s'abandonne dans les bras de Phœbus : « Nous autres, égyptiennes, il ne nous faut que cela : de l'air et de l'amour ».

De Théophile Gautier, Pontmartin disait spirituellement et justement : « Si l'on pouvait faire une religion avec des couleurs, une politique avec des formes et une morale avec des lignes, il serait dévot, chevaleresque et rigoriste[11] ». N'ayant pas entrevu l'idéal qui pouvait contenter ses aspirations artistiques, le brillant écrivain, le musagète enivré d'éclatantes harmonies, prit envers les vieilles mœurs des libertés dont *Mademoiselle de Maupin* fut un prodigieux exemple. Gautier n'y voyait pas malice ; et sa verve s'ébat avec une réelle et inconcevable candeur ; mais comme il arrange la morale tout le long du livre et surtout dès la préface, qui s'exprime sur le ton du manifeste ! « Au lieu de faire un prix Monthyon pour la récompense de la vertu, j'aimerais mieux donner, comme Sardanapale, ce grand philosophe que l'on a si mal compris, une forte prime à celui qui inventerait un nouveau plaisir, car la jouissance me paraît le but de la vie, et la seule chose utile au monde. Dieu l'a voulu ainsi, lui qui a fait les parfums, la lumière, les belles fleurs, les bons vins, les chevaux fringants, les levrettes et les chats angoras ; lui qui n'a pas dit à ses anges : ayez de la vertu, mais : ayez de l'amour et qui nous a donné une bouche plus sensible que le reste de la peau pour embrasser les femmes, des yeux levés en haut pour voir la lumière, un odorat subtil pour respirer l'âme des fleurs, des cuisses nerveuses pour serrer les flancs des étalons et voler aussi vite que la pensée sans chemin de fer, ni chaudière à vapeur des mains délicates pour les passer sur la tête longue des levrettes, sur le dos velouté des chats et sur l'épaule polie des créatures peu vertueuses et qui enfin, n'a accordé qu'à nous seuls ce triple et glorieux privilège de boire sans avoir soif, de battre le briquet et de faire l'amour en toutes saisons, ce qui nous distingue de la brute beaucoup plus que l'usage de lire des journaux et de fabriquer des chartes [12] ».

Bien amoureuse aussi l'éloquente chanson de Musset ; mais la fantaisie du poète l'a bientôt et pour toujours précipité vers la débauche qu'il maudit et dont les étreintes l'empoisonnent, le déchirent et le tuent.

Les nombreuses et romanesques histoires composées par George Sand, au cours d'une carrière sans répit, contiennent le plus souvent, en faveur de la passion libre, un plaidoyer interminable. Parmi des déclarations où s'épanche sans s'épuiser un lyrisme dont l'éclat surabonde, souffle une volonté hardie, constamment enivrée d'elle-même, impétueuse à justifier ses caprices. *Valentine* : « La suprême Providence, qui est partout en dépit des hommes, n'a-t-elle pas présidé à ce rapprochement ? L'un était nécessaire à l'autre : Bénédict à Valentine, pour lui faire connaître ces émotions sans lesquelles la vie est incomplète ; Valentine à Bénédict, pour apporter le repos et la consolation dans une vie orageuse et tourmentée. Mais la société se trouvait là entre eux, qui rendait ce choix absurde, coupable, impie ! La Providence a fait l'ordre admirable de la nature, les hommes l'ont détruit, à qui la faute » ? *Jacques* : « Quand j'ai senti l'amour s'éteindre, je le lui ai dit sans honte et sans remords et j'ai obéi à la Providence, qui m'attirait ailleurs »... « Ne maudis pas ces deux amants (écrit Jacques à Sylvia) : ils ne sont pas coupables, ils s'aiment. Il n'y a pas de crime là où il y a de l'amour sincère ». Ailleurs : « Fernande cède aujourd'hui à une passion qu'un an de combat et de résistance a enracinée dans son cœur ; je suis forcé de l'admirer, car je pourrais l'aimer encore et eût-elle cédé au bout d'un mois. Nulle créature humaine ne peut commander à l'amour et nul n'est coupable pour le ressentir et pour le perdre ». George Sand a dit d'elle-même : « Je reconnais que j'écrivais vite, facilement, longtemps, sans fatigue, que mes idées engourdies dans mon cerveau s'éveillaient et s'enchaînaient par la déduction au courant de la plume... Je n'avais pas la moindre théorie quand je commençais à écrire ; et je ne crois pas en avoir jamais eu quand une envie de roman m'a mis la plume en main ». Ainsi qu'elle écrivait, elle enseignait et *moralisait* ;

associant le besoin du respect et le goût du contraste, par une onctueuse désinvolture qui lui permettait d'appeler chastes ardeurs et même tendresses maternelles les élans les plus incompatibles avec ces noms sacrés.

Quelle figure fait le bien dans les cinquante volumes fiévreusement amoncelés par Balzac ? Le titre de l'ensemble, la *Comédie humaine*, ne promet pas à la vertu des garanties indestructibles, ni même un aliment substantiel. Sans doute, dans la préface générale, le génial observateur déclare que la pensée, principe des maux et des biens, ne peut « être préparée, domptée, dirigée, que par la religion », celle-ci (le catholicisme) étant, comme l'affirme le *Médecin de campagne*, « un système complet de répression des tendances dépravées » et, par suite, « le plus grand élément de l'ordre social » ; sans doute, Balzac a pu dresser une assez longue série de types estimables et encourageants pris parmi ses héros : « trente-trois femmes vertueuses » en regard de « vingt-deux criminelles » ; en 1842, il a pu calculer que la somme des personnages sympathiques était d'un tiers supérieure à l'autre ; mais il a cru devoir soutenir qu'un tel « bénéfice ne se rencontre pas dans la vie »[13].

En terminant la *Physiologie du mariage*, Balzac compte comme un avantage pour la félicité et pour l'économie publiques les « quatre cent mille femmes » mariées qui, outre leurs quatre cent mille maris « rendent heureux un million de célibataires ». L'ironie a-t-elle donc une si grande efficacité moralisatrice ? En tout cas, les personnages de la collection qui produisent le plus violent effet n'ont aucune arrière-pensée d'ironie bienfaisante ; et Rastignac, Marçay, Rubenpré, Vandenesse, Vautrin etc., courent au succès, allégés de tout scrupule. Il y a chez Balzac, disait Pontmartin, « une dangereuse propension à rêver quelque chose de plus élevé que le devoir » [14].

Et la phalange de héros sortis du cerveau de Dumas père tout armés, flamboyants et déjà en pleine bataille, ne représentent-ils pas un élément hors nature qui fait irruption dans la nature vulgaire, en se jouant des lois et des coutumes et en éveillant l'idée que la folle audace est mère de la vertu magique ? D'Artagnan, Bussy, Dantès, Saint-Mégrin et vingt autres ont domestiqué l'impossible. Chacun est, suivant le mot de l'auteur, « un homme à qui Dieu n'a rien à refuser » ; et Dieu lui-même n'évite pas la dépossession formelle, puisque Dantès s'écrie, marchant de triomphes en apothéoses : « Je me suis substitué à la Providence pour récompenser les bons ; maintenant, que le Dieu vengeur me cède sa place pour punir les méchants ! » De même Frédéric Soulié étourdissait la foule avec les merveilles du satanisme.

Alfred Nettement a signalé le désordre de ces caractères, désordre qui se retrouva, amplifié sans limites, dans l'œuvre innommable qu'Eugène Sue réalisa en mélangeant le Musée des Horreurs et le phalanstère. Son Rodolphe est un magicien. Le *Juif-Errant* sème la tentation, ingénieuse à se glisser parmi les profondeurs de l'âme pour y faire lever les vices engourdis. Pénétrée de ce poison, l'atmosphère de la sagesse et de la pauvreté devient irrespirable ; et l'esprit pervers s'en approche comme un sauveur : « On est robuste, on est vivace ; Dieu vous a donné un caractère remuant, expansif... Dieu n'a donc pas voulu que vous passiez votre jeunesse au fond d'une mansarde glacée, sans jamais voir le soleil, clouée sur votre chaise sans cesse et sans espoir. La jeunesse n'a-t-elle pas besoin de plaisir et de gaieté ?[15] »

Dans *Le Roman naturaliste* et dans son très original et très puissant *Manuel de l'histoire de la littérature française*, M. Brunetière a montré comment les plaintes des *Valentines* et des *Jacques*, et de tant d'autres personnages « mal mariés » ont pris de la consistance et sont devenues un continuel réquisitoire contre les institutions et contre les idées d'ordre général. Avec Balzac « les préoccupations matérielles » remplissent le roman. La « question d'argent » s'y établit, et y met en relief « tout ce que l'acquisition de la fortune ou le souci de sa conservation seulement exige de patience et d'efforts, de calculs et de combinaisons ». Alfred de Vigny s'était de bonne heure plus ou moins affranchi du romantisme et il avait « libéré le poète de l'obsession du moi » [16] ; mais son pessimisme, fouetté et contracté par la colère, s'est raidi avec application pour proférer des blasphèmes et des défis [17]. En publiant *Stello*, Vigny n'enseignait-il pas que « l'homme a rarement tort et la société toujours ? »

La morale de Mérimée était bien sèche et bien courte. Celle des normaliens qui, après 1848, voulurent rivaliser avec les romanciers en vogue, n'avait pas non plus les qualités nécessaires au relèvement des âmes. Bientôt, il n'y a plus d'autre vérité qu'un réalisme matériel et mécanique ; et, dans le roman nouveau, la créature humaine se réduit à la mesure d'un automate, inconscient, naturellement, ou d'une marionnette détraquée, vicieuse même, autant que cela est possible à une marionnette. Avec Flaubert paraît un art qui supprime toutes les envolées romantiques et dont les tendances vont juste au rebours. M. Brunetière a noté cet accent de dérision : « Emma Bovary, la fille au père Rouault, la femme de l'officier de santé de Yonville, la maîtresse de M. Rodolphe de la Huchette, c'est, avec les rêves de son imagination délirante, la caricature ou la parodie des femmes incomprises, des adultères échevelées et des amours fatales du drame et du roman romantiques. Les voilà, semble nous dire Flaubert, sans peut-être le savoir lui-même et, en tout cas, sans l'avoir voulu ; les voilà les Indiana et les Lelia, les Valentine et les Angèle, des malades et des névrosées — quoique je crois que le mot ne fût pas encore inventé — qui trouvent toujours pour les comprendre quelque Antony de chef-lieu de canton » [18].

Le procès dirigé par l'Empire contre Flaubert, au nom de la morale publique, ne se comprend pas, aujourd'hui que la morale est devenue le jouet des fantaisies et des turpitudes littéraires ; mais alors, déjà, la peinture en prose prenait de rudes libertés envers la pudeur. Bientôt, en effet, le public et le gouvernement lurent sans se troubler l'histoire de *Fanny* où Feydeau, s'abritant sous des textes de l'Ecriture Sainte, combattait l'adultère par des descriptions lascives. L'autorité ne ressentit pas d'émoi devant des livres tels que la *Princesse Mariani*, d'Arsène Houssaye, ni devant combien d'autres ! Quel enseignement intellectuel ou moral a fourni la floraison du roman policier ! Que penser de la célébrité dont jouirent Ponson du Terrail et Gaboriau ? L'énumération des volumes entassés par Montépin cause la stupeur et la nausée. Et que valaient le monde littéraire et le public au sein desquels fut accepté le roman d'Adolphe Belot, *Mademoiselle Giraud, ma femme* ?

Activité, vérité, beauté, ce sont les trois formes de l'idéal que voulut saisir Alphonse Daudet, armé d'un style aérien, fin comme l'or, vibrant, souple et résistant comme l'acier. L'amoureux de lumière et d'harmonie n'a enfermé dans le réseau de son art qu'un monde en proie au désordre, un chaos rongé par la tristesse. L'espérance obstinée, la foi dans le bien, il les affirmait sans pouvoir nommer leur loi et leur source. L'enthousiasme qu'il ambitionnait de répandre autour de lui s'est en lui graduellement desséché ; et le tableau que Daudet a tracé de l'humanité réelle assemble des caricatures navrées, pour lesquelles la morale est un tissu d'incohérences.

On ne pensait plus, en quelque sorte, quand M. Bourget (et c'est déjà du passé) remit la psychologie en honneur ; psychologie de surface, toute personnelle, toute de sentiment, à moins que ce ne fût de sensation et parfois de simple occasion. Jusqu'au *Disciple*, le romancier psychologue paraît avoir cru que la description est par elle-même et par elle seule un art complet, pourvue ainsi des droits dont elle a besoin. Il a décrit les mobiliers de salon et de chambre à coucher, des vêtements de femme, les dessous aussi bien que le dessus, obsédé d'une exactitude minutieuse qui rendait jaloux le « tailleur pour dames » le tapissier, la modiste et la lingère. Avec une pareille application, il a représenté le conflit où la pauvre morale, au fond inconsciente, a l'habitude d'être saccagée par l'instinct orgueilleux et sensuel. Celui-ci non plus ne sait d'où il provient ni quelle force le met en mouvement. Les héros de M. Bourget vont par tourbillons, chacun étant soi-même un tourbillon que régit ou bien l'atavisme, ou bien le milieu, bref une combinaison de hasard et de fatalité. Ensuite, l'éminent observateur a introduit dans ses analyses les effets des théories immorales, sans exposer néanmoins la théorie de la moralité. Et après le *Disciple*, *Un cœur de femme* et *Le Fantôme* ont étalé de nouveau les ravages accomplis par le vice désespérant. L'*Etape* est un vigoureux système d'organisation et de mécanique sociales, mais dans ce roman, la religion, reconnue bonne et utile, est simplement supposée vraie ; et elle ne dit presque rien à l'intelligence.

Beaucoup d'écrivains de talent et de volonté droite s'arrêtent ou reculent au moment de faire l'effort décisif et indispensable. Ainsi, dans le beau roman de M. Edouard Rod, *Le sens de la vie*, un homme est, par l'expérience, ramené vers la foi ; mais lorsque, dompté et même apaisé, il veut réciter l'unique prière dont il se souvienne, « Notre Père qui êtes aux cieux », il prie des lèvres, « des lèvres seulement ».

Si l'on demandait à Pierre Loti son opinion en fait de morale, il répondrait sans doute qu'il n'a jamais aperçu cette couleur-là, plus rare que le rayon vert que certains curieux vont chercher au cap Nord. Blanche, noire, jaune; bretonne, taïtienne, turque, japonaise ou sénégalaise, la femme est un objet à reflets et à sensations. L'homme s'amuse d'elle ; rien d'autre. Quand parfois, entre deux accès de ravissements exotiques, le romancier s'est offert la fantaisie d'une réflexion, ç'a été pour conclure que la vie est triste, vaine, absurde et que le mal y détient la puissance maîtresse.

Que la phrase de Maupassant, employée à raconter des aventures grossières, brutales, cyniques, soit demeurée très juste et très pure ; mieux encore : qu'elle ait continuellement gagné en justesse et en pureté, au point de réaliser l'harmonie et la transparence mêmes ; voilà une sorte de prodige. Vraiment l'auteur ne sait pas du tout pourquoi il écrit, et d'ailleurs si bien. Il est absent de son œuvre, comme la morale reste absente de chez lui. Sans doute, cette seconde disposition explique un peu la première. N'ayant absolument aucune idée morale, il n'éprouve guère le désir de voir ses héros ou ses héroïnes raisonner sur le sens de leurs faits et gestes. De là résulte pour le grand artiste une surprenante impassibilité extérieure, garantie par le vide de l'intelligence. Nulle affectation ; nulle pose. Mais tant s'en faut qu'il soit indifférent ! Le besoin et l'incapacité de penser entre-

tiennent en lui une sourde angoisse, qui éclatera et qui le tuera. Quatre à cinq fois, elle était parvenue à s'exprimer un peu, par exemple dans ce *Bel-Ami*, où la perfection du mouvement et des types gouverne sans défaillance toute une série de scènes abominables. Quittant une soirée prétentieuse et banale, Norbert de Varenne philosophe ainsi sur le trottoir : « Vous ne me comprenez pas aujourd'hui, mais vous vous rappellerez plus tard tout ce que je vous dis en ce moment... Il arrive un jour, voyez-vous, et il arrive de bonne heure pour beaucoup, où c'est fini de rire, comme on dit, parce que derrière tout ce qu'on regarde c'est la mort qu'on aperçoit...
... Et jamais un être ne revient, jamais... On garde les moules des statues, les empreintes qui refont toujours des objets pareils ; mais mon corps, mon visage, mes pensées, mes désirs ne reparaîtront jamais. Et pourtant il naîtra des millions, des milliards d'êtres qui auront dans quelques centimètres carrés un nez, des yeux, un front, des joues et une bouche comme moi, sans que jamais je revienne, moi, sans que jamais même quelque chose de moi, reconnaissable, reparaisse dans ces créatures innombrables et différentes, indéfiniment différentes bien que pareilles à peu près ». Ce n'est qu'une impression, mais elle exhale assez de douleur pour provoquer un effort d'analyse ; et pourtant l'idée de cet effort ne vient pas aux héros de Maupassant, c'est-à-dire à lui-même. Une plainte amère ; un

degré de plus dans l'endurcissement : la morale n'offre pas d'autre ressource. *Une vie* raconte le long et continuel sacrifice imposé en unique partage à de nombreuses créatures : l'auteur le dépeint avec une suite admirable, avec une inflexible dureté, sans y joindre l'ombre d'une réflexion. *Notre cœur* fait ressortir la cruelle inconséquence des amoureux endoloris : pas d'autre lumière projetée sur l'amour. De la morale il n'est même pas question.

M. Marcel Prévost moralise beaucoup, mais il emploie des tableaux où la sensualité prend toute la place ; et la passion s'y étale en bousculant la pauvre vertu, condamnée aux navrantes défaites. Il est vrai qu'après les *Demi-Vierges*, après la *Confession d'un amant*, après les *Lettres de femmes*, M. Prévost a écrit les *Vierges fortes* et les *Lettres à Françoise* ; mais alors on lui a trouvé beaucoup moins d'agréments.

M. Anatole France a fait du badinage un système et presque une fonction. Il badine en toute chose, sertissant ses phrases avec une sollicitude raffinée, empressé à se contredire et soigneux de son ironique maintien. Si « l'éloquence continue ennuie », à plus forte raison l'ironie permanente. M. Anatole France n'a pu éviter le déplaisir de s'en apercevoir. Alors il a, supérieurement, écrit *le Lys rouge*, roman artistique, voluptueux et cruel, où l'amour, absorbé par la sensation physique, ne sort de cet esclavage que pour se dessécher au contact de la dure et cuisante jalousie. Ici la morale n'est pas tournée en dérision, mais elle subit un pire malheur, puisqu'elle est abolie tout simplement. Elle reparaît dans la compagnie du gourmand et lettré Jérôme Coignard, de quelques magiciens à l'érudition intempestive, de diverses commères, de ribaudes, de ribauds et de nigauds. On ignore ce qu'elle fait là. Puis, promenée par le moderne M. Bergeret, elle va et vient, selon l'incohérence passive, méditative, sempiternelle, du ratiocinant et bientôt ennuyeux personnage, lequel n'est plus « Bergeret lui-même », mais M. France en personne. Il compose comme il argumente, s'inspirant du *Souper des Sophistes* et des *Nuits attiques,* puisant au hasard dans Diogène Laerte, dans Athénée, dans Aulu-Gelle; dans les recueils des vieux humanistes, Le Pogge, Philelphe et plusieurs autres; dans la collection des fabliaux. Le disparate qui résulte de ces fouilles et de ces assemblages fantaisistes lui fournit des effets inattendus. C'est très joliment disposé, mais cela ne signifie rien du tout, sinon que l'auteur, l'*uomo piacevole!* se moque profondément de l'humanité. Il y a en lui du clown qui se tord comme un morceau de caoutchouc pour amuser la foule et qui remercie des applaudissements par un sourire crispé, en disant à part soi : — Tas d'imbéciles ! — Sans repos, l'écrivain disloqué bafoue la vérité, la vertu, l'honneur, la science, l'amour. Ce régime l'a conduit à l'intellectualisme faisandé ; et l'on apprend, dans les livres de M. France, quelle odeur exhale la pourriture de l'esprit.

MM. Paul et Victor Margueritte avaient donné d'abord *Tous Quatre,* un début affreux. Ils ont ensuite raconté persévéramment l'adultère. Une épopée tragique, le *Désastre,* faisait espérer qu'ils avaient pris leur direction définitive à une belle hauteur ; mais les voici retombés dans les régions où le sacrifice est réputé intolérable et inhumain. Ils mettent en roman la thèse du divorce légitime par la volonté d'un seul époux, afin qu'il n'y ait plus de victime. Et l'époux sans reproche, dont la vie est brisée parce que l'autre a cédé à un mouvement de passion ou de vice, à la légèreté d'humeur, ne sera-t-il point sacrifié celui-là ? Peut-être, mais il pourra lui aussi se munir d'un amour nouveau et même de plusieurs. La morale laïque ne sait pas pourquoi elle s'y opposerait.

La morale, il lui arrive bien maintenant de compter Zola parmi ses apôtres ! Le romancier naturaliste, qui, si longtemps, ne distinguait dans l'humanité qu'une bête en rut, a, sur le tard, célébré l'amour fidèle, chaste et fécond. Dans ce rôle qui bouleversait ses habitudes, il a manifesté une telle ivresse qu'on a pu dire qu'il s'était grisé avec du lait de femme. D'ailleurs, même au milieu des tristesses nauséabondes, il avait toujours glorifié la vie. D'où lui venait cette intense conviction, sur quel appui elle reposait, comment elle subsistait et par quelles raisons elle pouvait se justifier, jamais il n'éprouva nul désir d'être éclairé là-dessus. A la fin de l'*OEuvre*, quand on vient d'enterrer le peintre Claude, un autre peintre tire soudain de cette histoire lugubre la conclusion qu'elle comporte le moins : « Travaillons ! ». Or Claude s'est pendu, abruti par le travail. *Paris*, séjour de l'injustice et de la douleur, se dilate en une vision d'apothéose : « Et le siècle finissait par lui et l'autre siècle commencerait, se déroulerait par lui et tout son bruit de prodigieuse besogne, tout son éclat de phare dominant la terre, tout ce qui sortait de ses entrailles en tonnerres, en tempêtes, en clartés victorieuses, ne rayonnait que de la splendeur finale dont le bonheur humain serait fait ». A la dernière page de la *Débâcle*, Jean, pleurant sur son amour, sur les ruines de la guerre civile après l'autre guerre, contemple « le rajeunissement certain de l'éternelle humanité, le renouveau promis à qui espère et qui travaille ». *Fécondité* s'achève par un élan d'enthousiasme : « Ah ! que l'éternelle fécondité monte toujours, que la semence humaine soit emportée par dessus les frontières, aille peupler au loin les déserts incultes, élargisse l'humanité dans les siècles à venir, jusqu'au règne de la vie, souveraine maîtresse enfin du temps et de l'espace ». Toute cette consommation d'hyperboles n'empêche pas le sens commun de rester affamé : il a besoin de savoir pourquoi la vie résiste à la mort et pourquoi le bien triomphe du mal ; et les romanciers ne le lui disent pas, ayant eux-mêmes la tête vide. Raison péremptoire, mais pitoyable.

Ce serait une grosse erreur et une violente injustice de ne pas distinguer parmi les romanciers ceux qui ont le souci de la pudeur, de la vertu et de l'idéal. Ils sont nombreux, peut-être même plus nombreux que les autres ; et beaucoup, parmi eux, possèdent des talents qui honorent la littérature. On doit aussi se souvenir qu'en général les mœurs traditionnelles sont respectées par le roman populaire.

Mais il n'en est pas moins certain que l'école de l'indépendance, de la futilité et du cynisme a, depuis cent années, multiplié ses conquêtes, bien entendu en s'appauvrissant de la beauté véritable, puisque l'art propagé par de tels moyens se réduit à décrire la lutte des sexes, le déshabillage, l'étreinte, le transport, la nausée. L'humanité s'étudie, croit se reconnaître et saisir le symbole de son destin dans ces tableaux d'où la conscience est bannie, où l'intelligence n'est plus qu'un instrument au service des passions.

*Prima tuæ menti veniat fiducia, cunctas
Posse capi ; capies : tu modo tende plagas*[10].

« Persuadez-vous d'abord qu'il n'est pas de femme qu'on ne puisse vaincre ; et puis tendez vos filets ». La vieille tactique du plaisir a mille professeurs qui l'ont perfectionnée. En douze chapitres, ils montrent comment on réduit une vertu. D'autres apprennent aux femmes les manœuvres par lesquelles les hommes sont bien vite affolés. D'ailleurs, des dames romancières, adroites et intrépides à la concurrence, distribuent volontiers l'un et l'autre enseignement.

LE THÉÂTRE

Il ne suffit pas que ce soit vrai et même, au fond, généralement compris : il faut encore que l'homme qui ose le dire tout haut possède comme écrivain et comme critique une incontestable autorité, appuyée sur le savoir et sur le talent et garantie par un amour passionné de la puissance et des droits de la littérature. Ainsi protégé contre les soupçons, le jugement peut se présenter qui accuse le drame romantique d'avoir eu pour caractère, entre autres « l'affirmation de la souveraineté de la passion et, sous le nom d'énergie, la *glorification du crime* ». Ainsi conclut M. Brunetière, en résumant l'évolution du romantisme au théâtre [1]. Crime, glorification du crime, ne sont-ce pas des mots bien sévères ? Mon Dieu, l'éminent écrivain les emploie pour qualifier un système engendré, très naturellement, par « l'esprit de révolte » dont se grisait l'école nouvelle. Esprit de révolte, c'était bien en effet le nom de l'ardeur qui, vers 1830, un peu auparavant et tout de suite après (pour se prolonger et s'accroître indéfiniment) animait les dramaturges. « Le romantisme au théâtre n'a consisté qu'à prendre en tout le contre-pied du classicisme ; à nier l'existence des règles »[2]. Des règles de l'action scénique la révolution a passé, d'un bond, aux sentiments et aux idées. On le voit par l'*Othello* et le *Chatterton*, de Vigny ; par le *Cromwell* et les *Burgraves*, de Victor Hugo ; par le *Henri III et sa cour* et par la *Mademoiselle de Belle-Isle* d'Alexandre Dumas.

Pour l'histoire morale ou même simplement artistique du théâtre, la période précédente ne compte guère. Si certains romans de l'Empire ou de la première Restauration leur ont survécu, si l'on réimprime encore *Adolphe*, de Benjamin Constant, et l'*Amour*, de Stendhal, et aussi les grivoiseries de Paul de Kock, on ne connaît plus rien des pièces légères ou dramatiques qui furent leurs contemporaines. Elles sont perdues dans l'oubli sépulcral où pénètre seulement, de plus en plus rare, indifférent et hâtif, le regard de quelque nomenclateur. L'empreinte de la gloire subsiste sur le nom de Casimir Delavigne ; et ceux de Soumet, de Lebrun, d'Andrieux se reconnaissent encore ; mais Guiraud, Ancelot, Arnault, Jouy, Picard, Mazère, Melville, d'Espagny, Briffaut, Viennet, Liadières, que disent ces noms-là ? Bonjour subsista plus longtemps, parce qu'au moins, lui, il disait bonjour.

Le nom de Scribe rappelle une œuvre énorme où s'épanouit l'ingéniosité vulgaire, assaisonnée de corruption, vulgaire aussi. Le fécond vaudevilliste produit l'effet d'un cuisinier qui possède une espèce de génie dans l'art de varier les menus bourgeois, de cuire à point et de « lier » les sauces et qui n'achète que la deuxième ou la troisième qualité. Tous les dons inférieurs soutenus par une tradition solide, par une méthode rationnelle, par un curieux instinct dégénéré, bas et pourtant classique. Le style de Scribe, c'est la platitude. Sa morale, c'est l'immoralité contenue, qui ne comprend que l'intérêt et qui se permet volontiers une pointe audacieuse. Quarante années au moins, nos pères se nourrirent de cette pitance.

Le sens de la scène appartenait à Dumas comme à Scribe. Sous la grande différence de leurs tempéraments, on aperçoit encore une autre harmonie : « Il faut les joindre tous les deux ensemble et les réconcilier dans la mort ; car, s'ils écrivent mal l'un et l'autre et même presque aussi mal que l'on ait jamais écrit en français, on ne peut pourtant pas dire qu'ils écrivent plus mal l'un que l'autre », observe M. Brunetière[3]. De même leur morale se vaut.

Qu'elle soit, dans la comédie, simplement faisandée ou que, dans le drame, elle fouette le sang et donne la fièvre, toujours elle fausse les idées et gâte les consciences.

« La leçon morale qui sort de nos drames modernes, c'est qu'il ne faut qu'une seule bonne qualité pour excuser beaucoup de vices ; leçon indulgente et qui met le cœur de l'homme fort à l'aise ». Ce n'était pas non plus un contempteur des gloires littéraires qui lançait cette accusation à l'esprit dramatique, insurgé et triomphant depuis 1830. Saint-Marc-Girardin l'avait conçue en faisant l'analyse de *Lucrèce Borgia*[1]. D'*Hernani* à *Ruy-Blas*, on voit l'inspiration de l'auteur rabaisser toutes les vieilles autorités, glorifier, aux dépens du roi, le proscrit, le valet, le bouffon ; découronner les femmes honnêtes de l'éclat qui enveloppe l'amour fier et généreux et doter de cet amour, de la vertu et de la pudeur elle-même, comme d'un apanage exclusif, la courtisane.

« Maintenant, vienne le poète, il y a un public », avait conclu Victor Hugo en publiant *Hernani*, renforcé d'une préface triomphante. Le poète n'était pas nécessaire pour enivrer la foule. Bientôt elle se ruait aux exercices de *Robert-Macaire*, « attaque désespérée contre l'ordre social ou contre les hommes » disait Théophile Gautier, qui, fort peu susceptible devant les audaces et admirant l' « élégance », la « souplesse », la « grâce » de l'étonnante comédie, reconnaissait là, en quelque sorte, « l'aristocratie du vice et du crime ».

« L'auteur de *Chatterton* appuie sur trois points : qu'il faut engraisser aux frais de l'Etat les jeunes poètes ; que le suicide est un acte de haut courage et le droit inaliénable du jeune poète ; que rien n'est chaste, délicat et charmant comme l'adultère du jeune poète et de la mère de famille encore fraîche... La bien-aimée du poète est l'épouse légitime d'un horrible mari qui n'aime pas le poète et qui s'ennuie, le butor, de loger le poète pour rien. Cette femme traîne toujours sur la scène ses deux enfants, dont elle fait les messagers de ses tendresses ; et ainsi la maternité sert de voile et d'amorce à l'adultère ». La pièce résumée ainsi par Louis Veuillot en traits ineffaçables [5] obtint un succès qui est demeuré une date dans la littérature. Assurément Vigny était un grand poète ; mais quelle morale enseignait-il donc par ses poèmes et par son théâtre ?

Après que Ponsard et Latour Saint-Ybars eurent essayé d'une renaissance classique, trahie bientôt par Ponsard lui-même, Emile Augier installa sur les planches l'idéal nouveau, emprunté à la bourgeoisie. L'art classique devenait la glorification et le culte d'une classe. Celle-ci, toute enivrée encore de son triomphe politique et social, s'admirait avec des ardeurs béates, complètement dévoyées toutefois. La morale que lui prêchait son bienveillant satirique était ferme de ton, mais elle avait l'haleine courte, l'accent commun, la désinvolture audacieuse et appliquée. Un auteur distingué, nullement clérical, nullement enclin aux sévérités exagérées, M. Augustin Filon, a recueilli les impressions du temps où (de compte à demi avec la comédie d'Alexandre Dumas fils et visiblement jalouse d'elle) régnait la comédie d'Augier : « On allait au Vaudeville pour entendre Fargueil dire, dans le *Mariage d'Olympe* : — J'aurai le maximum — avec un accent qui sentait la Grande Roquette à donner le frisson. On attendait, dans les *Effrontés*, Provost : — Que voulez-vous ? J'aime la gloire ! — Mme Plessy : — Mais bats-moi donc ! — Samson : — De mon temps on avait Dieu, — comme un peu plus tard on guettait l'*ut dièze* de Tamberlick. Ces mots pleuvaient dans le dialogue et on ne s'en lassait pas. Répétés dans les salons et les journaux, ils faisaient le succès »[6]. Avec persévérance et avec courage, Emile Augier a tenu bon contre l'adultère ; mais les arguments qu'il employait pour le combattre possédaient peu de force. Ils étaient tout entiers empruntés aux vieilles maximes sociales vis-à-vis desquelles le public, en goût d'émancipation, comptait bien aussi prendre ses libertés.

L'adultère, Dumas fils l'a flétri maintes fois et

l'a pourchassé comme un ennemi de prédilection. C'était même pour le mieux abaisser qu'il lui opposait le beau système du divorce et l'interminable panégyrique de la femme entretenue ! Cette manière de moraliser eut tout de suite assez de vogue pour que le zèle d'Augier en fût excité. L'émulation s'établit entre les deux auteurs ; et la *Contagion* correspondit à la *Question d'Argent* comme le *Mariage d'Olympe* avait complété la *Dame aux Camélias*.

En fait de sollicitude, d'audace et de fantaisie moralisatrices, Dumas conservait l'avance. Recevant à l'Académie le successeur de Victor Hugo, Leconte de l'Isle, il lui disait : « J'ai toujours été sermonneur » ; et non seulement toutes ses pièces en fournissaient la preuve surabondante, mais aussi toutes les préfaces de ses pièces. Indulgent à la courtisane, inflexible envers l'amant et envers l'épouse infidèle, il trouvait moyen de prôner comme un axiome absolu la prédominance de l'amour : « Il faut aimer n'importe qui, n'importe quoi, n'importe comment, pourvu qu'on aime... Il n'y a pas de méchants, pas de coupables, pas d'ingrats ; il n'y a que des malades » (*Les idées de Madame Aubray*). Alors pourquoi réserver à l'adultère de l'homme un traitement inexorable et d'ailleurs aussi à l'adultère de la femme ?... « N'hésite pas : tue-la ! » On ne sait. Jamais Dumas ne se mit en peine de savoir. Les théories s'échafaudaient suivant ses impressions, suivant son caprice, qui dogmatisait en toute occasion et dans n'importe quel sens, pourvu que ce fût contre le dogme. La société, dont ces prédications devaient faire le bonheur, ne se montra pas assez docile ; et c'est pourquoi sans doute, finalement, le dramaturge la prit en grippe.

Le genre nouveau procède de l'ancien et en représente une aggravation très considérable, comme un élément d'anarchie qui n'aurait cessé de se développer.
Suivons encore, de préférence, les appréciations exprimées dans des milieux où l'on ne se préoccupe pas de juger selon la doctrine catholique. En 1899, un collaborateur de la *Revue bleue*, M. Louis Chevalier, étudiait nos contemporains d'après le théâtre de la fin du siècle. Il rappelait que, pendant la période précédente, l'usage prédominait d'installer sur la scène des ménages à trois ou même des ménages à quatre. Mais désormais une évolution se dessine ; et il semble que « la comédie du mensonge aurait fait son temps. On dirait que la conscience lassée veuille s'affranchir du pacte conjugal. Sous le couvert de la loyauté, au nom du droit au bonheur et à l'amour une levée de boucliers s'est produite, surtout dans le camp féminin, pour revendiquer, sinon l'union libre, du moins l'extension à l'infini des cas de divorce ». Ainsi, la *Vassale,* la *Loi de l'Homme,* les *Tenailles,* etc. « Les jeunes auteurs ont représenté comme dé-

tenant le monopole de l'honnêteté, de l'amour et de la sincérité, les seuls individus en marge de la société et tous les irréguliers de la vie [7] ».

Dans le livre que nous avons cité, M. Filon, analysant l'esprit et les propos qui caractérisent les pièces de MM. Lavedan, Hervieu, Donnay, etc. dit : « Tous nos principes sont faussés, nos institutions perverties, nos idées en quelque sorte tordues. Notre morale publique et privée a fait un tour complet et en est venue à justifier, à couvrir toutes les injustices et les ignominies qu'elle devait flétrir » [8].

Le procédé employé le plus souvent pour ce but détestable a été bien saisi et bien mis en évidence par M. François Veuillot dans de graves et d'élégantes études que publie la *Revue du Monde catholique* et qui seront réunies en volume : « Les auteurs s'appuient sur une idée juste, indiscutable, séduisante et puis, par des discussions habiles et des arguments sophistiques, ils entraînent le public ému vers une conclusion fausse. Et encore le mot « conclusion » ne rend pas exactement leur système ; il présente à l'imagination quelque chose de trop ferme et de trop précis. Ces écrivains se gardent bien de conclure ; ils se bornent à épaissir, autour des esprits, une atmosphère d'impressions malsaines qui forcent le public à porter spontanément la conclusion mauvaise » [9].

Le droit au bonheur a pour conséquence inévitable la légitimité du caprice ; car nos désirs ont grand peine à se fixer définitivement ; et la nouvelle école dramatique condamne comme inhumain, contre nature et fort immoral, tout engagement perpétuel ou même un simple engagement de durée un peu prolongée. Amour *éternel* célébré par les grands poètes, par les grands dramaturges, par les grands philosophes, tu n'as plus de place dans la littérature ni dans la pédagogie contemporaines ; et ton souvenir disparaît, enveloppé de ridicule. C'est l'amour *passager* qui possède les corps et les âmes. Il triomphe, il gouverne, ayant pris sur la pudeur, sur la conscience et sur le sens commun une revanche complète.

Au Théâtre-Français on joue l'*Autre danger*, où le héros est heureux en épousant la fille de sa maîtresse et fait la joie des autres personnages, des spectateurs et du directeur, M. Claretie, académicien, qui ne soupçonne pas que la morale en puisse être abominablement outragée.

En 1867, décrivant les *Odeurs de Paris*, Louis Veuillot constatait que le théâtre s'appliquait « plus encore que la presse, à la destruction de la famille et de l'ordre social ». Le *Théâtre français*, disait-il « montre son roi idiot ». Au théâtre des *Variétés* l'idiot était « féroce et en même temps époux et père ; et fouetté en ces trois qualités [10] ». Maintenant le *Théâtre français* est au niveau de toutes les turpitudes. Quant aux scènes inférieures (!), quant aux cafés-concert, l'ordure et la stupidité les emplissent.

Castigat ridendo mores ! La vieille devise elle-même est bafouée, comme la morale. Ayant ouvert ses portes au demi-inceste, le Théâtre-Français acceptera bientôt sans doute l'inceste complet ; et *Phèdre*, n'étant plus qu'une mijaurée tourmentée d'ineptes scrupules, devra céder la place aux personnifications des amours lesbiennes.

CHAPITRE II

LA LÉGENDE DU MAITRE D'ÉCOLE

I

LA PÉRIODE DE L'ENTHOUSIASME

La formule *La légende du maître d'école* vient d'un protestant, M. Doumergue, pasteur, professeur, historien, journaliste. Il s'en servit d'abord (en avril 1898) dans le *Signal*, feuille quotidienne destinée à représenter les nuances et les opinions, assez diverses, dont se composent les églises protestantes françaises. Il jugeait nécessaire de répudier la « légende », depuis trente années établie chez nous en faveur du « Maître d'école » et qui, si longtemps, fit attribuer à ce personnage les victoires remportées par la Prusse sur l'Autriche et sur la France. M. le pasteur Doumergue soutenait que nos vainqueurs étaient les premiers à rire de cette façon d'expliquer leur victoire et aussi des grands efforts pédagogiques par lesquels tant de Français s'imaginaient se préparer une revanche. Il puisait des preuves dans une brochure publiée par M. le colonel Moziman. Cet officier supérieur raconte en effet plusieurs traits significatifs, celui-ci entre autres : le sophisme qui, après nos défaites, s'est dressé comme un dogme philosophique et social devant nos yeux troublés, ce sophisme réussissait à dérider le vieux Moltke. Pour contempler la fausse manœuvre que nous faisions dans le domaine intellectuel après tant de méprises sur les champs de bataille, le stratège déposait son ordinaire et presque séculaire impassibilité. Et pensant aux luttes futures, le général de Waldersee, alors l'héritier du stratège, escomptait agréablement « la frivolité » avec laquelle notre peuple, la France, laissait « tomber en désuétude ses traditions religieuses ».

Lorsque M. Doumergue, ardent adversaire du catholicisme, et l'un des nombreux calvinistes qui soutenaient le régime laïcisateur, avec le désir de l'exploiter, lorsque ce pasteur jetait ainsi un cri d'alarme, il y avait plus de quinze ans que régnait le système de la morale indépendante, c'est-à-dire détachée des dogmes, spontanée, réduite à vivre de ses seules forces, posée en l'air et devant se soutenir sans aucun appui.

Elle avait eu pour apôtre principal et pour instaurateur un homme doué au plus haut degré des facultés qui conviennent à la vulgarisa-

CHAP. II. — LA LÉGENDE DU MAITRE D'ÉCOLE 59

tion, à la propagande, à l'organisation, Jean Macé. Il possédait même un talent littéraire incontestable mais singulier : dans son style limpide, souvent savoureux, d'une simplicité vernie d'atticisme, se fait place soudain l'incorrection lourde, brutale et sans excuse. Jean Macé n'était-il donc pas fondu tout d'une pièce, malgré l'apparence ? et cette volonté d'acier contenait-elle de grosses *pailles* qui en brisaient la souplesse ? La même contradiction se rencontrait chez le conférencier ; non pas cependant que Jean Macé fût le moins du monde orateur ; mais, devant de petits auditoires, il pouvait expliquer ce qu'il avait à dire. D'aspect commun et rude, il parlait avec une hésitante gravité ; tout à coup sa voix mugissait, enflée d'une épaisse colère. Même ses idées manquaient d'équilibre, car, pendant qu'il développait le programme destiné à séparer l'enseignement et la religion, il publiait un volume intitulé *Philosophie de poche*, presqu'en entier rempli par la doctrine du Dieu créateur et par un grand nombre des préceptes de Jésus-Christ. Il commentait la parole du Messie sur le royaume des cieux : « Si vous ne « devenez comme de petits enfants, vous n'en- « trerez pas dans le royaume des cieux ». Ses amis, ses disciples, ses collaborateurs ont dû parfois se demander eux-mêmes ce qu'il voulait au juste, ou plutôt définitivement ; mais ils ont jugé plus pratique et plus simple d'enfouir ce modeste volume sous les livres suggérés ou choisis par la Ligue de l'enseignement et distribués par elle en d'innombrables bibliothèques ; livres tout à fait conformes à l'appel et aux actes de la Ligue et repoussant, comme elle, toute influence religieuse et toute notion divine.

Pourtant, avec une énergie extraordinaire, avec un rare esprit de suite et de méthode, Jean Macé a voulu rompre le lien entre l'école et l'église, entre l'instruction et la foi. Pénétré de son idée, il n'en a pas d'abord indiqué tout le sens. Cet organisateur avait une nature de conspirateur. Passionné, il sut très habilement, par le souci et par les conseils mêmes de sa passion, s'astreindre, en pleine hardiesse, à des manœuvres, dissimuler, se contredire, avouer, nier, de parti pris, selon une mesure variable et graduée, suivant les progrès des Ligueurs, suivant les besoins du moment.

Ce fut d'abord, et durant plusieurs années, de 1866 à 1870, une vague mais intense prédication : « Le patrimoine béni, où est le salut de l'humanité, c'est *le livre* qui le représente. Tout homme entre les mains duquel le livre n'arrive pas est donc frustré du meilleur de son héritage », écrivait Jean Macé peu de temps avant la guerre [1]. Avec assiduité, il a longtemps déclaré que les cercles formés par la Ligue étaient établis sur cette règle : « Le Cercle... fait appel au concours de tous ceux qui comprennent la nécessité de développer l'instruction. Le Cercle n'est l'œuvre d'aucun parti ; il ne s'occupera ni de politique, ni de religion... L'action du Cercle... ne touchera en rien aux questions politiques et religieuses »[2].

Et la morale ? Elle devait naître spontanément et se maintenir avec l'appui de « la lecture et de l'écriture », considérées comme étant « au dessus de toute controverse dans le trésor des connaissances humaines »[3]. Des bibliothèques, des bibliothèques, et la morale allait prendre un essor irrésistible. Aux membres de la Ligue Jean Macé répétait souvent le mot d'ordre : « Nous sommes des *faiseurs de lumière sans plus* »[4].

Mais, en même temps, il se conduisait d'après une arrière-pensée entretenue avec soin. Quand il feignait de croire que la morale pouvait subsister par elle-même, il n'oubliait pas qu'elle a besoin de principes. Il entendait bien lui en donner ; et ceux-ci devaient être fournis par l'hostilité religieuse, qui se cachait sous la formule de neutralité.

Voyez, pour la politique, comme Jean Macé a dissimulé et comme, ensuite, il s'est enorgueilli d'avoir su le faire. En 1877, il se vantait « d'avoir pu, sous les yeux de l'Empire » déclinant, « préparer les voies à la République, à la condition de *ne pas en parler* »[5]. Au début, il déclarait que la Ligue était et demeurerait neutre en politique : écoutez-le proclamer, plus tard, qu'il avait caché sous cette neutralité un *sous-entendu forcé* qui devait se déployer irrésistiblement et pousser tous les Ligueurs vers la conquête et vers la domination. En 1881, *au Congrès annuel*, après avoir rappelé, cette fois avec une fierté légitime, que les trois premiers adhérents à la Ligue avaient été, quinze ans plus tôt, « un sergent de ville, un conducteur de trains et un tailleur de pierres »; après avoir affirmé de nouveau que le programme philosophique de la Ligue se compose d'un seul article : « faire des hommes qui pensent, pour penser ensuite comme ils l'entendront », Jean Macé déclare que cette neutralité n'empêchait nullement la Ligue d'être unie comme une *sœur* à la Maçonnerie ; (et, en effet, la Maçonnerie, qui donne l'impulsion à tout le mouvement anti-catholique, continue de se déclarer neutre en religion !) Une foule de Cercles de la Ligue avaient pris le nom de *sociétés républicaines d'instruction*. La neutralité politique était-elle ainsi toujours observée ? Comment donc ! C'était même le type parfait de la neutralité, comme l'assurait Jean Macé : « En disant cela, nous ne croyons pas sortir de notre programme primitif de neutralité politique qui avait, je puis bien le dire, un *sous-entendu forcé*. Nos cercles de la Ligue s'imposaient la loi de ne servir les intérêts particuliers d'aucune opinion religieuse ou politique ; mais il n'y est jamais entré, *c'était prévu d'avance*, que des républicains, que des hommes de progrès, si vous voulez, c'est la même chose ; et pour une raison bien simple... Notre chemin à tous, gens de la Ligue, est forcément le même : faire penser ceux qui ne pensent pas, faire agir ceux qui n'agissent pas, faire des hommes et des citoyens. C'est de la neutralité politique assurément ; mais comme l'absolu est *neutre*, parce qu'il *domine tout* ».

En religion, même méthode et prétention identique : « J'en dirai autant de notre neutralité religieuse, qui nous a valu tant d'injures imméritées ». Macé se moque des catholiques qui ont voulu, malgré lui, le transformer en champion de l'athéisme. Il n'est pas athée, mais il n'en prend pas moins toutes ses aises vis-à-vis des religions, qu'il veut dominer aussi et qu'il veut même exploiter. Dans ce discours de 1881, le fondateur de la Ligue cite la déclaration de principes faite le 15 février 1870. Il se flatte d'exécuter « le commandement divin de toutes les religions... », car « c'est l'acte qui fait l'homme religieux, ce n'est *pas la formule* ; c'est l'obéissance à la *loi du devoir* et *non pas sa conception métaphysique*... » et enfin, soit étourderie, inconscience ou dérision, Jean Macé, qui repousse l'accusation d'athéisme, admet, par hypothèse, une « Société d'athées se réclamant de ces principes-là » [o].

Comme la Maçonnerie, la Ligue se met au-dessus des religions pour les combattre, les déposséder, les exproprier. Dans le livre l'*Ecole d'aujourd'hui*, M. Georges Goyau a donné en abondance des preuves de cette communauté d'intention et de but, communauté qui va jusqu'à une sorte de fusion. En effet, un ancien ministre de l'Instruction publique, aujourd'hui président du ministère dont l'unique but est de détruire les écoles congréganistes et les congrégations elles-mêmes, M. Combes a expliqué à Lyon, le 28 mars 1897, que la « Maçonnerie doit succéder aux religions *usées*, dans *l'apostolat de la Morale* et y ajouter l'éducation civique indispensable à un peuple libre »[7]. Il y a cent exemples de ce fait dans l'*Ecole d'aujourd'hui*, un des ouvrages les plus démonstratifs qu'ait fournis la période présente. Outre un talent très élégant et très élevé, l'auteur, M. Goyau, possède un art incomparable pour grouper une multitude de documents et en faciliter la lecture. Un ouvrage sorti de la même plume et qui a autant de charme, d'intérêt et de valeur[8] met en évidence le rôle anti-national rempli chez nous par la Maçonnerie. Quiconque méditera ces volumes aura une précieuse provision d'idées et de faits et comprendra la crise morale déterminée par la pédagogie libre-penseuse, maçonnique et cosmopolite.

Quelle est donc la morale des Loges ? Elles ont bien pratiqué aussi le *sous-entendu forcé*, celles-là ; et elles ont menti avec acharnement, comme si elles n'avaient eu rien de mieux à faire. Mais la victoire leur a permis de se payer enfin le luxe de la sincérité. Triomphantes, elles ont ainsi parlé : « La distinction entre le catholicisme et le cléricalisme est *purement officielle*, subtile, pour les besoins de la tribune ; mais ici, en loge, disons-le hautement pour la vérité, le catholicisme et le cléricalisme ne font qu'un (F∴ Courdaveaux) — « Je dis que nous devons éliminer l'influence religieuse, sous quelque forme qu'elle se présente, même en dehors et au-dessus du cléricalisme. Je vais plus loin encore ; nous devons *éliminer toutes les idées métaphysiques*, ou, pour mieux dire, toutes les croyances qui, ne relevant pas de la science, de l'observation des faits, de la seule et libre raison, échappent à toute vérification et à toute discussion » (F∴ Fernand Faure). Il y a, de la même tendance anti-religieuse et anti-libérale, une démonstration catégorique faite par M. Copin-Albancelli, un homme de caractère et de talent que les Maçons avaient enrôlé, au moyen de promesses menteuses propres à séduire, du moins passagèrement, un cœur généreux comme le sien. Ayant vécu dans les Loges, ayant pénétré leur esprit sectaire, M. Copin-Albancelli les a prises en horreur. Il s'est consacré à les combattre ; ce qu'il fait par la plume et par la parole, déployant une éloquence mâle et fière, infatigable et féconde ; mettant aussi en lumière certains traits jusqu'à lui fort peu étudiés et cependant d'une importance capitale : le système d'organisation maçonnique et le mode de gouvernement intérieur [9].

Le projet d'un grand effort en faveur de l'instruction pouvait être beau, mais il n'était pas du tout aussi simple que le supposaient un grand nombre d'hommes bien intentionnés. Ils se ressentaient d'une des mystifications que s'est permises Victor Hugo, lequel, dans la seconde partie de son existence, avait pris pour règle de se permettre n'importe quoi. La Commune vaincue, le poète imaginait un dialogue qu'il tenait avec un incendiaire. Celui-ci n'en disait pas long ; et le poète lâchait la bride aux hyperboles incohérentes :

Tu viens d'incendier la bibliothèque ?
— Oui,
J'ai mis le feu là.
— Mais c'est un crime inouï !
Crime commis par toi contre toi-même, infâme !
Mais tu viens de *tuer le rayon* de ton âme !
C'est ton propre *flambeau* que tu viens de *souffler* !
Ce que ta rage impie et folle ose brûler,
C'est ton bien, ton trésor, ta dot, ton héritage !
Le livre, *hostile au maître*, est à ton avantage.
Le livre a toujours pris fait et cause pour toi.

. . . .

Quoi ! dans ce vénérable *amas* de vérités,
Dans ces chefs-d'œuvre, pleins de foudre et de clartés...
Dans ce *tombeau des temps devenu répertoire*,

dans les siècles, dans le passé, dans les poètes, dans les Eschyles, les Homères, les *Jobs* (1), dans Molière, Kant, Voltaire, Platon, Shakespeare, Beccaria (pour rimer avec *paria*), Dante, Milton, Corneille, dans tout cela l'incendiaire n'a rien vu d'intéressant ; et après avoir laissé passer le tournoiement d'hyperboles, il répond :

— Je ne sais pas lire.

Explication absurde et mensongère, puisque les communards lisaient tous des journaux qui les exhortaient au meurtre et au saccage.

L'essentiel n'est pas de lire, mais de savoir choisir ses lectures. Il y a une superstition de la science qui est aussi néfaste que le mépris de la science.

Le courant de diatribes tourné contre la religion et contre la simple notion théiste a l'une de ses sources dans un vieux parti, encore représenté aujourd'hui par M. Henri Brisson. Sous l'Empire, la revue intitulée *La Morale indépendante* préludait aux réformes que nous avons vu s'accomplir et que nous verrons s'effondrer. Dans ladite revue et dès le premier numéro, M. Henri Brisson annonçait les atteintes que lui et ses amis comptaient infliger à l'instruction morale. Il révélait en même temps sa prétentieuse et inguérissable ignorance à l'égard du sujet même qu'il croyait d'autant mieux connaître qu'il y avait moins réfléchi.

La morale indépendante, écrivait M. Brisson, ne s'oppose point « à ce que Caton relise le *Phédon* avant de mourir et trouve une consolation suprême dans l'idée de l'immortalité. Elle demande seulement que Caton, pendant la vie, fasse *le bien parce qu'il est le bien* et non en vertu d'une récompense ou par la crainte d'une punition douteuse... La métaphysique et *la philosophie ne peuvent prétendre* à diriger les hommes dans leur conduite ou à les grouper dans leur développement... Refoulée par les progrès des sciences, la morale philosophique *perd* chaque jour un peu plus de terrain. Pour que la morale *scientifique* gagne, il faut la sortir à la fois des *banalités superficielles* du sens commun et des formules difficiles de la philosophie. Il faut en faire *la chose de tous*, il faut en un mot la rendre *populaire* ; elle est l'œuvre à laquelle les hommes groupés ici se proposent de concourir sans nulle arrière-pensée »[10].

M. Brisson croyait écrire un beau morceau ; mais il y mettait encore bien plus de beautés qu'il ne supposait, une surtout : la banalité superficielle s'étalant et se condamnant sans y penser ! Cette « banalité superficielle » désignée avec un si haut dédain, c'était elle-même qui parlait par la bouche de M. Brisson. Il réduisait la morale à la science : or il connaissait de la science juste ce qu'il en connaît aujourd'hui, c'est-à-dire rien du tout. Il n'a étudié ni la physique ni la chimie, ni les mathématiques, ni la géologie, ni l'astronomie, ni la biologie et ne pourrait même pas nommer une seule des hypothèses en faveur dans telle ou telle de ces catégories. De la science il se forme l'idée qu'on en peut acquérir au moyen de certaines phrases employées dans les discours d'apparat. L'éloquence a ses magasins, comme la décoration de nos grandes villes. Il y a, pour les jours de fête, tout un mobilier dont l'emploi varie un peu, mais dont les matériaux ne changent pas : drapeaux, tentures, lampions, oriflammes, lyres, girandoles, cartouches, balustres et mats de cocagne. Devant ce pavoisement et cette lumière, les badauds s'imaginent savourer la vision et le sens de l'art. De même, quand un orateur d'occasion se dépense en fioritures solennelles et déroule les formules enrubannées où reluisent les mots enchanteurs et mystérieux, *science, progrès, liberté, nature, conscience, idéal*. Jamais M. Brisson n'a désiré savoir ce qu'ils veulent dire ; et jamais l'inquiétude n'effleura ses convictions, protégées contre les doutes par une sorte de virginité intellectuelle.

Ayons soin de ne pas trop le rabaisser. Il représente la moyenne mentale d'une classe très peuplée et qui, tant s'en faut, n'est pas la plus inférieure. Cette classe confine à une autre où figurent des savants de profession, savants en chimie, en physiologie, en quelque autre matière analogue et qui, lorsqu'ils s'avisent de toucher à la morale, oublient soudain la méthode si rigoureuse qu'ils emploient dans leur domaine propre. D'un coup, ils s'abaissent au niveau des vulgaires étourdis, pérorent et déraisonnent comme ont l'habitude de faire, dans les discussions engagées par hasard, les énergumènes de réunion publique ou les clients d'estaminet.

La Chambre et de grandes assemblées composées d'instituteurs ont entendu Paul Bert prononcer des discours solennels et passionnés qui avaient juste cette valeur. Le 21 mars 1880, pour prouver que les notions et les vertus morales n'ont besoin ni du dogme ni de la *métaphysique*, il disait à un nombreux auditoire comment l'on doit réfuter le prêtre qui affirme la nécessité de conserver la croyance en Dieu et en l'immortalité de l'âme : « Il faut lui répondre (au prêtre) ; et la réponse est aisée au moment où il dit : — Il n'y a pas de morale sans notion de Dieu, sans notion de l'immortalité de l'âme : je suis l'homme de Dieu ; seul j'ai donc qualité pour enseigner la morale, — il faut l'arrêter dès ces premiers mots. Dites-lui : — « Croyez-vous donc avoir le monopole de l'âme et de Dieu ! Voudriez-vous nous faire croire que ce sont vos religions nées d'hier, avec leurs dogmes particuliers et leurs inexplicables mystères, qui ont enfanté la notion de Dieu et celle de l'âme immortelle et celle du jugement final ?... Non, ces grandes idées ont des racines plus profondes... Ce n'est pas Dieu qui vit des religions, ce sont les religions qui vivent de l'idée de Dieu » — « Et d'où viennent-elles donc ? Un poète ancien a dit : c'est la terreur qui a fait les Dieux. Ce n'est pas vrai, ou du moins ce n'est pas complet. Ce qui a donné l'idée de Dieu, ce n'est pas seulement la crainte, c'est aussi l'admiration et la reconnaissance ; c'est la contemplation des splendeurs et des harmonies de la nature ; c'est l'étude de l'œuvre, appelant l'idée d'un ouvrier. C'est plus encore : c'est la protestation de celui qui souffre, contre un mal immérité ; c'est l'appel de la victime à un juge tout-puissant et infaillible qui, par delà la mort, la récompensera, parce qu'elle a injustement souffert, et punira le bourreau... [1] »

Paul Bert croyait-il donc à l'immortalité de l'âme et à Dieu ? Non pas ; et il prenait soin de l'indiquer tout de suite, par un procédé bizarre à la vérité et qui augmentait encore la contradiction de son attitude. Il ajoutait : « Voilà les raisons, bonnes *ou mauvaises*, je ne veux pas me prononcer ici sur ce point, ou si vous aimez mieux, voilà les *sentiments éternels* et indépendants de toute religion, d'où est née l'idée de Dieu ». Immédiatement après, le virulent laïcisateur montrait, à sa manière, les trois racines de l'âme : « le *sentiment* profond de notre liberté morale, de notre libre arbitre, de cette certitude, *qui résiste aux plus subtils raisonnements* ». Emporté par l'exaltation contradictoire, il traduisait les vœux suprêmes du mourant qui, au moment de quitter la terre, continue d'affirmer sa foi dans une autre vie. L'auditoire (des instituteurs et des institutrices) applaudissait en manifestant une vive émotion. Mais, tout de suite encore, Paul Bert lui lançait cette douche : « Notez que *je ne prends pas ici de parti ;* que *je ne cherche pas si ces sentiments font preuve*. Mais, je vous le demande en toute sincérité : est-ce que ces sentiments ne sont pas *éternels* ? Est-ce qu'ils n'existent pas partout où il y a un homme ? Lorsque les naturalistes ont voulu chercher une caractéristique de l'espèce humaine, ne sachant quelle autre définition trouver, ils ont dit : L'homme est un animal qui a le sentiment religieux. *En vain la froide raison le combat, et triomphalement, je le veux. Il reparaît toujours vivant,* surtout quand vient la souffrance, et parfois dans le *cœur* de celui-là même *dont le cerveau* un instant avant *le réfutait* ».

Ou bien l'orateur manquait de sincérité ; ou bien il se débattait dans l'inconséquence ; ce qui est également d'une fâcheuse pédagogie. Voulait-il faire comprendre que le sentiment, contredit par la raison et par la science, conserve quand même l'autorité ? Alors, la raison et la science se trouvaient reléguées au second plan, ou peut-être plus bas ; et le sentiment se transformait en une espèce de foi, réinstallée soudain (et l'on ignorait par quelle autorité) sur les ruines de la foi ! Il ne fallait plus de foi : puis, tout à coup, la foi devenait la ressource fondamentale, la ressource unique ! O pédagogues, quel sursaut et quelle reculade ! Ou bien Paul Bert voulait insinuer que la morale, enfantée par la crainte, l'admiration et la reconnaissance, parviendrait à se passer de cette trilogie et subsisterait toute seule, sans que l'on sût comment. Après avoir donné à la morale l'appui de sentiments *éternels*, il insinuait qu'elle pourrait encore se soutenir d'elle-même en l'air, dans le cas où les fameux sentiments *éternels* perdraient enfin leur valeur. S'ils sont éternels, comment pourraient-ils subir une telle déchéance ? Et si l'éternité ne leur est pas mieux garantie, pourquoi la leur attribuer, surtout au nom de la science... qui est en contradiction avec eux ?

Dans la même conférence, Paul Bert disait que « l'enseignement moral est indépendant des hypothèses religieuses ou *métaphysiques* ». Pour un très grand nombre de gens, ce mot sert à les dispenser de donner et de chercher les explications qui deviennent nécessaires quand on veut approfondir, si peu que ce soit, les idées de bien, de mal, de vérité, d'ordre, de justice, de raison, etc. Soit avec une ironie dédaigneuse, soit avec une circonspection effarée, ils l'emploient pour terminer brusquement un débat qui les embarrasse. Ils trouvent satisfaisant et même concluant l'expédient qui leur permet de reprendre pied en pleine banalité. Métaphysique, cela veut dire « clôture ». Ils reviennent à leur chère répétition : — La morale, c'est la morale — sans doctrine, sans théorie, sans principe. Sur mille libres-penseurs, il n'y en a pas un qui entreprenne de déblayer ce chaos, ni simplement d'en sortir. Bien entendu, Paul Bert s'y trouvait fort à l'aise. Le 28 août 1881, à Paris, au Cirque d'Hiver, sous la présidence de Gambetta, il recommençait sa... démonstration et glorifiait l'enseignement laïque, qui laisse l'homme sans autre lumière que celle-ci : « Tu as en toi ton juge, développe-toi et travaille ;... ta conscience, aidée de la consultation d'autres consciences, t'indiquera la voie du bien et te protégera contre le mal »[18]. Gambetta ne devinait pas plus qu'un autre d'où vient la conscience ni comment elle subsiste ; néanmoins il criait merveille et proclamait que de telles révélations illuminaient l'avenir de l'homme capable de les faire ; et deux mois après, Paul Bert devenait ministre. Maintes fois d'ailleurs, il avait, en excitant le même enthousiasme, parlé de la même manière devant la Chambre.

Combien de discours de ce genre furent écoutés et applaudis des majorités parlementaires ! A propos des devoirs envers Dieu, combattus par le gouvernement et que le Conseil supérieur de l'instruction publique, en fin de compte, introduisit dans le programme des études, Jules Ferry prononçait, le 4 juillet 1881, une harangue mémorable. Il expliquait que l'enseignement des devoirs envers Dieu avait le désavantage d'éveiller l'idée d'une religion positive et de consacrer, aux yeux du vulgaire, la confusion que l'on voulait éviter. Le ministre (Jules Ferry) distinguait aussi entre la morale des philosophes et la morale « concrète », la « petite morale usuelle ». Pas de théorie, car les instituteurs s'y fussent perdus encore plus que les philosophes. « La morale concrète, oui, Messieurs, par opposition à la morale abstraite des philosophes, la morale *tirée des incidents de chaque* jour, de l'histoire de France. Les instituteurs sont très bons pour cette œuvre concrète, mais, si vous les lancez dans les abstractions, je ne réponds plus d'eux ». Pas de religion, pas d'abstractions, pas de doctrine, pas de principe : alors, la morale qui se réduit à son nom seul ? et peut-être celle que chanta Béranger ?

Mais oui, et cette dernière conclusion fut tirée en séance publique par un sénateur, M. Ferrouillat,... un avocat... de Lyon, célèbre depuis 1871 dans le monde des législateurs pour avoir, à propos des marchés militaires, devant l'Assemblée Nationale, parlé durant une demi-journée. Les sénateurs ne connurent pas une si rude épreuve. Installé parmi eux, l'avocat d'affaires s'en tint aux harangues de dimensions moyennes et aussi de contenu moyen, très moyen. Cette séance du 4 février 1886 est restée dans les souvenirs de certains auditeurs, comme un singulier exemple de l'incohérence plate et piteuse où se traînait la pensée moderne. Long, maigre, décharné, satisfait de son élocution abondante et banale, M. Ferrouillat, d'une voix blanche, parfois onctueuse, parfois geignarde, exprimait sa candide et vulgaire outrecuidance. C'était la philosophie du *Café du Commerce*. Comme s'il eût déployé des étoffes de soie, il déroulait son calicot et sa filasse. Ayant assuré que la philosophie spiritualiste, la raison, la morale, la religion naturelle et bien d'autres choses encore n'ont besoin de rien ni de personne pour prospérer, le pédagogue de circonstance s'offrit un petit couplet en l'honneur du « Dieu des braves gens ». S'il modifia un peu le nom jadis familier aux guinguettes, ce fut par un scrupule dont il avait l'air de sourire. Les sénateurs ne s'y trompaient point ; et une bonne centaine d'entre eux, épanouis, savouraient le fredon soudainement réveillé au fond de leur mémoire. Pédagogue, le chantre de Lisette ! Après tout, pourquoi non ? Et qui sait s'il ne se fût pas, en ce rôle, montré plus compétent et plus ingénieux que les spécialistes ? et s'il n'avait point, avec son Dieu des bonnes gens, ses amoureuses fredaines et ses flons-flons bachiques, défini et symbolisé la meilleure morale, la seule, à vrai dire ? Les sénateurs étaient fort émoustillés.

Deux jours suffirent à dissiper cet effluve de morale en goguette. La haute assemblée recommença d'applaudir des dissertations anti-catholiques, mais idéalistes. Tenant la place de Jules Ferry, M. Goblet attestait, fort au hasard, les croyances universelles, l'âme, l'infini. Ce pêle-mêle convenait à nos sénateurs, bien que l'existence de Dieu y fût affirmée, avec un extrême laconisme sans doute, pourtant avec précision. Dieu ? Ce simple mot secouait, comme une décharge électrique, les sénateurs de la majorité. Ils auraient préféré un synonyme approximatif, qui eût permis d'amalgamer le monde et le créateur, la nature et le surnaturel, la matière et l'esprit. Fallait-il vraiment être spiritualiste ? et puis, le spiritualisme, qu'est-ce que c'est au juste ? Ces âmes d'avocats, de médecins, de rentiers, de magistrats, de commis, d'arpenteurs et de politiciens éprouvaient un trouble qui se manifestait par des crispations de figures et par des gestes embarrassés. Heureusement, une solution toute d'ordre pratique demeurait à portée. Les devoirs envers Dieu, inséparables du règlement sans que les Chambres les eussent consacrés, furent expliqués par des circulaires administratives et surtout par des *Manuels*, dont la fourniture détermina, dans le monde pédagogique, une production immense et précipitée. On observait là une activité fébrile, comme celle des sucriers ou des charbonniers, à l'annonce d'un grand mouvement de hausse.

Très bigarrée, cette profusion. Il y eut, en nombre énorme, des manuels d'un caractère intelligent, élevé, modéré, vraiment moral ; il y en eut d'insignifiants, de fourbes, de sectaires, de furieux, d'immoraux, de bouffons.

Observons que, dans la plupart, l'enseignement civique était joint étroitement à la morale et souvent empiétait sur elle jusqu'à la supplanter plus ou moins.

Pour n'avoir pas à rétablir le certificat de civisme électoral, on voulait imprégner de civisme les futurs citoyens ; et, dès leur enfance, ce civisme se réduisait presque en entier à une croyance politique, naturellement républicaine, perfectionnée par une doctrine de droit constitutionnel. Désormais, les bambins devaient avoir des idées précises sur le mécanisme et sur la fabrication des lois, sur le suffrage universel, sur le règlement des Chambres. En 1880, dans sa bruyante conférence du Havre, Paul Bert disait déjà : « Un petit enfant peut très bien comprendre le rôle du conseil municipal dont son père et son oncle font partie ; un peu plus tard, quand il aura grandi et que son horizon se sera élargi, il pourra se rendre compte de ce qu'est le Conseil général, la Chambre des députés, le Sénat, de ce qu'est enfin le gouvernement de la République dans laquelle il vit »[13]. Pour le reste de l'enseignement civique, il traçait un programme rempli de faits empruntés aux périodes les plus critiques de notre histoire ; et de ce pamphlet scolaire devait fatalement résulter l'impression qu'avant 1789 la France n'avait connu que despotisme, famine et massacre. Comment parvint-elle néanmoins à développer continuellement sa puissance et sa civilisation sous ce régime atroce, le pédagogue ne semblait pas avoir eu même l'idée de s'interroger là-dessus. Pour la morale, le programme en avait été tracé comme je l'ai dit : elle existait toute seule. Et le savant qui était si fier d'assigner une cause à tout phénomène, admettait que ce phénomène n'eût point de cause ; et le même savant qui louait la science d'avoir éliminé le mystère, traitait la morale comme la chose mystérieuse par excellence.

Le genre Paul Bert a donné lieu à beaucoup d'imitations parmi les manuels.

Certains toutefois réservaient une place considérable à un spiritualisme assez net. Par exemple M. Liard, pendant longtemps directeur de l'enseignement supérieur et ensuite vice-recteur de l'Académie de Paris, parlait, sans ambages, du Dieu créateur et législateur. Mais voyez comment le professeur était, pour ce fait, rabroué par l'école positiviste, dont un des représentants en vue, M. Wyrouboff, écrivait à ce sujet :

« *Il n'est pas vrai qu'il y ait une loi morale universelle inscrite dans notre conscience* et comparable, à quelque degré que ce soit, aux lois qui régissent les phénomènes matériels. *Il est manifeste que la croyance en Dieu entraîne nécessairement, logiquement, la croyance à la révélation... Une morale civique, par conséquent humaine*, dont l'origine et la consécration seraient d'ordre divin, *est un véritable non-sens que l'esprit se refuse à admettre* » [14].

Un autre pédagogue spiritualiste distingué, M. Marion, professeur de philosophie au lycée Henri IV, n'avait pas voulu désarmer contre l'hostilité positiviste, mais il n'avait pas non plus accepté d'encourir le reproche de servir la cause catholique. Quels moyens prendre ? Il en avait découvert un, pour lequel, vraiment, il aurait pu réclamer un brevet. En bas d'une page, M. Marion se tirait d'affaire par une simple remarque : « On conçoit que, dans cette rapide revue historique, il n'y avait pas lieu d'exposer la morale de l'Evangile, *dont les préceptes sont dans toutes les mémoires*, et qui ne se donne pas d'ailleurs comme un fruit de la raison humaine »[15]. Une note de quatre lignes ! C'était presque un trait de génie.

Trois pages empruntées au livre de M. Georges Goyau, l'*École d'aujourd'hui* (nous l'avons plusieurs fois cité et nous le citerons encore), dépeignent un autre procédé employé par le radicalisme : on changeait ou bien on corrigeait les citations qui, dans les traités scolaires, contenaient des exemples de pensées morales ; parfois même nos grands prosateurs et nos poètes aussi étaient soumis à l'affront de la rature.

En mai 1897, le *Bulletin de la Société d'Éducation et d'Enseignement* révélait une série de corrections incroyables ; d'abord, dans la *Grammaire de l'Enfance*, par Leclair et Rouzé, agrégés de l'Université.

Rapprochons l'édition de 1878 de celle de 1882, la seizième.

En 1878, on lit, page 59 : Poésie, *la Bonté de Dieu* ; et en 1882 : *La Fleur des ânes, le Chardon.*

En 1878, on lit, page 37 : *Sois béni, ô mon Dieu, pour ce don de la Providence ;* et en 1882 : *Merci, qui que tu sois, toi qui m'as accordé ce don...*

Autre exemple : *la Gerbe de l'écolier*, par A. Dubois, inspecteur de l'Enseignement primaire :

Page 60 : le titre de la poésie de Chênedollé,

les Religieux du mont Saint-Bernard, est remplacé par : *les chiens du mont Saint-Bernard*.

Page 85, le vers de La Fontaine :

> « Petit poisson deviendra grand
> « Pourvu que Dieu lui prête vie,

est transformé en

> « Pourvu qu'on lui prête la vie.

Les sectaires et les badauds de la politique n'étaient pas seuls à poursuivre une œuvre d'instruction morale qui mettait de côté les principes moraux. Dans les hautes régions comme à la Chambre et au Sénat, comme au *café du Commerce*, retentissaient des discours très efficaces pour augmenter le désordre et l'épaississement des esprits. En solennelle séance académique, Renan se donnait le plaisir d'exagérer sans limites le désaccord de la raison et de la vertu, les louant toutes deux, les opposant l'une à l'autre, les raillant à la fois et faisant ainsi coup double : « Les origines de la vertu !... Mais, Messieurs, *personne n'en sait rien*, ou plutôt nous ne savons qu'une chose, c'est que chacun la trouve dans les aspirations de son cœur. Parmi les dix ou vingt théories philosophiques sur les fondements du devoir, il n'y en a *pas une qui supporte l'examen*. La signification transcendante de l'acte vertueux est justement qu'en le faisant, on ne saurait dire bien clairement pourquoi on le fait. *Il n'y a pas d'acte vertueux qui résiste à l'examen.* Le héros, quand il se met à réfléchir, trouve qu'il a agi comme *un être absurde* ; et c'est justement pour cela qu'il a été un héros. Il a obéi à un ordre supérieur, à un oracle infaillible, à une voix qui commande de la façon la plus claire, sans donner ses raisons » [10]. Renan assurait que le monde reste «... après tout, une œuvre de bonté infinie », bien qu'on y reconnaisse d' « immenses défauts », puisqu'en effet la morale et la vertu s'y trouvent en l'air et même à l'envers, injustifiables devant la raison, laquelle d'ailleurs est si pauvre de certitudes et n'est peut-être qu'une illusoire apparence ! *Ce baladin*, comme M. Brunetière l'a qualifié [17], divertissait énormément les lettrés, les amateurs, les professeurs ; et ses farces philosophiques, célébrées comme l'apogée de la raison, de la science et de l'art, achevaient d'affoler la pédagogie nouvelle.

II

DÉCEPTION ET CRIS D'ALARME

Le règlement où les devoirs envers Dieu avaient trouvé un asile ne leur laissait pas beaucoup de place et ne les mettait pas en évidence. Le soin et le laconisme avec lesquels en parlait la haute administration dénotaient un embarras dont avaient le sentiment et où s'embrouillaient tout à fait les simples instituteurs. Ceux-ci ne savaient que dire, puisqu'on leur recommandait de ne pas insister sur l'idée de Dieu et de se borner là-dessus à « deux points » : l'existence de la « cause première » et l'obéissance aux « lois de Dieu » telles que les révèlent la « conscience » et la « raison ». Mais les hommes passionnés et les sectaires résolus trouvaient encore trop de précision à un enseignement qui se perdait dans le vague. Ils supportaient avec impatience ce minimum de spiritualisme. Un instituteur, M. Gillotin, écrivait dans un recueil pédagogique : « On nous recommande la vieille morale de nos pères.

Comme si cette morale était unique, invariable, identiquement la même, du moyen âge aux temps actuels !... Voltaire a beau parler de la morale éternelle, nous savons tous que ce n'est là qu'une *métaphore* » [18]. Un autre, également dans un recueil du même genre : « Il est urgent... de démontrer que l'homme a en lui la source de toute morale, car nous ne pouvons enseigner qu'elle nous est révélée de Dieu, non plus qu'elle est faite de tous temps, ce qui revient au même » [19]. Ailleurs : « Il semble indispensable que la morale soit établie sur des principes acceptés de tous. Or, ces principes spiritualistes sont-ils hors de doute? Non... L'école neutre c'est l'école sans Dieu, c'est-à-dire expectante en matière religieuse. Elle n'a pas à nier Dieu, mais elle ne l'affirme pas non plus ; c'est le vrai moyen de respecter la conscience religieuse » [20].

L'enseignement moral suivait le sort de l'idée divine ; et il restait, non pas seulement à organiser, mais à inventer de toutes pièces.

On fut bien obligé d'en faire l'aveu et l'aveu officiel, répété, bientôt grossi de commentaires qui se multipliaient d'eux-mêmes.

Dans un rapport qui lui avait été demandé sur cette grave affaire, le doyen de la Faculté de théologie protestante de Paris, M. Lichtenberger, signalait au ministre le résultat de l'expérience poursuivie durant huit années. Le résultat était déplorable, tellement que M. Lichtenberger, sans crainte d'humilier et d'irriter les laïcisateurs, et probablement sans espérer non plus leur faire entendre raison, n'hésitait point à proposer une mesure radicale : rouvrir l'école au prêtre et au pasteur, pour qu'ils y donnassent, en dehors des heures d'étude, l'instruction religieuse.

Une autre pièce officielle signalait bientôt à son tour la misère morale du nouvel enseignement moral. Et l'homme qui parlait cette fois, M. Pécaut, avait, dans l'œuvre laïcisatrice, exercé une influence déterminante. Alors inspecteur général de l'instruction publique, M. Pécaut disait : « Je me demande avec inquiétude pour qui et pour quoi nous travaillons, pour qui et pour quoi nous exerçons ces enfants du peuple à lire, à comprendre, à se rendre compte, à prendre possession des choses et d'eux-mêmes. Est-ce pour livrer ces âmes à peine débrouillées à de nouveaux et étranges éducateurs, à ces livraisons de romans à bon marché, à des feuilles corruptrices à un sou, parées des plus perfides attraits de l'image illustrée, de la nouvelle, de la chanson, et même, hélas ! de l'article-doctrine qui envahissent nos bourgs et nos villages, à mesure que nous y semons les premiers sentiments du savoir ? et tant de labeur de notre part, tant de sacrifices de la part de l'État, n'aboutiraient-ils, en accroissant la clientèle de cette honteuse littérature, qu'à *accélérer* et généraliser le mouvement de *dissolution morale*, déjà si marqué dans les classes supérieures et moyennes ?... Nous sommes visiblement menacés de *désorganisation morale* et, par conséquent, de décadence politique ». Comme le faisait remarquer M. Fonsegrive, qui a cité cette pièce et qui l'a commentée avec une vigoureuse éloquence, M. Pécaut rêvait d'une combinaison entre l'esprit religieux, sans dogmes, et l'esprit libre-penseur, non moins affranchi, pour provoquer « un afflux nouveau de sève divine »[21]. Cette singulière idée a des adeptes, M. Buisson entre autres, qui en a emprunté la formule à Auguste Sabatier. Avec un tressaillement d'enthousiasme, ces messieurs ont révélé le projet de « laïciser la religion », c'est-à-dire d'en fonder une, où les dogmes seraient remplacés par la mobile inspiration de pontifes tout laïques. Nous verrons peut-être cette tentative, car, depuis quelques années surtout, les ennemis du prêtre se montrent de plus en plus envahis par une extraordinaire passion pour le pontificat. En attendant, M. Pécaut reconnaissait que le nouvel enseignement moral laïcisé se présentait à l'état de ruine, tout au moins prématurée.

La déception et l'inquiétude se répandirent très vite, alimentées par les déclarations qui pouvaient le mieux les propager et qui, presque simultanément, se produisaient en divers endroits.

Le mal était connu de toute la classe pédagogique lorsqu'il fut, pour surcroît d'humiliation et d'alarme, dénoncé à la foule, par M. Jacques Bonzon, encore un protestant. Ce n'est pas que le recueil *L'Art et la Vie*, où parut en juillet 1894 l'article mémorable intitulé « L'âme de l'école » possédât une grande publicité ; non : mais beaucoup de journaux et de revues firent écho à cette plainte vibrante et déchaînèrent l'émoi général. M. Bonzon disait en effet :

« La question sociale est une question morale... Pour empêcher les individus de songer à l'unique satisfaction de leurs propres désirs, ce qui est la morale grossière, celle du Code, pour les inviter à travailler au bien commun, ce qui est la vraie morale, désintéressée et par conséquent fière et noble, il faut les convaincre que certains devoirs extérieurs, que certaines nécessités altruistes s'imposent, et leur en démontrer si fortement, si patiemment l'existence, qu'ils en fassent la chair de leur chair et les os de leurs os. C'est ce qu'ont *oublié, depuis vingt ans*, non seulement les directeurs de notre politique, qui n'agissent qu'en sous-ordre et dirigés eux-mêmes, mais jusqu'aux *penseurs de ce pays*.

« ... Scientifiquement, l'œuvre scolaire est bonne. Mais *moralement* ? Sans doute, dans la pensée de ses fondateurs, de Jules Ferry surtout, sinon de Paul Bert, le système de 1881 n'a point voulu détruire les croyances morales, pour les remplacer par le culte de l'idée pure.

« ... Que mettrons-nous, dans l'enseignement public, à la place de la religion ?...

« La Religion est réduite à un rôle individuel, la Science semble toujours un instrument nécessaire, mais non plus une divinité ; l'Art demande une nature trop fine, des loisirs trop grands, pour être jamais, quoi qu'en pensent certains jeunes, le conducteur des peuples. A quelle *idée maîtresse* allons-nous faire appel ?

« *Ce doit être au patriotisme.* »

Un protestant encore, adversaire de l'immutabilité des dogmes, M. Sabatier, exprimait une inquiétude pareille, mais plus impatiente et aussi plus hautaine : « Déclarer que l'instruction ne suffit pas ; qu'il faut encore l'éducation morale, c'est très bien ; mais *avec quoi ferez-vous cette éducation morale* ? Sera-ce avec les seuls mobiles tirés des notions scientifiques ? Mais vous savez bien que ces notions, même élémentaires, se ramènent à la notion de la force, et qu'il n'y a rien là qui puisse faire condamner l'égoïsme et surgir dans les âmes cette religion de l'amour dont vous vous déclarez les professants de bouche et de cœur... Vous parlez de religion de l'amour ; est-ce plus qu'un mot ? est-ce du mysticisme irrationnel ? est-ce une foi positive que l'amour est la force suprême qui mène l'univers ? Dans ce cas, avouez qu'une religion est nécessaire à l'éducateur, à l'enfant et à l'homme, qu'elle est nécessaire à la prédication de la morale, pour l'échauffer et la rendre efficace... »

Sabatier faisait aussi allusion à un congrès pédagogique qui devait avoir lieu prochainement : « Les congressistes de Nantes auront le devoir de rechercher... comment il conviendrait peut-être, au lieu de proscrire la religion comme un fétiche malfaisant, de la laïciser à son tour, après tout le reste, et de la faire servir, dépouillée de tout caractère confessionnel et de toute prérogative tyrannique, au progrès de l'éducation nationale »[22].

M. Buisson, qui avait soigneusement analysé les observations de M. Bonzon et de M. Sabatier, fit à celui-ci une réponse déférente mais saupoudrée d'ironie, le pressant, avec douceur, d'expliquer comment on pourrait, sans replacer l'école sous l'autorité de l'Eglise, laïciser la religion[23]. Mais il devait, quelques années plus tard, finir par prendre à son compte la formule qui semblait d'abord lui déplaire et le déconcerter.

Entre temps, la statistique judiciaire était venue redoubler déceptions et inquiétudes. Dans une longue lettre, un observateur avisé, très détaché des doctrines religieuses, M. Tarde, signalait à M. Buisson toute une série de résultats désolants. En cinquante années, de 1830 à 1880, la criminalité des adultes avait triplé ; celle des mineurs de seize à vingt-et-un ans (du moins pour les garçons), quadruplé. Le nombre de ces prévenus s'était élevé de 5,933 à 20,480 ; pour les filles, l'augmentation allait de 1,046 à 2,839.

Depuis 1880, l'accroissement de criminalité continuait : en 1894, 28,701 prévenus mineurs ; filles, 3,616.

Enfants de moins de seize ans :
De 1881 à 1885 : 61
De 1886 à 1890 : 70
De 1891 à 1894 : 75.

Mineurs âgés de seize à vingt-et-un ans :
De 1881 à 1885 : 309
De 1886 à 1890 : 366
De 1891 à 1894 : 450.

Suicides :

De 1836 à 1880, la progression générale, pour tous les âges réunis, avait été de 2,574 à 6,259. De 1881 à 1894, elle continuait de s'accroître : 6,741 ; puis, 9,703. L'Angleterre et l'Allemagne subissaient une épreuve analogue, mais dans des proportions moindres que chez nous.

M. Tarde constatait un rapport entre l'abaissement numérique des naissances et l'élévation numérique des délits.

A propos de « l'indulgence judiciaire », de plus en plus remarquable, elle aussi, M. Tarde disait qu'elle était devenue un « devoir », une « conséquence logique de l'incertitude des principes, par suite de leur contradiction ». La même cause, « la contradiction doctrinale », favorise à la fois « la multiplication des délits et la diminution des peines » prononcées. M. Tarde s'écriait douloureusement : « Et allez donc, après cela, vous étonner de notre progression criminelle ! »

Citons encore la conclusion de ce courageux exposé :

« Il n'est rien de plus redoutable pour une société qu'un changement général de *Credo*, et il faut admirer même que cela soit possible. Il faut plaindre aussi un malheureux instituteur chargé de faire un cours de morale dans des temps pareils. *Quelle morale voulez-vous qu'il enseigne ?*

« Bref, on ne sait plus sur quoi appuyer le devoir »[23].

M. Buisson ne manqua point de répondre, ni d'assurer que l'école était hors de cause. Pour le démontrer, après avoir accusé la liberté des débits de boissons (1880), la liberté de la presse, la chronique judiciaire, la contagion du meurtre et de la pornographie, il tirait argument de certaines déclarations faites par M. Tarde. Celui-ci, en effet, avait dit que si « un virus de scepticisme religieux et moral » s'insinue dans les couches profondes de notre peuple, ce n'est pas à l'école que nos élèves en ont « sucé le lait empoisonné », mais, dans la plupart des cas, « au logis paternel... à l'atelier... au café ».

La « crise morale », affirmait M. Buisson, a existé dans tous les temps. Et celle d'aujourd'hui tient à ce fait : « Les actions pernicieuses qui jadis s'exerçaient sur la cour, sur la noblesse, sur la haute bourgeoisie, s'exercent désormais sur les millions d'hommes qui sont la France d'aujourd'hui et sur les millions d'enfants qui seront la France de demain ». C'était au moins avouer que le progrès politique avait pour rançon une terrible décadence morale.

Ensuite, l'éminent pédagogue manifestait sa défiance envers les « systèmes », qu'il traitait comme des trompe-l'œil. « La moralité, disait-il, est, en fait, tout autre chose que la conséquence d'un syllogisme : il y entre des éléments infiniment plus nombreux ».

Il exprimait l'espérance de voir « tous ces principes qui ont fait notre force » se maintenir en arrivant à la « sublimation ».

Les formes grossières, étroites, enfantines, de la religion disparaissaient, mais l'*esprit religieux* allait se répandre plus libre et plus puissant, « cet esprit qui a traversé les âges, les philosophies et les religions, en devenant toujours plus pur et toujours plus *intérieur*, qui a inspiré un Socrate et un Jésus, un Marc-Aurèle et un Vincent de Paul, qui a dicté, qui dicte encore, aux plus humbles comme aux plus grands, le devoir de tous les jours aussi bien que le sacrifice héroïque, cet esprit qui, aujourd'hui comme autrefois, sous des noms qui seuls ont changé, nous fait aimer la justice, adorer la vérité et poursuivre l'idéale perfection.

« De la *famille* », ce qui survivrait, « ce ne sont pas exactement les mêmes formes de respect, les mêmes usages et les mêmes détails de législation, mais c'est l'esprit même de la famille...

« De la patrie... » *idem.*

Est-ce que « cette religion du devoir présent » ne serait pas précisément « la grande idée qui frappe au cœur » et dont M. Tarde demandait à saluer l'avènement? Nul doute, pour M. Buisson, qui concluait : « Dès qu'elle apparaîtra... vous pouvez compter sur *la logique sociale,* pour balayer les obstacles qui, en ce moment, nous semblent insurmontables... et pour redonner l'élan à tous et, à la loi du Devoir, une majesté nouvelle ». Et, comme il a un fort penchant pour les manières du prédicateur, il traduisait la traditionnelle formule « c'est la grâce que je vous souhaite » par : « Puisse cette belle promesse se réaliser ! »[24].

Mais, autour de lui, tant s'en fallait que l'on gardât une si ferme confiance. La Revue qu'il dirigeait venait de reproduire, sous le titre : « A propos de l'enseignement de la morale », certains extraits de rapports rédigés par des inspecteurs d'Académie. L'inspecteur de Loir-et-Cher, M. Périé, écrivait :

« M. l'inspecteur général Jacoulet a prescrit la rédaction d'un résumé en *cinq ou six lignes,* que chaque maître serait tenu de dicter à ses élèves... J'ai lu ces résumés... Nous avons été obligés de reconnaître que *la plupart de nos instituteurs, incapables,* avec la meilleure volonté, de *rien tirer de leur propre fonds* en ces matières, se bornent à copier le résumé des manuels ou à coudre ensemble *maladroitement* des phrases empruntées qui se suivent à peine »[25].

Des aveux et des plaintes semblables surgissaient en foule ; et les constatations qui leur étaient opposées n'apportaient elles-mêmes qu'un bien pauvre soulagement et nul motif de se réjouir. Un éminent philosophe libre-penseur, fort au courant du pitoyable état des choses et qui en avait réuni des preuves nombreuses, M. Fouillée, écrivait : « Le scepticisme moral a été, chez les enfants et jeunes gens, l'ordinaire résultat du scepticisme religieux. Ici encore on n'a pas cherché des fondements sociaux à l'éducation morale, au moment même où on émancipait et libéralisait les esprits »[26].

C'était la confirmation du reproche formulé quatre ans plus tôt par un autre libre-penseur, d'un grand mérite lui aussi et qui avait consacré à la morale de longues études, dont le résultat subsiste sans avoir rien perdu en valeur. Dès 1894, Paul Janet dénonçait l'aveuglement, l'aberration, l'étourderie flagrante et incroyable avec lesquels avait été lancée la réforme scolaire. On avait eu pour seule idée précise, la préoccupation de « faire du nouveau ». « On commença donc par dire : point de programme du tout. La morale ne s'enseigne pas comme l'arithmétique, comme l'histoire naturelle, par 1, 2, 3, etc. Elle est tout entière dans le sentiment. Très bien, mais allez donc vous en rapporter au sentiment des 40,000 instituteurs de France ? Ces esprits simples savent-ils assez parler pour improviser sur la morale et pourrait-on même, fussent-ils orateurs, s'en rapporter exclusivement à leurs improvisations ? Même le clergé qui enseignait la morale jusqu'alors avait pour base quelque chose de positif : c'était le catéchisme, qui valait bien un programme ; même les homélies sont plus ou moins des morceaux préparés d'avance et sur des types donnés. On conclut qu'il fallait au moins quelques instructions pour guider les instituteurs, quelques cadres, quelques règles générales ; mais là encore se borner à des têtes de chapitres, c'était encore ne rien dire. Il fallait préciser. Bref, on en revint à faire un programme de détail, comme on avait toujours fait » [27].

Un autre libre-penseur, très en vue dans le professorat, M. Lavisse, disait de l'enseignement secondaire, dont la situation cependant était bien moins déplorable que celle des écoles primaires: « Nous avons créé des milliers d'écoles ; nous y avons introduit toute sorte d'enseignements... *Nous avons oublié l'éducation. Nous l'avons oubliée...* elle occupe si peu d'esprits que toute notre littérature sur l'éducation se réduit à quelques livres, à des articles, à des discours, presque toujours insuffisants et médiocres. *Nous l'avons oubliée...*» [28].

C'était un désastre.

Et le désastre avait pour cause l'imprévoyance de ces éducateurs qui s'étaient mis furieusement à la besogne sans avoir défini l'éducation qu'ils voulaient établir et sans même y avoir songé.

La fâcheuse découverte connue et enregistrée, il leur fallait maintenant chercher de quoi l'éducation se compose. Ils arrivèrent à soupçonner que, probablement, la morale en fournissait la base et l'armature.

Mais la morale, ce sujet qu'ils avaient d'abord considéré comme trop ordinaire pour mériter d'être étudié spécialement, leur apparaissait soudain toute fraîche et fort ignorée. Ils possédaient le nom : ils ne tenaient point la chose, ne sachant par quel bout la prendre et ne devinant guère ce qu'on en pouvait dire avec une précision suffisante. Résolus à ne pas sentir les déboires et à s'enthousiasmer quand même, ils attendaient la prochaine révélation scientifique.

Bientôt, en effet, la pédagogie reçut des renseignements. Hélas ! Ils n'apportaient pas le triomphe ni le réconfort escomptés. La nouvelle était que la science, pliant sous le poids de promesses téméraires, faisait décidément banqueroute.

CHAPITRE III

CERTAINS SAVANTS. LE BANQUET BERTHELOT

Qui a, pour la première fois, parlé de la « banqueroute de la science » ? On dit souvent que c'est M. Brunetière : on se trompe tout à fait. Le mot d'incrimination et de panique circulait depuis quelque temps déjà, lorsque M. Brunetière, dans un article célèbre [1], bientôt réimprimé en brochure et complété, signala les prétentions abusives nourries par certains savants et par de nombreux vulgarisateurs.

L'erreur commune va plus loin encore ; on s'imagine ordinairement que M. Brunetière, ne fût-il pas l'auteur et l'inventeur du mot fameux, l'aurait du moins adopté et pris à son compte.

Non pas, cependant. C'est un de ces nombreux préjugés qui, une fois introduits dans les lieux communs des polémiques, y demeurent grossis et consolidés par les commentaires que provoque leur va-et-vient. Nous ne prétendons pas dissoudre de pareilles cristallisations ni de pareils amalgames; et M. Brunetière a bien l'esprit trop avisé pour s'a.treindre à une vaine besogne.

Mais la persistante confusion commise à cet égard est vraiment curieuse. En effet, dans son article mémorable et dans sa brochure complémentaire, l'éminent critique repoussait, en détail, les exagérations que contenait ou bien auxquelles donnait lieu la formule retentissante. Dès le début, après avoir dit, d'une manière interrogative : « parlerons-nous, à notre tour, de la banqueroute de la science ? » il notait ainsi les réclamations formulées par le monde scientifique : « Les savants s'indignent sur ce mot, et on en rit dans les laboratoires. Car, — disent-ils — où sont donc celles de leurs promesses que la physique, par exemple, ou la chimie n'aient pas tenues et au delà ? Nos sciences ne sont nées que d'hier, et elles ont en moins d'un siècle transformé l'aspect de la vie. Laissons-leur le temps de grandir ! Qui sont d'ailleurs ceux qui parlent ici de banqueroute ou de faillite ? Que connaissent-ils de la science ? à quelle découverte, à quel progrès de la mécanique ou de l'histoire naturelle ont-ils eux-mêmes attaché leur nom ? ont-ils inventé seulement le téléphone ou trouvé le vaccin du croup ? » A ce résumé M. Brunetière joignait, un peu par générosité, les aveux de certains savants qui (en conversation) reconnaissent que tels et tels de leurs prédécesseurs ou de leurs confrères ont parfois prodigué les promesses sans réfléchir. Ayant ainsi indiqué les deux aspects de la question, il était bien libre de la « serrer de plus près ».

Il rappelait d'abord que Condorcet avait promis solennellement de « rendre la justesse d'esprit une qualité presque universelle », en sorte que « l'état habituel de l'homme, dans un peuple entier » serait d'être « conduit par la vérité » et « soumis dans sa conduite aux règles de la morale ». Tel était le point où devaient « infailliblement » conduire l'homme « les travaux du génie et le progrès des lumières » [2]. Il citait Renan, qui, du moins au début, appelait la science « le seul moyen qu'il (l'homme) puisse jamais posséder pour améliorer son sort ». Renan éveillait l'espoir « d'organiser scientifiquement l'humanité » [3]. Puis, M. Brunetière constatait que les sciences physiques ou naturelles avaient promis de supprimer « le mystère » ; et que cependant Darwin, Hæckel, etc., ne nous apprennent rien sur le fond de « nos origines ». Les sciences philologiques n'ont pas démontré que le christianisme fût « tout entier dans l'hellénisme » ni qu'il en soit sorti naturellement. Les hébraïsants n'ont pas dissipé ce qu'il y a d' « irrationnel » et de « merveilleux » dans l'histoire des origines du christianisme ni dans celle du « peuple de Dieu ». Les orientalistes, qui devaient ensevelir la doctrine chrétienne dans le bouddhisme, n'ont apporté qu' « un élément de trouble dans la discussion ». Quant aux sciences historiques, elles se taisent sur le point de savoir si nous nous acheminons « vers quelque but apparent ».

Ce ne sont pas là des « banqueroutes totales » ; soit, mais « ce sont du moins des faillites partielles » ; et l'on conçoit aisément, ajoutait M. Brunetière, « qu'elles aient ébranlé le crédit de la science ». Enfin « si l'on demandait des leçons de conduite » au darwinisme, « il ne nous en donnerait que d'abominables ». Faut-il espérer que le darwinisme épuré ou bien une physiologie plus savante amènera de meilleurs résultats ? L'éminent critique ne refusait pas de laisser à l'hypothèse tout le champ nécessaire pour qu'elle se réalise ; mais, disait-il, « en attendant, il faut vivre, d'une vie qui ne soit pas purement animale, et la science, aucune science aujourd'hui, ne saurait nous en donner les moyens ».

Persistait-on à se rabattre sur la théorie philosophique d'après laquelle la religion dépendrait de la morale et non pas la morale de la religion ? M. Brunetière citait les aveux d'un libre-penseur émancipé de toute foi, Edmond Schérer, qui, dès 1884, écrivait : « Sachons voir les choses comme elles sont : la morale, la vraie, la bonne, l'ancienne, l'impérative a besoin de l'absolu ; elle aspire à la transcendance ; elle ne trouve son point d'appui qu'en Dieu. La conscience est comme le cœur : il lui faut un au-delà. Le devoir n'est rien s'il n'est sublime ; et la vie devient chose frivole si elle n'implique des relations éternelles »[1]. Or Schérer montrait ces appuis indispensables s'effondrant sous les coups de la science et de la philosophie. L'étude, intitulée *La crise de la Morale*, se terminait par le tableau d'une complète déroute. La triste, froide, sèche, hautaine et tranchante âpreté qui caractérisait l'ancien pasteur, descendu, de degré en degré, du mysticisme à l'incertitude totale, cette passion ulcérée s'offrait, faute de mieux, un grand accès frénétique. Et l'étude avait paru dans le *Temps* ; et nul savant n'en avait éprouvé d'émoi. Ayant passé pour ainsi dire inaperçue, elle était oubliée depuis onze ans.

Que M. Brunetière ait, au contraire, produit une commotion générale, il faut en attribuer la cause à la vigueur de son esprit, à l'équilibre et à la vibration de son talent. Décidément, le directeur de la *Revue des Deux-Mondes* ne maltraitait pas la science comme avait fait l'ancien pasteur, qui, proclamant et maudissant le désastreux triomphe de la philosophie indépendante, jetait, outre la science, toute la raison moderne au rebut, sans espoir d'une refonte. Loin de subir cette défaillance furieuse, M. Brunetière ne s'était point départi des ménagements, ni de la mesure, ni du scrupule, ni des concessions.

Néanmoins, dans le monde des savants, on s'exclama de colère; et l'on résolut de manifester en corps. Trois mois plus tard (4 avril 1895), le cinquantenaire de l'entrée de M. Berthelot au Collège de France comme préparateur, fournissait l'occasion d'une solennelle réplique.

Solennelle sans doute, mais d'autant plus

étrange. Bien que M. Berthelot eût récemment révélé dans la *Revue de Paris* (1ᵉʳ février 1895) une incroyable incompétence à l'égard des principes moraux, il trouva le moyen d'étonner encore, de la même manière, les hommes qui possédaient quelque notion de ces choses. Lui, qui, si volontiers, reprochait aux vieux scolastiques d'avoir, par une aveugle prétention, usurpé sur le domaine des sciences expérimentales, il exécutait, sur la philosophie, un empiètement énorme, enthousiaste et puéril.

Jugeant le monde d'après les seules vues du laboratoire, il n'admettait pas que rien pût être soustrait à l'hégémonie du laboratoire. Peu s'en fallait qu'il n'assurât expressément que la morale se triture dans les cornues, comme l'oxygène et le carbone.

Dans ce banquet, du 4 avril 1895, M. Berthelot disait : « Ce qu'il faut proclamer bien haut, c'est que le progrès matériel dû à la science est le moindre fruit de son travail ; elle *réclame* un domaine supérieur et plus vaste, celui du *monde moral* et social.

« En effet, tout relève de la connaissance de la vérité et des méthodes scientifiques par lesquelles on l'acquiert et on la propage : *la politique, l'art, la vie morale* des hommes aussi bien que leur industrie et leur vie pratique.

« ...J'entends par là la connaissance intérieure des sentiments et des lois du monde intellectuel et *moral* ; j'entends aussi la connaissance extérieure de l'humanité et de l'univers… C'est la science qui établit *les seules bases inébranlables de la morale*, en constatant comment celle-ci est fondée sur les *sentiments instinctifs* de la nature humaine, précisés et agrandis par l'évolution incessante de nos connaissances et le développement héréditaire de nos aptitudes ».

En quatre lignes, phénoménales, M. Berthelot résumait et défigurait les caractères propres du christianisme, lequel, suivant lui, « s'appropria les idées morales des savants et des philosophes et en commença l'application en les enveloppant d'un dogmatisme nouveau ». Ainsi, nul compte n'est tenu des aveux en sens opposé consentis par des libres-penseurs. Vainement Edgar Quinet a décrit, avec une émotion débordante, « le prodige de l'humanité étendue sur son grabat, puis guérie du mal de l'esclavage, de la lèpre des castes, de l'aveuglement de la sensualité païenne et qui, subitement, se lève et marche bien loin du seuil du vieux monde ». Vainement, Quinet, encore, a refusé d'admettre comme un fait naturel « le mélange… le chaos d'Hébreux, de Grecs, d'Egyptiens, de Romains, de grammairiens d'Alexandrie, de Scribes de Jérusalem, d'Esséniens, de Sadducéens, de thérapeutes, d'adorateurs de Jéhovah, de Mithra, de Sérapis… oubliant les différences d'origine, de croyances, d'institutions… » et soudainement réunis « en un seul esprit pour inventer le même idéal, pour créer de rien et rendre palpable à tout le genre humain le caractère qui tranche le mieux avec tout le passé et dans lequel on découvre l'unité la plus manifeste ». Quinet continue la comparaison entre la société païenne et la société chrétienne et montre celle-ci établie « sur un fondement nouveau : le règne intérieur d'une âme qui se trouve plus grande que l'univers visible... »[5].

Mais, selon M. Berthelot, le fâcheux christianisme, ayant triomphé et reconstitué la théocratie, aurait collaboré avec les « Barbares » pour « amener la ruine de l'organisation sociale et de la civilisation ! »

Pourtant, l'école positiviste, qui se connaissait en histoire, a célébré le rôle salutaire et glorieux rempli par l'Eglise pendant le cinquième, le sixième et le septième siècles. Littré a écrit : « Celui qui est avec la civilisation doit être, lors de la chute de l'empire sous l'effort des barbares, avec l'Eglise et avec les moines, milices de l'Eglise »[6]. Les études contemporaines faites sur le moyen âge enseignent tout autre chose que ce que M. Berthelot a supposé. Nous disons à « supposé », puisque mieux vaut encore admettre qu'il ne les connaît pas, bien que, pour traiter de l'histoire générale, il aurait eu vraiment besoin de les connaître.

En tout cas, l'éminent chimiste aurait pu tenir compte de l'une des rares idées maintenues sans défaillance par Renan, son ami, dont il se croit un peu le collaborateur. Sur l'antériorité du christianisme comme instrument d'action philosophique, morale et sociale, Renan est demeuré ferme. De même qu'il disait à ses débuts : « C'est la gloire de la race sémitique d'avoir atteint, dès ses premiers jours, la notion de la divinité, que tous les autres peuples devaient adopter à son exemple et sur la foi de sa prédication » [7] ; de même, beaucoup plus tard, dans la préface de l'*Histoire d'Israël*, il disait : « La Bible, en ses diverses transformations, est, malgré tout, le grand livre consolateur de l'humanité » [8] ; et enfin, ayant rattaché les premières églises chrétiennes aux temps les plus anciens du judaïsme, (« Les origines du christianisme remontent aux grands prophètes, qui ont introduit la morale dans la religion, vers 850 ans avant Jésus-Christ » [9]), Renan se vantait et s'applaudissait d'avoir « bien compris dans son ensemble l'œuvre unique que le Souffle de Dieu, c'est-à-dire l'âme du monde, a réalisée par Israël » [10]. On ne s'explique pas que M. Berthelot ait absolument dédaigné les conceptions historiques, philosophiques et morales de son ami Renan. De la part d'un homme qui aime tant à jurer qu'il n'y a plus de « mystère », c'est singulier de faire naître celui-là.

Il en reste d'autres ; et Littré les reconnaissait avec une émotion et une humilité touchantes. Lorsqu'en 1875 il reçut (en même temps que Jules Ferry) l'initiation maçonnique, dans la Loge *La Clémente Amitié,* le savant linguiste avait pour sujet de discours : « Les devoirs de l'homme envers Dieu ». Il traita la question d'après les purs principes de la philosophie positive. Il annonça d'abord qu'au sujet de l'existence de Dieu, ladite philosophie ne peut donner « ni une affirmation, ni une négation ». L'un des termes du problème, Dieu, étant « reculé dans les régions *inaccessibles* à notre intelligence », Littré avait soin de ne pas se prononcer sur ce point. L'inaccessible, assurément, voilà le mystère. Est-ce la « cause première » ? Y a-t-il une cause première ? Littré déclarait qu' « aucune science ne (la) nie ». Mais il ajoutait qu' « aucune science ne l'affirme » non plus, parce que « toute science est renfermée dans le relatif ». La « causalité première » est « toujours laissée à la théologie et à la métaphysique ». L'homme est apparu « sans que, jusqu'aujourd'hui, on ait rien que des hypothèses sur son origine, comme, au reste, sur celle des animaux et des végétaux ». Entre un être absolu dont l'existence n'est pas certaine et un être relatif dont l'origine (et par conséquent la nature, n'est-ce pas ?) demeure mystérieuse, les rapports sont difficiles à imaginer. Littré concluait à chercher la solution pratique dans la tolérance. Il recommandait aussi « l'humilité », qui « ne peut être assez profonde devant l'immensité de temps, d'espace et de substance » offerte « à notre regard et à notre esprit, devant nous et derrière nous ». Une puissance que l'on rencontre partout et que l'on ne peut comprendre, c'est évidemment une puissance très réelle, mais, non moins évidemment, très *mystérieuse*. Littré l'avait dit autrefois en montrant « cet Océan qui vient battre notre rive et pour lequel nous n'avons ni barque ni voile, mais dont la *claire vision* est aussi salutaire que formidable »[11]. Il le répétait peu de temps avant sa mort, en résumant ses méditations sur l'infini : « Il me suffit de le contempler sur le trône de sa sombre grandeur, pour me dégager de tous les dogmatismes »[12]. Somme toute, nous vivons enveloppés d'un immense mystère.

Les savants se laissent influencer par les circonstances ; et, faute d'avoir médité sur la nature des problèmes moraux, il leur est arrivé de confondre des domaines séparés et différents. Un curieux exemple de cette mobilité et de cette erreur a été fourni par Darwin. Le célèbre naturaliste a raconté comment il flottait entre la nécessité et l'impossibilité de croire en Dieu. Quand il considérait « l'univers prodigieux et immense, y compris l'homme avec sa faculté de se reporter dans le passé comme de regarder dans l'avenir », il repoussait énergiquement l'idée « d'un destin ou d'une nécessité aveugle ». Il était disposé à reconnaître « une cause première, avec un esprit intelligent, analogue, sous certains rapports, à celui de l'homme », et alors, disait-il, « je mérite l'épithète de déiste ». Puis il se demandait si l'on pouvait s'en rapporter à l'homme « lorsqu'il tire de si importantes conclusions ? » ; et il déclarait ne pas prétendre à « jeter la moindre lumière sur ces problèmes abstraits », et il s'arrêtait, muet, devant « le mystère du commencement de toutes choses » « insoluble pour nous » [13]. Une lettre de Darwin a signalé certaines raisons, fort inattendues, qui souvent le replongeaient dans le doute : « Je ne puis me persuader qu'un Dieu bienfaisant et tout-puissant ait créé les Ichneumons avec l'intention arrêtée de les laisser se nourrir de chenilles vivantes ou que le chat ait été créé pour jouer avec la souris ». Troublé par cette difficulté, il ne voyait plus la nécessité d'admettre « que l'œil ait été l'objet d'un dessein spécial ». Que restait-il ? « La chance », du moins peut-être et faute de mieux. Darwin avouait n'être point, par une si pauvre solution, satisfait le moins du monde [14].

Mais M. Berthelot entend bien disposer de quoi résoudre tous les problèmes, sans toutefois les examiner plus attentivement. Ce qu'il écrivait, en 1895, dans la *Revue de Paris* et ce qu'il disait devant les banqueteurs, il l'a répété, deux ans après, avec une obstination singulière : « La science possède désormais *la seule force morale* sur laquelle on puisse fonder la dignité de la personnalité humaine et constituer les sociétés futures », a-t-il écrit dans un volume intitulé *Science et morale* [15]. « La science domine tout » [16] et cependant « elle n'affirme rien et ne promet rien » au sujet de l'explication de notre origine et de notre destinée et même « elle s'empresse de déclarer l'incertitude croissante de ses constructions idéales »¹⁷. Voilà bien du péremptoire et du contradictoire ! Le grand chimiste s'anime jusqu'à dire que la constitution cérébrale et physiologique de l'homme est « semblable à celle des animaux, quoique d'un *ordre supérieur* » et qu'elle a acquis cette supériorité « surtout pendant le cours des siècles, par l'effet des conquêtes de notre intelligence »¹⁸. Ainsi, animaux par nature, nous avons désormais la seule force morale sur laquelle on puisse fonder « la dignité de la personnalité humaine et constituer les sociétés futures ¹⁹. « La science domine tout : elle rend seule des services définitifs »²⁰. Plusieurs pages sont remplies de déclarations de ce genre, qui prouvent au moins que M. Berthelot considère la science comme l'unique soutien et la source unique de la morale. Cette conviction est chez lui si ardente qu'elle le pousse à se prononcer sur l'histoire de la théologie ; et alors il décide que « les dogmes du christianisme, le Verbe, la Trinité, ont été empruntés aux Alexandrins »²¹. Qui donc l'a si mal renseigné ? Ce n'est pas Jules Simon, qui a dit le contraire et lorsqu'il était le plus éloigné du christianisme. En 1844, Jules Simon insistait sur l'opposition des deux doctrines : non seulement « aucun des principes essentiels qui caractérisent l'école d'Alexandrie et sur lesquels est fondé le dogme de la Trinité dans Plotin, ne se retrouve dans le christianisme » mais, de plus, « les principes fondamentaux du christianisme sont en contradiction directe avec ceux de l'école » ; et le philosophe rationaliste concluait : « Il est donc absolument impossible de se servir du christianisme d'Ammonius pour donner une origine chrétienne à la philosophie de Plotin ou de la philosophie de Plotin pour donner une origine philosophique à la doctrine chrétienne »[22]. Ce n'est pas non plus Vacherot qui a renseigné l'illustre chimiste. Vacherot n'apercevait « aucune trace de la philosophie grecque dans le christianisme primitif ». Il recommandait de ne pas confondre avec le *Logos teios* de Platon « la doctrine du Verbe proprement dite », laquelle « est étrangère à la philosophie grecque et propre à l'Orient »[23]. L'origine judaïque de la doctrine chrétienne, c'est l'un des points où Renan n'a jamais faibli. Comment M. Berthelot, raisonnant là-dessus, s'est-il si peu soucié des autorités compétentes ?

Croit-il encore en Dieu ? Vers 1886, il y croyait. A la vérité, sa profession de foi n'était pas longue. Il désignait derrière le vrai, le beau et le bien... « une réalité souveraine » dans laquelle réside l'idéal, « c'est-à-dire Dieu, le centre et l'unité *mystérieuse* » (il y aurait donc des mystères encore ?) « mystérieuse et inaccessible »[24]. Il ajoutait que « le sentiment seul » peut nous conduire vers ce sommet central, d'ailleurs inaccessible. Le sentiment, c'est une force bien variable, sujette au flux et au reflux des impressions capricieuses et fort peu scientifique.

Jusqu'où peut s'égarer le caprice, un autre

savant en a fait l'aveu. Le physicien anglais Tyndall avait eu parfois de violents accès d'enthousiasme matérialiste. Revenu au calme, il se repentait. Il avait, malgré ses entraînements passagers, assez de droiture et d'humilité pour écrire ensuite, dans la préface d'un livre où il reproduisait certaines de ses déclarations irréfléchies : « J'ai remarqué, depuis des années d'observations sur moi-même, que ce n'est pas dans mes heures de clarté et de vigueur que cette doctrine (le matérialisme) s'impose à mon esprit ; *qu'en présence de pensées plus fortifiantes ou plus saines, elle se dissout toujours* et disparaît, comme n'offrant pas la solution du mystère dans lequel nous sommes plongés et dont nous faisons partie »[25]. De même, le professeur Huxley s'excusa d'emportements très hasardés.

Mais une critique plus sévère a été notifiée chez nous par un savant très considéré dans le monde de la libre-pensée. Le 28 février 1900, devant les membres de la *Solidarité* (Université populaire parisienne du XIIIe arrondissement) le directeur de l'Institut Pasteur, M. Duclaud, s'exprimait ainsi : « Je n'ai pas voulu dire que la science donne la solution des problèmes sociaux. Elle ne l'a jamais promis, parce qu'elle ne promet jamais rien ; et ceux qui l'accusent d'avoir fait faillite à ses promesses ont pris pour de la science des *boniments de tréteaux* »[26].

Cependant, on vient de le voir, de graves représentants de la science, oubliant leur gravité, ont distribué parfois, à pleines lèvres, les déraisonnables promesses que M. Duclaud répudie avec cette rigueur. Il y a donc des tréteaux officiels ! **Boniments de tréteaux !!!**

L'impressionnisme scientifique a été porté si loin qu'une réaction se dessine contre la science. Vis-à-vis de cette autorité, la pédagogie nouvelle prend ses aises, avec une désinvolture résolue, dont frémit sans doute M. Berthelot. Enregistrez la répudiation signifiée par un pédagogue d'importance. M. Payot, libre-penseur très déterminé et très passionné, a dit ainsi leur fait aux savants qui se sont mêlés de tout enseigner : « On voit aujourd'hui que la science est tournée vers la pratique et qu'elle est *impuissante* à satisfaire les besoins de l'âme et même les besoins supérieurs de l'intelligence. Elle laisse sans solution le problème de nos origines et de notre destinée ; et elle a *aggravé le découragement* en mettant en pleine lumière la nullité de l'importance de notre globe dans l'univers. Enfin, elle n'a *aucunement amélioré* la situation *sociale* : *la misère* est plus terrible que jamais et *plus poignante*. La civilisation a abouti à ce monstrueux non-sens de nations prêtes à s'entre-détruire. Il n'est pas démontré que les progrès de l'industrie aient allégé le travail d'un seul d'entre nous : aussi une lassitude profonde semble-t-elle avoir succédé aux premiers moments d'enthousiasme » [27].

Les déceptions causées par la science ont fixé M. Payot dans l'œuvre pédagogique, pour laquelle il avait déjà beaucoup d'inclination. Inspecteur, puis Recteur d'Académie, il exerce parmi les maîtres et les maîtresses d'école un office supérieur, en dirigeant la revue-journal *le Volume*, véritable Moniteur de l'instruction primaire, qui, chaque semaine, apporte à quinze ou vingt mille instituteurs des deux sexes la pâture intellectuelle et morale. Là, M. Payot, élevé à l'officieuse fonction d'instituteur en chef, gouverne les esprits et les consciences, distribuant des leçons de toute espèce, encore plus intéressantes qu'il ne suppose, puisqu'elles révèlent le désordre chaotique où se débat le monde de l'enseignement.

CHAPITRE IV

L'ÉDUCATION MORALE DANS L'UNIVERSITÉ

I

KANT A L'ÉCOLE PRIMAIRE. « LE VOLUME »

Donc, M. Payot (il vient d'être nommé Recteur de l'Académie de Chambéry) dirige le *Volume, journal des instituteurs et des institutrices*. Donc, ce *Volume*, édité en livraisons hebdomadaires, fait, dans la pédagogie, une part très importante à la prédication libre-penseuse. Chaque numéro contient plusieurs prêches où la haine anti-catholique se sert de l'histoire, de la littérature, de la science, de la politique courante, pour insuffler aux maîtres et aux maîtresses d'école le mépris de l'Eglise et des croyances dogmatiques. C'est un dénigrement continuel, qui, malgré des airs graves ou dédaigneux, s'emporte maintes fois jusqu'à la virulence. Seuls, les problèmes d'arithmétique et les travaux de couture ne fournissent pas matière à des dithyrambes en l'honneur de la morale laïque, de la constitution républicaine, des Droits de l'homme, de la Révolution, de toutes les révolutions et de toutes les hérésies. Dans cette prédication, il y a une place considérable réservée aux débats des Chambres ; car, pour les pédagogues du *Volume*, le Parlement représente l'autorité morale et philosophique en même temps que l'autorité politique. Les instituteurs sont ainsi amenés à considérer le Palais-Bourbon et le Luxembourg comme les deux foyers d'une ellipse lumineuse dans laquelle graviteraient les âmes françaises. Les Chambres sont des collèges de Pontifes, au-dessus desquels plane le ministère, interprète suprême de toutes les vérités.

Tel jour, M. Payot expose « La politique de l'école laïque ». Car nous avons une politique de l'école laïque ; et cette politique, qui touche à tout, contient nécessairement une philosophie et une religion.

En effet, sous prétexte de politique laïque, M. Payot traite de la « tradition » et de la « révélation ». Le seul ménagement qu'il s'impose, c'est de ne pas appeler les catholiques par leur nom. Mais il les injurie de la manière la plus claire.

Et même cette clarté-là est la seule qui se rencontre dans les prêches du pédagogue ; car les idées qu'il expose et les mots dont il se sert sont vis-à-vis de la logique, en état de continuelle révolte. D'après M. Payot et quelques autres, la Révélation se réduit à la réflexion ; et elle est très naturelle quoiqu'elle soit aussi très absurde, entendue à la manière chrétienne :

« Nous pensons que tout homme sincère, en réfléchissant candidement (?), trouve en soi-même la voix même de Dieu, c'est-à-dire de la *Raison*. Admettons que Dieu ait révélé directement ses volontés à un homme, admettons même qu'il les ait dictées, pour être compris, il a dû employer le langage très imparfait de *l'époque*, les conceptions imparfaites de *l'époque*, donc nous devons *interpréter* cette révélation déformée, rabaissée à notre mesure. Comment l'interpréter sinon en la *confrontant avec notre révélation intérieure, c'est-à-dire en la confrontant avec notre raison* ? La vraie révélation, c'est pour chacun sa raison éclairée par l'étude, par la contradiction, par la liberté de penser, d'étudier, d'écouter toute pensée, ce qui implique que toute pensée doit être libre »[1].

Ce Dieu auquel la pédagogie incrédule a l'air de croire, comment le conçoit-elle et qu'en pense-t-elle au fond ? Elle ne le dit pas, pour cet excellent motif qu'elle l'ignore. Mais ce qui est sûr et ce qu'elle manifeste volontiers, c'est qu'elle entend bien ne pas se gêner avec Lui.

Par exemple, M. Payot ne tolère pas un Dieu qui accepterait l'hommage de la souffrance passagère et qui ferait d'elle un instrument de purification et un titre au bonheur infini : « Ce sont les pédants et les fanatiques qui ont dépeint la vertu comme austère. Concevant un Dieu méchant, jaloux et cruel, ils ont pensé que *la souffrance lui était agréable*. Cette conception est horrible : elle est, de plus, absurde, et elle a gâté notre éducation pendant des siècles »[2].

Sans grand effort de pédagogie ni de philosophie, on peut cependant s'apercevoir que la loi de la souffrance est invinciblement mêlée à tous nos espoirs de bonheur. Bien plus, elle apparaît très souvent comme une condition du progrès moral, puisque c'est surtout par la lutte et par le sacrifice que l'homme grandit. M. Jaurès a célébré la sublimité et même la divinité de la douleur. Dans sa thèse de Doctorat ès-lettres consacrée à étudier *la réalité du monde sensible* on lit : « C'est la plénitude infinie de la joie qui va au-devant de la douleur, pour se posséder et se justifier elle-même par un effort éternel qui abolit en Dieu tout ce qui est destin... Tout être, par son centre même est en Dieu, c'est-à-dire au point même où douleur et joie se concilient »[3]. Il y a vingt pages semblables dans ce travail, qui fut composé entre les deux périodes de la carrière politique de M. Jaurès. Sans doute, plus tard, le fougueux tribun parut oublier cette dissertation et il s'oublia lui-même jusqu'à déclarer, du haut de la tribune, qu'il considérait Dieu comme un *égal* ; mais l'exaltation du discours et aussi le désir d'éveiller l'enthousiasme socialiste lui faisaient repousser la raison. Quand il écrivait sa thèse, M. Jaurès n'était plus un jouvenceau ; adonné au professorat, il vivait dans l'étude et, suivant le mot de Tyndall, se trouvait en présence de pensées plus fortifiantes ou plus saines qu'aux heures où l'agite le démon de l'éloquence. Et il vient de réimprimer cette thèse qui parle cent fois du Dieu tout-puissant.

Seuls les pédants et les fanatiques ont glorifié la douleur, dit M. Payot. Quelle injure à M. Anatole France ! Car notre *Petrone arbiter*, élégamment prosterné devant la « divine méconnue », lui a dédié cet hommage : « Que la terre soit grande ou petite, il n'importe à l'homme. Elle est assez grande pourvu qu'on y souffre, pourvu qu'on y aime. La *souffrance et l'amour* voilà les deux sœurs jumelles de son inépuisable beauté. *La souffrance, quelle divine méconnue!* Nous lui devons *tout ce qu'il y a de bon en nous, tout ce qui donne du prix à la vie...* L'amour ne fleurit que dans *la douleur... Pardonnons à la douleur* et sachons bien qu'il est impossible d'imaginer un bonheur plus grand que celui que nous possédons en cette vie humaine... Le mal est nécessaire. S'il n'existait pas, le bien n'existerait pas non plus... *C'est grâce au mal et à la souffrance que la terre peut être habitée et que la vie vaut la peine d'être vécue* ». Il y a beaucoup de pareils apophtegmes dans le *Jardin d'Epicure* ; il y en a aussi de contradictoires ; il y a même une glorification du couvent. Comme M.

Jaurès, M. Anatole France éprouve à se contredire fort peu d'embarras. Que ces orateurs et ces littérateurs ont de fantaisie et de versatilité !

C'est peut-être que la pédagogie, supérieure ou subalterne, ne les a point dotés d'un fond de principes résistants.

M. Payot a voulu faire l'expérience du résultat produit sur les simples instituteurs par la prédication kantienne perfectionnée ; et dans ce but, il a risqué un concours.

Il leur avait expliqué tout ce qu'ils peuvent se permettre envers Dieu : « En le supposant tout-puissant et omniscient, vous le rendez *responsable*; et cette conception d'un Dieu *admettant la souffrance* est une injure qu'on lui adresse. Quant à la preuve d'amour donnée à une mère par la mort d'un fils unique, c'est une conception effroyable : l'athéisme est cent fois plus respectueux pour Dieu ; mieux vaut le nier que de le croire cruel. Quelque haute qu'on suppose sa fin, elle ne justifie comme moyens ni l'assassinat, ni la torture. Ce qui serait un crime chez les hommes ne peut être qu'un crime monstrueux partout ; il n'y a pas deux morales. La loi morale est absolue et Dieu *doit s'y soumettre* pour se l'admettre ; ce qui revient à dire que nous devons épurer notre conception de Dieu et rejeter ce qui est inacceptable pour notre conscience morale. »

Voilà un fameux commentaire des *devoirs envers Dieu*, lesquels sont toujours inscrits dans le programme de l'enseignement !

Endoctrinés de la sorte, les instituteurs étaient-ils enfin devenus capables de bien enseigner à leur tour ? Leur chef leur proposa d'en fournir la preuve. Ils étaient invités à lui envoyer leurs réflexions sur « les commandements de la conscience ».

Le pédagogue en chef n'eut pas lieu d'être satisfait et crut nécessaire de le déclarer : car, la plupart des concurrents avaient gardé la vieille habitude de considérer Dieu comme la suprême autorité morale.

Ceux-ci en effet, grâce à leur bon sens originel et pratique, demeurent plus ou moins protégés contre le système auquel on les assujettit. Ils se sont dit que, puisque la loi morale existe, elle doit, de même que toutes les autres lois, avoir au moins un auteur. Ils voient des députés payés pour légiférer et qui légifèrent sans repos. Ils voient toutes nos lois fabriquées dans le Parlement et ils se souviennent qu'avant que les députés et les sénateurs fussent chargés de nous dicter nos devoirs civils, cet office était confié à des conseils composés d'hommes dont la décision, pour devenir loi, devait être ratifiée et promulguée par le souverain. Ils se sont dit que la loi morale ne s'est pas faite toute seule. Or nul homme, pas même Kant ni M. Payot, n'ose réclamer l'honneur de l'avoir rédigée. Il y aurait donc un législateur au-dessus de tous les autres, c'est-à-dire Dieu.

Ouais ! comme ils y vont, ces braves gens qui ne connaissent pas « le puissant développement de la philosophie kantienne ! » On le leur explique cependant. M. l'Inspecteur (aujourd'hui Recteur) leur prêche ce beau sermon : que la réforme laïcisatrice a précisément pour but de mettre Dieu de côté. Mais M. Payot est gêné dans les entournures. Son *Volume* parle souvent par insinuations.

Où trouver entière et précise, claire surtout, la pensée du pédagogue ? Sachant que le directeur du *Volume* a écrit un livre sur la *Croyance*, quelques instituteurs peut-être auront voulu chercher là des indications complémentaires.

Sans doute aussi, les lumières qu'ils ont recueillies dans ces pages ne les ont pas encouragés à s'imprégner de la philosophie kantienne. Et ils auront éprouvé d'autant plus de surprise qu'ils auront vu M. Payot prendre, en certains endroits, la défense des... Jésuites, présentés comme les véritables inventeurs d'une méthode profonde et célèbre, préconisée d'ailleurs par Pascal ! Nous ne plaisantons pas ; et les instituteurs, complètement égarés, ne durent pas non plus éprouver un grand besoin de rire.

Prier, prendre de l'eau bénite, faire comme si l'on croyait, pour arriver à croire, cette méthode que Pascal a recommandée, les Jésuites la pratiquèrent toujours... et M. Payot les en loue !

bien qu'il ne les aime pas le moins du monde et qu'il les calomnie suivant un vieil usage. Ils ont compris que l'habitude a un rôle important dans le développement de la croyance et, que même à l'origine de la croyance, s'accomplit un acte de volonté. D'après M. Payot, on croit selon ce qu'on veut croire. Il dit encore : « Ce déterminisme qui maintenant m'enserre n'est qu'une manifestation de ma liberté, puisque, quand j'ai choisi le parti que je préférais, je l'ai choisi librement, après réflexion et avec toutes ses conséquences »⁰.

D'après lui, ce n'est pas du tout la science qui doit nous servir de règle, mais c'est la volonté. La science, il s'en dégage avec la désinvolture de l'homme épris d'un autre idéal. Nous avons noté comment, dans la brochure *Education de la démocratie*, il donne congé à la science. M. Berthelot le sait-il? et le saura-t-il jamais ?

Résumées et voilées, ces déclarations reparaissent dans le *Volume*. On devine l'embarras qu'elles doivent causer aux instituteurs, eux qui ont encore les oreilles échauffées de tant de dithyrambes en l'honneur de la raison et de la science. Celle-ci, après tout, est une autre raison, supérieure. Or, l'une et l'autre ne valent presque plus rien ! Un haut pédagogue l'assure. Les instituteurs ont peine à le croire. Ils voudraient du moins connaître le motif d'une pareille attitude.

Oui, depuis que le grand homme de Kœnigsberg s'est mis à raisonner sur l'espace, sur le temps et sur la causalité, nous n'avons plus, paraît-il, aucune certitude intellectuelle. Il s'est demandé si ces notions, au lieu de correspondre à la réalité extérieure, ne seraient pas simplement des lois de notre esprit, c'est-à-dire, en gros, si elles n'existeraient pas simplement dans notre imagination, si les principes ne nous apparaîtraient pas à travers notre nature comme des objets vus à travers un cristal colorié... Et, du coup, voilà en miettes et en poussière l'antique certitude, toujours bien désirable, cependant !

Sans doute, dans les laboratoires, au Parlement, à l'Académie, dans les lycées (sauf le professeur de philosophie), au théâtre et sur le boulevard, personne n'a le moindre souci des jugements synthétiques *à priori*, ni des jugements analytiques également *à priori*, ni de l'union du prédicat avec le sujet, ni de la réalité nouménique, ni de l'idéalisme transcendental, ni des quatre antinomies fondamentales, ni d'une seule. Mais l'idée de Kant s'est insinuée dans des milieux moyens, prenant des formes moins difficilement compréhensibles, et même s'adaptant au langage vulgaire.

Cette idée que nous ne sommes assurés de rien en dehors de notre conscience individuelle se manifeste d'instinct dès que l'on essaie d'indiquer, non pas même des preuves de l'existence de Dieu, mais de simples raisons valables qui permettraient de conclure à la probabilité de son existence. Ou bien les gens croient ; et en ce cas ils ne daignent plus vérifier aucun motif de croire ; ou bien ils ne croient pas, et alors les arguments qu'on leur propose ne les intéressent pas plus qu'une manière de raisonner qui serait propre aux habitants de la lune.

Si nous disons que le monde n'existe pas par lui-même, puisque chacune de ses parties, animal, plante, pierre, est le résultat d'une série de combinaisons ou d'actions distinctes d'elle ; que l'ensemble du monde doit avoir une cause, puisque chacun de ses détails a une cause ; que la loi essentielle de l'ensemble est la même que la loi essentielle des détails ; que le tout et la partie ont la même nature ; que la partie étant dépendante, l'ensemble est dépendant et qu'il faut, à l'origine, une force qui ne dépende que d'elle-même, les Kantiens répondent : — Peut-être cette tendance à raisonner est-elle une simple disposition de notre esprit... — et la foule, même lettrée, traduit la réponse par un haussement d'épaules, qui signifie : — Après tout, qu'est-ce que nous en savons ?...

Les instituteurs et les institutrices qui ont pris part au concours organisé par M. Payot (deux dames seulement sur 21 lauréats ont obtenu un éloge) ont, en général, déployé plus d'attention. Ils sont partis de ce principe qu'une loi, et surtout la loi morale, doit être l'œuvre d'un législateur.

Mais le haut pédagogue est accouru pour les

morigéner : — Comment ! comment ! vous en êtes encore à vous précautionner d'une cause ! Mais cela ne vaut plus rien, la causalité. Vous ne savez donc pas que Kant a démoli ce système illusoire !

Interloqués, les instituteurs se disent à eux-mêmes que leur chef, ayant organisé un concours, a bien l'air, pourtant, d'avoir, par son initiative, produit la cause de ce concours-là. Ils ajoutent qu'ils désespèrent de comprendre la loi morale si personne n'en est l'auteur. Oui, Kant l'a célébrée avec exaltation et il s'est écrié qu'elle est encore plus belle que « la voûte étoilée des cieux... », mais puisque la voûte étoilée a pu se faire elle-même, par hasard, à quoi bon raisonner sur la loi morale qui peut-être a pour ouvrier le même hasard, de plus en plus ingénieux ?

M. Payot ne leur a pas donné dans le *Volume* l'explication nécessaire, ayant déjà, dans le livre la *Croyance*, épuisé ses arguments. Là, on voit que, si nous n'avons plus rien à espérer de la raison, du moins la volonté nous apporte une formidable provision de ressources. Oui « nous avons... abouti à un scepticisme intellectuel irrémédiable... Mais ce scepticisme intellectuel nous l'avons, en fin de compte, considéré comme la plus haute conquête à poursuivre dans une éducation démocratique ». Et, seule, la *volonté* nous reste.

C'est très bien de vouloir que la loi morale soit réelle, prédomine et se perfectionne... Mais au fait, pourquoi prendre cette résolution ? Et qui garantit que la loi morale aura plus de réalité que les principes métaphysiques ? Comment être assuré que la volonté est plus efficace que la pensée ? Et si nous étions dupes encore, en croyant agir ? Mon Dieu ! Spinoza s'est bien moqué des gens qui s'imaginent parler, se taire, agir en vertu de quelque libre décision. « Ils rêvent les yeux ouverts », disait-il. Et, dans la philosophie kantienne, il y a l'étonnant Schopenhauer, le grand théoricien de la volonté, qui assure que la volonté est la cause du mal.

Peu importe. Nous ne savons plus ce que nous devons croire ni même pourquoi nous croyons à une chose plutôt qu'à une autre ; et voilà le précieux et incomparable bénéfice de la philosophie kantienne ; et voilà le motif de la joie, de la fierté, de l'enthousiasme, de l'immense confiance dont est rempli M. Payot. Il exhorte les instituteurs et les institutrices à se persuader qu'ils sont, pour cette raison, extrêmement favorisés. — Quel heureux destin est le nôtre ! Quelle chance d'être certain que nulle théorie et nul système n'ont la certitude absolue ! Au moins, comprenez-vous bien ce bonheur ? Soyez-en reconnaissants à Kant et à ses élèves, dont beaucoup devinrent des maîtres et développèrent sans limites le domaine du « scepticisme intellectuel ».

Ces nobles propos, répétés avec une infatigable insistance, rappellent un journaliste qui, vers 1894, refaisait éperdûment le même article consacré à célébrer les sublimes voluptés de l'athéisme. Le publiciste avait un peu de savoir et de style, mais l'exaltation dévorait son cerveau d'hydrocéphale. Il développait en de longues colonnes la paraphrase lyrique d'un thème qu'on devait résumer ainsi : — Quel bonheur, mon Dieu ! qu'il n'y ait plus de Dieu !... — Il mourut bientôt, épuisé d'extases.

M. Payot, lui, n'entend pas se griser de fumée ; car il compte, assure et proclame que la volonté et l'action ont attiré à elles toute la force dont la raison et la science sont désormais dépossédées. Les instituteurs et les institutrices sont exhortés à tendre avec plus d'application leur énergie et à la dépenser avec plus d'ardeur, pour mieux exécuter les besognes de tout genre, pour enseigner, pour manger, pour dormir. Volonté, action ; action, volonté ; c'est un tic-tac dont le mouvement ne s'arrête pas. Maîtres et maîtresses, prenez soin de vouloir et d'agir avec vigueur. Agissez, agissons, hâtons-nous d'agir. Vous voulez bien agir, n'est-ce pas ?

Les autres répondent oui, de bon cœur, mais avec un étonnement d'abord vague, qui ensuite se précise sous la forme d'une arrière-pensée. Ils se demandent si la volonté et l'action sont vraiment à ce point des choses nouvelles. Ils croyaient bien avoir déjà considérablement voulu et agi. Quels exercices a-t-on l'intention de leur imposer ?

Plus d'un a dû sentir s'éveiller en lui cette réflexion assez simple et néanmoins suggestive : agir, c'est très bien, parbleu ; mais pour agir on a besoin de savoir ce que l'on veut faire ; il faut une idée, un plan, quelque chose qui ressemble beaucoup à une théorie et même à une doctrine. On n'agit pas n'importe comment, sans règle, sans but ; et la loi morale qui nous indique nos devoirs, elle est raisonnable sans doute et elle parle selon la vérité ?

Là-dessus M. Payot donne des explications impétueuses et généralement ténébreuses ; d'autant plus qu'il aime à dire que nous sommes « à un haut degré, maîtres de nos propres « croyances ». Donc, la volonté engendrerait la vérité et la justice ; et elle réaliserait cette double merveille au hasard, d'instinct, ou bien mécaniquement et fatalement.

L'officiel disciple de Kant serait-il, en somme, surtout Niestzchéen ? Ce serait un effet assez logique du « puissant mouvement de la philosophie kantienne », qui a rendu la conscience indépendante de la raison. Voici la conscience libre et, suivant l'expression de Kant, « autonome ». En un mot, la conscience fait ce qu'elle veut. Comme elle n'est plus gênée par les lois divines, elle se résume en une volonté hardie. De la volonté, ainsi affranchie, la pente est rapide vers l'orgueil, l'égoïsme et le caprice.

Nous sommes témoins du désastre. Oui, *l'impératif catégorique* se déforme, s'affaisse, et s'engloutit, catégoriquement. Pour l'appeler de son nom ordinaire, c'était *le devoir* ; et M. Payot lui-même a fini par abandonner à son sort cette autorité décidément compromise. Dix-huit mois après le concours sur les commandements de la conscience, sans avoir interrompu la prédication hebdomadaire de l'indiscutable devoir, le pédagogue en chef découvrait que la morale nouvelle repose sur une vaste erreur et il s'en prenait... au kantisme, lui, Kantien !

Sous le titre « Notre Credo » et avec le sous-titre « Morale », le directeur du *Volume* a promulgué l'observation suivante, propre à développer le prestige bienfaisant et déjà très considérable du doute intellectuel :

« Un gros malentendu vicie notre éducation morale : elle est restée théologique. Au fond, nos manuels de morale sont des manuels théologiques, avec cette aggravation que Dieu n'y étant plus le fondement du devoir, le devoir n'a plus de raison d'être. Cette situation est celle de Kant et de la plupart des manuels : le devoir n'a plus son fondement en Dieu ; on ne veut pas, d'autre part, qu'il ait son origine sur la terre : alors on refuse de discuter le devoir ; on en fait un article de foi. Fais ! — *Mais pourquoi ?* — Fais, te dit-on, et ne discute pas : le devoir est un impératif catégorique !

« Cette morale de Kant est chez nous, actuellement, d'une *profonde hypocrisie* et il est nécessaire de donner à la démocratie des *raisons de vivre* moins discutables.

« Beaucoup de gens ont conservé de l'enseignement universitaire quelque scepticisme.

« Mais le besoin de croire est si fort qu'on veut créer *un nouveau dogme*. On voit des écrivains déclarer qu'il faut faire de la Patrie un dogme intangible. D'après eux, il ne faut pas examiner le contenu de cette idée, car on cesserait sans doute d'être d'accord... » [7]

Une indiscutable « raison de vivre », c'est bien en effet de quoi beaucoup de gens auraient besoin et ce qui a manqué particulièrement à un malheureux instituteur, nommé Gobillot, qui, victime d'une dénonciation calomnieuse, se suicida. Interrogé par un autre instituteur sur les conclusions rationnelles et morales que l'on peut tirer d'une telle infortune, et, en général, sur les injustices de la vie, M. Payot se mit à traiter la question. Tout de suite, il découvrit qu' « elle est insoluble » ; mais pourtant il continua de disserter, comme s'il comptait bien en venir à bout et même comme s'il y avait déjà réussi. Les sanctions surnaturelles n'empêchent pas l'injustice d'avoir eu lieu, et les sanctions de la religion « dite naturelle sont vagues » [8]. Quel parti prendre ? « Alléger d'abord la misère de ceux qui restent victimes de la situation et d'autre part travailler à empêcher le retour de pareils faits par une collaboration ardente à une *croi-*

sade destinée à développer dans les masses l'esprit scientifique, c'est-à-dire le besoin de voir, d'observer, de réfléchir, le besoin de preuve en un mot » [9]. Mais cet esprit scientifique, M. Payot l'a représenté comme impuissant et nuisible [10] ; ce besoin de preuve, il le reconnaît comme insatiable et decevant, puisqu'il n'y a point de preuve, pas même pour *l'impératif catégorique*, qui était la seule ressource et faute duquel la morale, ayant chassé sur ses ancres, flotte à la dérive. Pourtant, le maître pédagogue veut se persuader qu'il garde, sinon une ressource, du moins une recette : la sanction de la conscience. Ladite sanction s'exerce avant, pendant et après l'acte ; elle est infaillible ; et grâce à elle « *toujours*, celui qui se conduit bien est heureux ; *toujours* celui qui se conduit mal est malheureux » [11].

Et Gobillot ? Comme le dit l'instituteur qui demande des explications, Gobillot « a aimé et pratiqué la vertu et, sous les coups de l'adversité qui s'est acharnée sur lui, sa conscience morale n'a pu le soutenir ». Hélas ! répond M. Payot ; mais il ne s'en tient pas à cette interjection compatissante ; et il demande la permission de supposer que le pauvre suicidé « n'avait pas la tête solide ! » [12]. Nous ignorons si les amis et les collègues de Gobillot ont goûté la consolation explicative.

D'ailleurs, M. Payot ne s'en montre pas pleinement satisfait. Il la donne faute de mieux, parce qu'en pareille circonstance, on doit toujours donner quelque chose. C'est un témoignage de sympathie, rien de plus; et pas de sympathie respectueuse ni bien généreuse, puisque l'infortuné Gobillot, victime d'une terrible calomnie, désespéré, suicidé, se trouve encore, hiérarchiquement et pédagogiquement, qualifié imbécile !

De la philosophie et de la morale, l'incohérence devait déborder sur le patriotisme. Là, elle a découvert dans l'armée une ennemie. Au sein du monde enseignant est né un esprit antimilitaire, dont les progrès semblent les symptômes de quelque révolution, encore impossible à définir. La race des Hervé et des Lapicque a provigné rapidement. Les professeurs qui déblatèrent contre la religion et aussi contre l'armée, composent déjà une appréciable partie du personnel. On trouve maintenant cet échantillon à peu près partout. Du haut en bas, s'étale la manie antimilitaire. Le *Volume* habitue vingt mille instituteurs ou institutrices à mépriser de précieux souvenirs, inséparables de la grandeur de la France. Telle livraison contient cinq ou six pages de diatribes contre Napoléon, qui n'était, paraît-il, tout entier qu'un monstre. La conclusion pratique de cette pédagogie ce serait au moins le nouveau déboulonnement de la colonne Vendôme. Allons-nous voir les lecteurs et les lectrices de M. Payot offrir leurs bras pour recommencer l'œuvre de la Commune ou bien pour installer la statue de Courbet à la place de Napoléon ? Certain jour, dans le *Volume,* on consacrait trois pages à démontrer la bêtise et l'immoralité de la guerre.

Les diatribes contre la guerre se suivent et se développent, dans la forme d'un cours qui ferait partie essentielle d'un programme d'éducation. Bien entendu, elles comportent certaines réserves en faveur des guerres défensives et spécialement en l'honneur des volontaires de 92 ; c'est-à-dire d'une légende, puisque lesdits volontaires furent surtout un embarras pour les généraux qui les commandaient. Il y a vingt-cinq ans, Camille Rousset, ayant eu le courage de s'attaquer à la légende, s'attira une révocation déguisée ; car la Révolution, qui s'enorgueillit de répudier les dogmes, a des dogmes inflexibles, même en histoire.

Les instituteurs pourront parler des volontaires avec sympathie, mais ils devront prémunir les élèves contre toute séduction de l'esprit guerrier. De là au mépris du métier militaire, la transition est naturelle, rapide, inévitable, bien que les pédagogues se défendent de vouloir donner un tel enseignement. Aveugles ou pervers, ils laissent deviner que leur prédication pacifique est entretenue par une ardente hostilité contre le soldat. Si le soldat offense à ce point la civilisation, s'il ne représente qu'un déplorable, honteux et dangereux souvenir de la barbarie primitive, il n'a point de droit à l'estime et à l'honneur.

Les gamins et les jeunes gens endoctrinés de la sorte tireront vite cette conclusion ; et ils demanderont pourquoi on a révoqué le professeur Hervé qui, en proposant de planter le drapeau sur un tas de fumier, n'a eu que le tort de préciser par une image brutale les tendances de la pédagogie officielle. Avant même d'avoir franchi le seuil de la caserne, les jeunes citoyens auront pris l'habitude de maudire l'uniforme, comme font les *pionniers* des compagnies de discipline, et ils sauront l'abominable refrain : — Métier de soldat, sale métier !

Sous le titre ironique : « Les bienfaits de la guerre », M. Payot a publié tel article embelli de philosophie et de statistique, dont les premiers mots sont : « *Décidément, la guerre ne supporte pas l'examen.* » Il avoue avec fierté qu'il avait toujours trouvé « absurde » d'établir un rapport entre la guerre et l'esprit d'entreprise, la vigueur et l'intelligence dans le travail agricole, l'intensité et l'ingéniosité du travail industriel. « Une nation ne réussit que par « le *travail intelligent des citoyens* ». De là résulte que, pour M. le Recteur, la vie militaire ne comporte pas de travail intelligent. Nous voyons le même éducateur citer et commenter les chiffres qui prouvent le bien-être des « pays pacifiques ». Il triomphe dans une apostrophe, ironique toujours, adressée aux classes laborieuses : « Et maintenant, pauvres ménagères, femmes d'ouvriers dont les enfants sont anémiés par la misère physiologique; petits fonctionnaires qui ne pouvez comprendre comment, avec des prodiges d'économie, vous n'arrivez pas à joindre les deux bouts, voulez-vous que nous criions ensemble : Vive la guerre ?... Un travail excessif, la misère avec son cortège de vices, la tuberculose, des souffrances de toutes sortes, voilà de quoi se paye la *gloire des armes* ; ce sont les bienfaits de la guerre »[13].

Les entreprises coloniales ne sont pas moins sévèrement blâmées par M. le Recteur. Quelque jour, sans doute, il proposera d'abandonner l'Algérie et le Tonkin à qui voudra les prendre. Ce sera la conclusion de la belle théorie qui le possède à moitié ; l'autre moitié restant le jouet des fantaisies suggérées par l'exaltation de la volonté (son système philosophique).

Discourant sur l'unité morale, M. Payot a glorifié la « bataille des idées ». Après l'orage, disait-il, les blés sont plus verts et poussent plus drus »[14]. Donc la guerre n'est pas une chose si absurde ou si néfaste qu'il aime à l'affirmer. Par cette « bataille des idées » il entend un conflit dans lequel la libre-pensée, se servant du gouvernement et de tous les corps constitués, de la fortune publique comme des divers moyens d'influence, combattra la foi religieuse, l'autorité de Dieu et laissera la notion de la patrie exposée à toutes les atteintes. Cette guerre-là, nombre de pédagogues en veulent bien, et même c'est ce qu'ils souhaitent par dessus tout.

II

LA HAUTE PÉDAGOGIE

Trente professeurs de lycées, parmi lesquels une demi-douzaine adonnés spécialement à la philosophie ; plusieurs maîtres de conférences, quelques proviseurs, un inspecteur général, un directeur général, tout ce haut personnel réuni sous la présidence d'un doyen de Faculté et s'astreignant, une année, à des travaux en commun ; et le compte rendu desdits travaux, conférences et discussions, publié dans un volume très soigné, dont la préface est fournie par M. Croiset, un Doyen, vice-président, voilà sans doute un suffisant indice des préoccupations que ressent le monde universitaire à propos de la morale.

Car le volume a pour titre : l'*Education morale dans l'Université* [15].

C'est là-dessus que les trente professeurs, s'imposant une besogne supplémentaire, ont, de 1900 à 1901 et l'année suivante, réfléchi et discuté longuement.

Enregistrons les intéressantes déclarations faites, dès le début, par M. Lévy-Bruhl, maître de conférences à la Faculté des Lettres de l'Université de Paris. Chargé de donner l'enseignement philosophique de la morale, le distingué professeur consulta Schopenhauer, qui lui répondit : « Il est facile de prêcher la morale ; il est difficile de la fonder ». Et, méditant sur ses « souvenirs de lycéen », M. Lévy-Bruhl a constaté que ses « camarades » et lui ne reçurent des maîtres « aucun enseignement moral ». Il le déclare en toute franchise ; mais il prie que l'on ne confonde point l' « éducation morale » (qui, elle, était pratiquée, du moins d'une certaine manière) avec l'enseignement moral, qui n'existait pas : « Hors de la classe de philosophie, je n'ai pas souvenir que jamais un de nos professeurs de lettres ou d'histoire nous ait donné une leçon de morale proprement dite. Ils s'en tenaient à leurs programmes, qui ne comportaient point de telles leçons... Nous vivions vraiment de notre mieux, pendant les classes, avec Homère et Sophocle, avec Virgile et Tite-Live... Même effort au sujet des classiques français du xviie siècle, qui sont déjà si loin de nous pour notre état d'esprit... Bref, classique et esthétique avant tout, l'enseignement littéraire avait pour but à peu près exclusif de former et de développer le goût, de nous habituer à discerner et à aimer le beau. D'un *enseignement moral* proprement dit, il n'y avait pas trace ».

Sous quelle forme se donnait donc *l'éducation* morale qui tenait lieu du reste et qui, selon l'honorable professeur, fut très complète, très riche, vraiment excellente? En premier lieu, les maîtres « croyaient sincèrement à la vertu éducatrice des chefs-d'œuvre littéraires »; et cette « foi était communicative »; et M. Lévy-Bruhl a continué de la partager : « Bonne, médiocre ou pire, des enfants réunis sous un maître reçoivent toujours une éducation morale... Elle est affaire d'autorité personnelle et... presque *de suggestion*. C'est une action subtile... *d'autant plus forte qu'elle n'a pas besoin de s'exprimer formellement par des leçons* ...Abandon généreux... enthousiasme... courant de sympathie... l'éducation morale est là tout entière... » [10].

Divers autres professeurs ont fait des déclarations analogues; et la plupart ont ajouté avec insistance que cette méthode est très bonne et même au fond la seule bonne, parce que les habitudes morales exercent beaucoup plus d'influence que l'étude des principes de la morale. Accoutumer les enfants à la sincérité, à l'activité, à la régularité, à l'effort et mettre en relief les leçons tirées non seulement de l'histoire, mais des lettres et même des mathématiques, voilà tout; ou du moins il ne s'en faut guère.

Est-ce que cette simplification n'est pas inquiétante? Assurément la pratique fortifie les règles morales, mais on a cependant quelque besoin de savoir d'où elles tirent leur autorité, pourquoi elles existent, en un mot ce qu'elles valent.

La preuve, c'est que plusieurs professeurs qui se défient de la métaphysique (bien qu'ils soient chargés de l'enseigner et qu'ils l'enseignent en effet) ont cru nécessaire d'affirmer que l'éducation ne doit pas se limiter aux habitudes. Car, dépourvues de règle et de doctrine, les habitudes sont instables. Le changement de milieu les modifie ; certaines épreuves et les ordinaires surprises de la vie ont bientôt fait de les dérouter. La confiance dans le bien et la fidélité au bien réclament un autre appui que l'habitude. Aussi M. Malapert, plaidant pour la philosophie (son occupation), a dit : « Il faut que la jeunesse à qui nous nous adressons ait appris qu'il y a autre chose que les intérêts immédiats, il faut qu'elle connaisse *la valeur des méditations désintéressées*, qu'elle puisse acquérir un peu le sens et le goût de l'idéal » [17].

La valeur des méditations désintéressées, cela signifie sans doute la vérité des principes moraux et, en somme, la vérité de la morale.

Nous voici arrivés devant la métaphysique. Oui : la Vérité, le Bien, le Mal, la Nécessité, le Possible, l'Ordre, l'Espace, le Temps, les Causes, le Fini où nous vivons et l'Infini dont nous dépendons, cela c'est de la métaphysique. Pourquoi et comment y a-t-il du Bien ? Quelle est sa loi et d'où vient-elle ? Il faudrait le savoir, au moins un peu.

Oui, quand on affirme que le Bien domine le

mal et que l'Ordre n'est pas l'œuvre du hasard, on fait de la métaphysique. On ne s'en doute guère ; mais M. Jourdain ne se doutait guère qu'il faisait de la prose, quand il disait : « Nicole, apporte-moi mes pantoufles ! » La race des Jourdains est innombrable. Ne nous laissons pas absorber par elle et, en dépit de l'effroi ou du dédain, souvent aussi niais l'un que l'autre, regardons le problème en face : le bien universel et éternel, l'ordre de la nature, l'autorité de la loi morale, la vérité, comment tout cela existe-t-il et quelle en est l'origine ?

Si nous devons toujours l'ignorer, n'en parlons plus et lâchons la morale comme la raison. Si nous en possédons une idée confuse, essayons de la débrouiller.

La métaphysique, c'est la science de ces premiers principes. Voyons comment le hasard pourrait ...par hasard... engendrer l'ordre, l'autorité, la justice, la vérité et comment, à la place d'une intelligence suprême, le hasard, la fatalité, le néant gouverneraient le monde. Avançons au moins d'un pas... Déroute générale !

Quelques hommes, cependant, veulent résister à la panique, mais comme leur attitude est embarrassée !

M. Malapert, qui tient pour la philosophie, est plein d'appréhension à l'égard des notions métaphysiques, bien qu'il en discerne l'utilité. « Il me serait difficile quant à moi, je l'avoue, de faire une leçon sur la croyance sans montrer à mes auditeurs que beaucoup de nos croyances se forment en nous aveuglément, qu'il y a souvent dans nos opinions, et à leur base même, quelque chose de sourd et d'obscur, qu'il y faut *faire pénétrer le jour*, qu'il faut avoir foi dans l'efficacité de la lumière et la vertu de la raison » [18]. Évidemment l'honorable et distingué professeur ne parle pas d'une foi aveugle, d'autant moins que cette foi aurait pour objet la lumière. Il parle d'une foi éclairée, qui se connaît, qui est capable de se justifier et de dire pourquoi elle aime la raison. Mais raisonner sur la raison, c'est recourir aux principes et aux procédés de la métaphysique. Il est bien loin de l'ignorer ; il l'avoue ; et il avoue aussi qu' « un assez cruel embarras » guette l'enseignement de la « morale théorique ». Si le professeur s'en tient à telle ou telle conception métaphysique, il « peut craindre que l'édifice ne vienne à *craquer*. Veut-il proposer une morale scientifique, il ne *peut* vraiment *pas* la déclarer *constituée* » [19]. Et M. Berthelot qui affirme que la morale n'a d'autre base que la science ! Ne daignant pas discuter ni même mentionner cette idée de l'illustre chimiste, l'honorable M. Malapert escompte le profit que doivent procurer « l'utilitarisme d'un Stuart-Mill ou d'un Spencer, l'altruisme social d'un Auguste Comte, la doctrine du pur devoir d'un Kant ». Pourvu que le professeur fasse intervenir sa conscience d'honnête homme, « il y a un bénéfice moral très sérieux à attendre de ce fait que le jeune homme » qui écoute « trouve systématisées ses aspirations, transformés en principes de conduite les sentiments qui l'agitaient ; cela l'éclaire et le réconforte »[20]. Et le professeur, qui doit, de préférence veiller à stimuler chez les élèves l'habitude de la réflexion, voit son rôle, jusqu'ici un peu effacé, reprendre soudain une grande importance : « il y a le *ton* qui vivifie, la conviction qui réchauffe, l'*allure libre*, la causerie... »[21]

Le ton et l'allure, on ne leur avait pas encore attribué tant d'honneur, surtout en fait de philosophie, de morale et de métaphysique !

Un autre professeur de philosophie, M. Belot, approuve et blâme les appréhensions témoignées envers les principes métaphysiques. Elles sont légitimes les défiances, mais pourvu qu'elles ne tombent pas dans l'exagération. Or, on dirait que l'on descend cette pente dangereuse. Aussi proteste-t-il contre l'effarement que le seul nom de la métaphysique produit sur les éducateurs : « Elle n'est pas faite de choses rares, peu intelligibles ou même tout à fait vides ; elle est faite au contraire des idées qui sont de toutes *les plus simples* et elle est dans ce qu'il y a *de plus usuel*. C'est ainsi qu'il faut la comprendre et l'enseigner, en montrant qu'elle est ce qu'on trouve en toutes choses et qu'elle touche à ce qu'il y a de plus réel... C'est un exercice de la réflexion sur des réalités physiques ou morales [22] ».

Très sage, la remarque de M. Belot. Les esprits ne seraient pas dévoyés ou pervertis comme ils le sont, si, quand on parle de métaphysique, on prenait soin de rappeler que ce grand mot désigne l'attachement au Bien, la confiance dans le Bien et une certaine connaissance de la nature et de l'origine du Bien, la Liberté, le Devoir, la Vérité, etc., mots et notions dont nous faisons un usage continuel. Mais l'honorable professeur ne se montre pas très ferme dans la défense de sa thèse. Il est vrai qu'on lui adresse trop de recommandations.

M. le président Croizet, qui se défie beaucoup de la métaphysique doctrinale, intervient pour proposer que l'instruction métaphysique soit donnée historiquement [23], sans rien de plus. Ce serait la reléguer dans le passé ; en réalité, la supprimer, puisque l'on a déjà tant de peine à fixer l'attention sur les grands problèmes du présent. Que M. Croizet, littérateur de profession et brillant littérateur, restreigne trop volontiers la part de la philosophie, ce n'est pas là une rareté ; mais on peut s'étonner que M. Malapert, philosophe et spécialiste, fasse, lui aussi, bon marché de la métaphysique ; et très bon marché, puisqu'il veut de préférence confier l'enseignement de la métaphysique à des professeurs non-métaphysiciens ! ! !

« En un mot, dit-il, il ne faudrait pas que la métaphysique fût enseignée dans nos classes par des métaphysiciens » ! car un métaphysicien, ayant nécessairement un système, est « obligé de négliger une grande partie des faits ». M. Malapert indique comment lui-même procède : « Pour ma part, je mets mes élèves au courant de mes scrupules métaphysiques ; je ne suis pas un dogmatique »[24]. Présentée sous cet aspect, la métaphysique a vraiment toutes les chances d'être renvoyée dans la catégorie des pénibles, bizarres et fort inutiles soucis.

Regardez comme le président, M. Croizet, résumant les opinions exprimées, donne congé à la métaphysique : « Les principes métaphysiques habitent, pour ainsi dire, une région supérieure d'où ils ne descendent que rarement dans le domaine de l'action... Les motifs immédiats d'action n'ont, en fait, le plus souvent rien de métaphysique... Les exercices mêmes par lesquels se forme l'intelligence ont une vertu éducative qui leur est propre. Ils créent des habitudes de sérieux, d'attention, de régularité dans le travail, qui sont déjà des vertus morales »[25].

Des exemples, des *exercices*, des *habitudes*, ce serait, en somme, l'essentiel de la formation morale. Ainsi, après avoir repoussé les dogmes pour la philosophie indépendante, et négligé celle-ci pour la rhétorique, on finit par compter principalement sur la mécanique pédagogique.

Est-ce que vraiment l'affaire serait aussi simple que cela ?

Ces Messieurs l'admettent. En effet, un professeur de philosophie, M. Bernès, se montre l'adversaire inflexible de tout ce qui ressemblerait à un *Credo*. Les formules les plus modestes lui inspirent de la défiance : et, en fait de principes, il ne tolère que ceux qui ne prétendent qu'à un minimum de certitude ; et encore ce minimum ne saurait être trop complètement livré à la critique.

M. Belot ne prend pas son parti de laisser réduire la métaphysique à l'histoire des idées et des systèmes. Pour conjurer l'autoritarisme et la déchéance, il adopte « l'attitude critique » [26]. Interrogé s'il admet cette solution, M. Malapert répond que « la méthode dans l'enseignement de la métaphysique est à la fois critique et historique : elle n'est pas purement historique, parce qu'elle n'est pas une histoire des systèmes, mais une application, aux différentes questions qui se présentent, de vues empruntées aux différents systèmes » [27]. Et M. Rocafort émet cette observation logique et spirituelle : « Le professeur se réservant le droit d'indiquer ses préférences, il s'agit donc d'un demi-dogmatisme, d'un dogmatisme tendancieux. Moi, je veux bien, à la condition que je sache de quelle doctrine il s'agit » [28]. Et comment les élèves sauront-ils ce que c'est qu'un devoir, d'où provient un devoir, comment un devoir existe et qui ou quoi l'impose ? et que pourront-ils répondre aux adeptes du doute qui leur diront, comme M. le Recteur Payot : « Le devoir n'a plus de raison d'être » ; cet « *impé-*

ratif catégorique » est « d'une profonde hypocrisie »[29] ? Ils penseront que les plus grands systèmes ne renferment que « des assertions gratuites ou même de pures folies », ainsi que le prévoit et l'annonce M. Belot[30], le partisan de « l'attitude critique ».

Il s'en est expliqué vers la fin des discussions et des conférences. Il n'abandonne pas les principes ; mais sa manière de les conserver consiste à faire avec empressement la part du doute, laquelle est presque la part du lion. De quoi nous servent les raisonnements sur le bien, sur la perfection, sur la spiritualité, sur « *le devoir pur* », sur « l'optimisme », sur le « pessimisme », sur « *l'immortalité*, » « sur Dieu » ? De « pas grand chose ». Qu'on ne s'en plaigne pas : car M. Belot déclare qu'il irait « jusqu'à dire qu'il serait *presque fâcheux* que cette moralité réelle et vivante, que nous cherchons à faire naître ou à développer, dût *trop* à de tels principes. Non seulement la conscience morale doit leur préexister, mais il est pratiquement souhaitable qu'elle en reste *indépendante*, même après qu'ils auraient été examinés, et même après que l'on aurait pu faire un choix entre ces principes (*ce qu'on ne voit guère se produire*). Ces prétendus fondements de la morale ne sont que les fondements d'une construction *intellectuelle* faite après coup, mais non pas du tout ceux de la moralité *réelle*. En fait, celle-ci s'est formée indépendamment d'eux. A un point de vue purement abstrait, ils peuvent nous servir à la comprendre, mais ils ne peuvent guère nous servir à la créer ou à la maintenir ; et, s'ils le pouvaient, *il faudrait avec soin éviter de leur demander un tel service.* C'est en ce sens, qui n'est pas tout à fait celui de Pascal, que je dirais avec lui : *la vraie morale se moque de la morale.* Si j'avais une critique à faire à l'éducation morale telle qu'elle se présente en fait, à peu près généralement, ce serait précisément d'accorder beaucoup d'importance à ces principes [31]... Ç'a été un progrès pour la pensée philosophique de s'affranchir de la domination directe de la métaphysique, et, quelque service qu'elle ait pu rendre dans le passé, de ne plus admettre son intervention effective dans la science. *Peut-être en doit-il être de même de la morale* »[32].

Dans ces pages et dans une quinzaine d'autres qui les suivent, on distingue assez nettement la préoccupation de M. Belot : l'élégant professeur de philosophie s'est persuadé que les défenseurs de la métaphysique ou du dogme approuvent le raisonnement *à vide*. Or, personne ne préconise une pareille méthode. Qu'il y en ait eu et qu'il y en ait encore des exemples, cela vient d'une application exagérée ou de l'entraînement, et aussi de la nécessité où nous sommes tous, de mettre à part chaque question que nous voulons traiter, de la séparer du reste. C'est qu'en effet, personne ne possède le talent de tout dire à la fois. Toujours, le théoricien perd plus ou moins de vue la pratique ; et le praticien fait de même pour la théorie. Or le second peut être fautif comme le premier : on ne doit pas l'oublier, et M. Belot l'oublie.

La morale se serait formée « indépendamment » des principes ? Non, non. *Inconsciemment* par rapport à ces principes ? Oui, soit... jusqu'à un certain point ; mais ce n'est plus du tout la même affaire. C'en est une radicalement différente. L'enfant et, d'ordinaire, l'homme, pratiquent une certaine hygiène sans en connaître aucun principe par la méthode discursive ou démonstrative, mais ce principe existe bien en eux et gouverne leur hygiène. A leur insu ? Oui ; en réalité aussi ? parfaitement. M. Belot ne veut pas d'une hygiène empirique ; et d'ailleurs, elle ne resterait jamais empirique tout entière, puisque l'empirisme admet au moins des probabilités, lesquelles sont rattachées aux règles de la certitude.

Avec la théorie de M. Belot, ce ne serait pas seulement l'hygiène qui retomberait dans la confusion. La médecine aurait un sort identique. On a employé des remèdes avant de bien connaître l'anatomie, ni la composition des tissus, ni la circulation du sang, ni le système nerveux, ni les rapports de nos organes ; des millions d'hommes se portent à merveille sans savoir comment fonctionnent leur estomac, leur cœur, leur cerveau, leurs muscles. Tant de recherches étaient donc inutiles et l'on aurait perdu un temps précieux ! M. Belot ne le dit pas : naturellement ; mais son instruction morale ne vaut pas mieux que ne vaudraient l'hygiène et la médecine réduites à l'empirisme et à la fantaisie.

Il y a de nombreuses divergences en fait de systèmes moraux. Hé ! sont-elles donc moins nombreuses dans l'histoire de la physiologie ? On n'oserait pas pourtant parler d'une médecine et d'une hygiène indépendantes des théories médicales.

A quoi se réduira la morale indépendante, M. Belot le laisse pressentir, puisque, pour le succès de l'œuvre éducative, lui aussi recommande les moyens extérieurs. Il compte beaucoup sur « l'accent de la conviction intime » et sur « la chaleur d'une inspiration spontanée » [33] ; de même que M. Malapert préconise les avantages du « ton » et de « l'allure ».

Déclamation et mimique ! ! ! Ne reste-t-il donc plus d'autres ressources pour ranimer la vigueur et l'éclat des foyers obscurcis, étouffés par le brouillard et par la fumée du doute ? Si brillantes autrefois, les idées qui s'appelaient devoir, conscience, infini, ne répandent plus que des clartés fumeuses, que n'essaie même pas de dissiper la philosophie rationaliste, dépouillée de sa force, privée de direction et d'aliment. Le devoir et la conscience exigent le libre-arbitre et la certitude, tout un vaste ensemble de notions qui ont l'infini pour soutien : on s'est enfermé dans le relatif, c'est-à-dire dans le fini. Séparé, isolé, le relatif n'a plus de sens, puisqu'il ne puise pas en lui-même sa raison d'être. Pourquoi l'humanité existe et pourquoi elle progresse, on l'ignore désormais. Pourquoi, entre de longues plaintes, elle tressaille d'espérance, c'est un mystère de plus, lié à ce mystère où se mêlent, confondus l'un dans l'autre, démentis l'un par l'autre, le devoir et la passion. Justice? Nul ne devine d'où lui seraient venues la puissance et l'autorité, ni par quoi elle-même serait engendrée. Bonheur ? Jouet des cruelles chimères. Bonheur, justice, vérité, devoir, humanité, conscience, ces grands mots, qui si longtemps expliquèrent tous les autres, ont perdu leur signification. Mais des philosophes vont la leur restituer au moyen d'autres petits mots, en employant « le *ton*, qui vivifie » ; « *l'accent* de la conviction intime », la *chaleur* d'une inspiration spontanée » ; le geste ; car la morale nouvelle emprunte toute sa force à la déclamation et à la mimique.

CHAPITRE V

LA SOLIDARITÉ

I

LA DETTE SOCIALE

L'ancien préfet de police, l'ancien sous-secrétaire d'État à l'Intérieur, l'ancien président de la Ligue de l'enseignement, l'ancien ministre, M. Léon Bourgeois a découvert la *dette sociale;* et même, du moins autant que la chose est possible en pareille matière, il a pris à ce sujet une espèce de brevet d'invention. Pourtant, le *Catéchisme socialiste* de M. Guesde, publié depuis une vingtaine d'années, avait dit déjà : « L'homme a reçu ; il doit » ; et dans la *Revue socialiste,* M. Deville avait exposé la théorie de la solidarité universelle et perpétuelle ; et, dans la *Revue philosophique* (juin 1897) un homme très instruit, M. Sorel, accusa M. Bourgeois d'ignorer une multitude de choses importantes.

Ne lui contestons pas ses titres, car il vibre d'une ardeur procédurière capable d'épuiser l'activité de tous les gens de loi. Il arrive les mains et les poches pleines de créances, qui nous concernent tous ensemble et chacun en particulier.

Malheureux que nous sommes ! Ce n'était pas assez de contracter envers le percepteur, le propriétaire, le boulanger, le boucher, le tailleur, etc., des dettes dont nous nous acquittons avec plus ou moins de régularité ; ce n'était pas assez de témoigner de la reconnaissance à nos parents, à nos maîtres, à nos amis : nous voici, outre la dette morale, juridiquement débiteurs de tous nos contemporains, de toutes les générations passées et futures ; chargés d'obligations immenses, innombrables, éternelles, sempiternelles, évidemment disproportionnées à nos faibles ressources. Débiteurs nous sommes, débiteurs nous resterons, non pas envers Dieu, bien entendu, mais envers les humains de toute époque, de tout âge et de toute couleur.

« Dès que l'enfant, après l'allaitement, se sépare définitivement de sa mère et devient un être distinct recevant du dehors les aliments nécessaires à son existence, il est un débiteur, il ne fera point un pas, un geste, il ne se procurera point la satisfaction d'un besoin, il n'exercera point une de ses facultés naissantes sans puiser dans l'immense réservoir des *utilités accumulées par l'humanité.*

« Dette, sa nourriture : chacun des aliments qu'il consommera est le fruit de la longue culture qui a, *depuis des siècles*, reproduit, multiplié, amélioré les espèces végétales ou animales... Dette, son langage *encore incertain :* chacun des mots qui naîtra sur ses lèvres... contient et exprime une somme *d'idées* que *d'innombrables ancêtres* y ont accumulée et fixée... Dettes, le livre et l'outil... Combien d'yeux se sont ouverts et longuement fixés sur ces choses... combien de lèvres ont balbutié... combien de souffrances... de sacrifices... pour mettre à sa disposition *ces caractères d'imprimerie !*... Et, plus il avancera dans la vie, plus il verra croître sa dette... »[1].

Comme tant d'autres de nos contemporains, M. Bourgeois cherchait un système de morale. Depuis quinze ans, c'est la mode. On ne discute pas de la mode ; mais il est permis de faire remarquer que celle-ci fut enfantée par le programme d'instruction à outrance, qui, justement, d'après les laïcisateurs, allait rendre superflue toute recherche sur les principes moraux. Il était admis que, dans un monde gouverné par les maîtres d'école, la morale devait naître et s'épanouir, telle une fleur superbe, tel un fruit savoureux et reconstituant. Or, en pleine et rapide croissance, l'arbre pédagogique répandit une ombre délétère. Il fallut de nouveau faire place aux vieux soucis, devenus cruels. Mais la déception ne pouvait être avouée ; et même on lui emprunta les éléments propres à ranimer l'activité épuisée. Ayant

décrété l'enthousiasme et décidé de le faire jaillir
de la panique, pédagogues, politiciens, publicistes, sentirent renaître leur confiance. Ils firent
des recrues, parmi lesquelles M. Bourgeois,
adonné d'abord à l'administration, à la police,
à la politique parlementaire, puis amateur de
philosophie et soudain pédagogue déterminé. Un
ou deux rôles de plus, c'était de quoi tenter un
homme entreprenant, souple, ingénieux comme
lui. Désireux d'arriver au ministère, l'ancien
préfet de police prit le raccourci qui s'appelle la
Ligue de l'Enseignement et ne stationna sur ce
chemin que juste le temps d'exercer là une présidence. Ministre (de l'instruction publique, naturellement), il se donna le plaisir de plonger la
majorité dans une admiration confuse, en déroulant des théories scientifico-pédagogiques. Par
exemple, un jour, il mentionnait les remarques
d'Herbert Spencer sur *la loi de la découverte
des lois*. C'est un chapitre de la *Classification
des sciences*, où le célèbre agnostique anglais
annonce, et d'ailleurs non sans raison, que « le
genre humain finira par découvrir un ordre constant de manifestations jusque dans les phénomènes les plus complexes et les plus obscurs ».
La Chambre fut abasourdie, mais ravie. De succès en succès, M. Bourgeois s'éleva jusqu'à la
conception d'un système moral, qu'il baptisa
« solidarité ».

L'ayant publié sous la forme du volume, il le

réduisit en un rapport qu'il présenta au *Congrès international de l'éducation sociale*, l'un des nombreux congrès assemblés sous le vaste abri de l'Exposition universelle de 1900. Cette fois, le succès fut moindre que devant la Chambre ou devant la Ligue de l'enseignement. De divers côtés s'élevèrent des critiques, parmi lesquelles les plus fermes peut-être s'exprimaient par la bouche de M. Buisson.

M. Buisson s'étonnait de voir s'introduire dans la pédagogie, dans la philosophie et dans la morale, un terme simplement et spécialement juridique. Il disait : « Pour être vraiment une dette, ne faut-il pas que la dette soit mesurable ? Ne faut-il pas savoir combien on a reçu, combien on a à rembourser, à qui, en quelle forme ?... Une dette globale, générale, incalculable et inacquittable serait-elle autre chose qu'un devoir ? » Alors mieux vaut garder le mot ancien, qui est aussi le mot exact. Mais M. Bourgeois répondait que, suivant lui, « il n'y a aucune différence de nature entre le contrat qu'un particulier passe avec un autre particulier pour un échange de services privés et le contrat que nous passons avec tous pour l'échange des services sociaux... Donc, une dette, dans le sens strict du mot. » Et les gens qui trouvent la vie trop pénible est-ce qu'ils sont redevables comme ceux qui en tirent de l'agrément ? demandait M. Buisson. Oui, répondait l'apôtre de la solidarité, oui, la vie est mauvaise pour un grand nombre, « précisément parce que les autres n'ont pas payé et ne payent pas vis-à-vis d'eux ce que j'appelle la dette sociale »[2]. Il faudrait persuader les malheureux que, si malheureux qu'ils soient, ils possèdent cependant un avantage sur les autres : une grosse créance. Hélas ! elle ne sera jamais acquittée entre leurs mains, ni entre les mains de leurs fils, ni sans doute de leurs petits-fils ! Et puis les malheureux et les meurt-de-faim ne sont pas seuls à se plaindre de la vie. Très souvent, un monsieur et une dame bien nourris et bien logés, qui connaissent le goût et même l'arrière-goût du plaisir, se plaignent d'avoir été mis au monde et ils en sortent par le suicide, n'ayant pas eu l'idée de chercher une distraction dans la philanthropie ni dans la pédagogie. De qui étaient-ils créanciers ceux-là ? Des éducateurs et des apôtres ? Peut-être M. Bourgeois l'aurait-il proclamé, si on le lui avait demandé, mais sans pouvoir rien changer à la destinée de tant de créanciers, qui furent et qui demeurent des victimes. M. Bourgeois l'emporta devant le Congrès, malgré les obstinées critiques de M. Buisson. Le débat entre ces messieurs offrait d'autant plus de singularité qu'ils sont dans un rapport de disciple à professeur. En 1894, au Congrès de la Ligue de l'Enseignement (Nantes) M. Bourgeois, ministre, offrait à M. Buisson cet hommage de déférente gratitude : « Je m'en voudrais de ne pas dire ce que j'ai appris moi-même pendant les trois années que j'ai passées avec Buisson. C'est un fameux maître d'école, allez ! même pour les ministres ». Deux ans plus tard, il le félicitait de s'installer dans une chaire de la Sorbonne, « d'où il serait appelé à conduire l'esprit du pays vers les sommets élevés »[3].

Le maître avait-il donc insuffisamment instruit le disciple ministre ou celui-ci s'était-il trop vite émancipé ?

Nous retrouvons le maître et le disciple, non plus face à face mais côte à côte, dans les « conférences et discussions » qui eurent lieu de nouveau à l'Ecole des Hautes-Etudes, sous la présidence de M. Alfred Croizet, en 1901-1902. Là, M. Bourgeois accepte une réelle soumission et remanie son système de solidarité, renforcée d'une bonne dose de justice. Devant le Congrès de l'Exposition, M. Bourgeois se contentait de dire que « l'homme conçoit et veut la justice », laquelle est « la condition de l'ordre »[4]. Devant l'aréopage pédagogique, il admet expressément la justice comme base du droit et du devoir ; et la solidarité n'est plus que le complément, indispensable sans doute, mais enfin le complément de la justice ; car il y a une « solidarité naturelle », qui produit des « effets injustes »[5]. Trois conférences faites par l'ancien préfet de police et toute une série de discussions auxquelles il prend part roulent sur la solidarité, bonne ou mauvaise, suivant que la justice est honorée ou méconnue.

Il y a donc une justice supérieure aux forces naturelles et même supérieure aux hommes, puisqu'elle doit les gouverner et les conduire. Cette fois, nous voyons clair ; mais que cette douce satisfaction est donc fugitive ! Un jet brillant a traversé l'ombre où s'abrite la pédagogie : un second éblouirait les yeux. Pour plus de sûreté, on tire le rideau où se déploie un nom terrible : *Métaphysique*, qui produit l'effet de la formule aperçue par Dante à l'entrée de l'enfer : *Lasciate ogni speranza*. Peut-être que derrière ce rideau on distinguerait un spectacle intéressant. Justice, qui es-tu ? D'où viens-tu ? Qui t'envoie ? Nous devons continuer de l'ignorer.

Chercher l'origine de la justice, ce serait recourir à la métaphysique, qui traite des principes premiers, Vérité, Bien, Mal, Ordre, Cause, Fini, Infini. Eh bien ! soit : puisque nous ne rencontrons ailleurs aucune lumière, cherchons de ce côté. Non, non, dit M. Bourgeois ; et il raisonne comme si cette justice fondamentale, sublime et sacrée, destinée à plier les hommes sous son empire, pouvait résulter des arrangements humains et avoir pris naissance en plein hasard. Il l'invoque et ne veut rien savoir d'elle : « Une préoccupation d'ordre métaphysique s'est fait jour : on a demandé quelle est la nature, quelle est la cause, quelle est la définition philosophique de la justice. Il est *inutile* de se poser en ce moment *de telles questions*. Nous constatons un fait : le besoin de justice existe en toute conscience et y règne impérieusement. Que la notion de justice soit une idée innée, l'expression en nous *de je ne sais quel idéal* existant hors de notre esprit, qu'elle soit une acquisition relativement récente, peut-être le résultat d'une séculaire évolution, *peu nous importe*. Nous la prenons comme donnée ; et c'est là notre point de départ »[6]. Evidemment, raisonner sur la justice, sur le droit, sur le devoir, sur l'ordre, sur la nature, sur l'humanité en général, ce serait franchir le seuil de la métaphysique ; mais pourquoi ne pas risquer cette aventure ? Elle semble bien nous inviter chaque fois qu'en un endroit quelconque nous touchons à la limite du domaine où la morale tourne en cercle, sans avancer. Il y a vingt-cinq ans, le mot de philosophie produisait un pareil effet d'appréhension. A son aspect, les moralistes amateurs, pédagogues, littérateurs, s'arrêtaient court et puis battaient en retraite précipitamment. Néanmoins, on a réussi à se familiariser avec cette prétendue tête de Méduse, sans que nul Persée ait eu besoin de tirer le glaive. Contemplée de près, la philosophie se montre pacifique, aimable, intéressante. Parmi les écrivains et les orateurs, c'est à qui vantera ses qualités, comme pour la psychologie, qui, si longtemps, eut la réputation de manquer de charme. On fait énormément de philosophie et de psychologie. Voici que la morale elle-même a cessé d'être un mot pur et simple qui défiait l'analyse et qu'en elle on a trouvé le devoir. Un nouvel effort peut nous livrer une autre conquête, qui en vaudrait la peine, et les moralistes refusent de faire un pas de plus. La métaphysique les effraie, non seulement parce qu'elle donne lieu à de nombreuses divergences (la philosophie n'a-t-elle donc qu'une voix ?), mais parce qu'elle conduit trop loin... et trop haut.

Sur quoi donc s'appuyer? Sur la dette sociale? mais c'est elle qui repose sur nous, n'ayant dans l'indéfinissable et inconcevable justice qu'un apparent et vide contre-poids. Du propre aveu de son inventeur, elle va nous écraser : « Il faut expressément reconnaître que l'homme ne peut se libérer définitivement, pour l'avenir aussi bien que pour le passé. Il doit *se libérer sans cesse*. Au jour le jour, il contracte une dette nouvelle qu'au jour le jour il doit payer. C'est *à chaque instant* que l'individu *se doit libérer* et c'est ainsi qu'à chaque instant il reconquiert sa liberté », dit M. Bourgeois [7].

Cette liberté est tout à fait celle des négociants malheureux, maladroits ou malhonnêtes, qui font face à leurs échéances par des emprunts. La théorie à laquelle M. Bourgeois a cru et voulu donner un caractère juridique est, au fond, principalement commerciale, inspirée par les plus mauvais usages du commerce ; ainsi d'ailleurs que permet de le prévoir le mot *dette*, introduit de force dans la langue philosophique. Se libérer de dettes au moyen d'autres dettes, c'est s'interdire d'être jamais libéré. Pas une heure de répit ; aucune chance d'économiser ni d'amortir. La faillite ou la banqueroute certaine. Quelle liberté et quelle morale !

Contre le système de M. Bourgeois, de nombreuses critiques ont été formulées dans le sein même du professorat siégeant à l'École des Hautes Études Sociales. D'autres critiques, péremptoires, ont surgi du dehors. Dans une brillante conférence prononcée à Toulouse, M. Brunetière s'écriait, avec autant de logique que d'esprit : « Dette le livre et dette la locomotive ... soit ! Où sont les héritiers de Gutenberg et les ayants droit de Stephenson ? Car, à leur défaut, lequel de nous a droit de recouvrer leur créance ? »

Le quasi-contrat ne vaut rien ici, bien que M. Bourgeois l'invoque avec ténacité pour embellir d'une couleur juridique la fameuse dette sociale. M. Fonsegrive cite le code civil (article 1371) qui définit les quasi-contrats « les faits *purement volontaires* de l'homme dont il résulte un engagement quelconque envers un tiers et quelquefois un engagement réciproque entre deux parties ». Or, précisément, notre volonté ne contribue en rien à notre entrée dans la vie, dit M. Fonsegrive, qui, de plus, démontre l'impossibilité de transformer la dépendance naturelle, mécanique, physiologique, et même la dépendance morale, en obligation morale [8].

Cette solidarité dont M. Bourgeois a rêvé de tirer un si grand parti, elle est d'essence religieuse. Comme le rappelait M. Brunetière, « s'il y avait une idée chrétienne et surtout catholique, c'était l'idée de solidarité » [9]. Et, commentant le texte de saint Paul : « Qu'avons-nous que nous ne l'ayons reçu ? » [10], M. Fonsegrive dit éloquemment et vigoureusement : « Si j'ai une dette, je ne dois pas l'avoir envers une humanité abstraite, issue des nécessités naturelles, qui n'a pas pensé à moi et qui n'a pas voulu travailler pour moi ; je dois à la Bonté volontaire qui a départi aux hommes le don de la vie spirituelle et morale ; je dois à la volonté universelle qui a organisé les relations doublement solidaires des êtres humains dans leurs corps et dans leurs âmes, solidarité naturelle, communion spirituelle. En acceptant ses dons, je m'engage vis-à-vis d'elle, je souscris au contrat, et j'accepte les charges par cela seul que j'accepte les bienfaits » [11].

Débiteurs par nature et par destinée, nous le sommes en effet, mais pas envers l'humanité, qui d'ailleurs se confond avec chacun de nous. Il y a un être à qui nous devons et devrons toujours, c'est Dieu, seul capable de rendre légitime une telle obligation. Vis-à-vis des êtres finis, elle devient immédiatement révoltante et dérisoire. La libération, selon la philosophie commerciale de M. Bourgeois, s'accomplit non pas seulement par nos œuvres, tant s'en faut, mais surtout par la puissance et par la bonté divines, qui, surabondantes et infinies, comblent l'intervalle prodigieux, l'abîme où s'engloutiraient nos plus beaux actes de vertu, misérables créances.

En dehors de Dieu, une dette qu'on ne peut jamais payer est absolument immorale. M. Bourgeois, qui la suppose et qui l'impose, nous constitue à l'état de faillis et de banqueroutiers d'avance, sans réhabilitation possible. Il achève l'effondrement de la morale laïque, pour le salut de laquelle MM. les hauts pédagogues en sont réduits à recommander « l'accent », « l'allure », « l'intonation » !

II

L'HUMANITÉ ET L'INDIVIDU.

La solidarité, que M. Bourgeois venait de découvrir, donna lieu, presque immédiatement, à une autre découverte d'une portée beaucoup plus étendue.

On acquit la preuve que l'humanité existe !

Cette constatation fut enregistrée (vers la fin d'avril 1897) par le groupe de l'*Union pour l'action morale*, sorte de religion sans Dieu, dont M. Paul Desjardins est le pontife, M. Sully-Prudhomme le chantre, M. Gabriel Séailles le docteur. Plusieurs autres notabilités de la science, de la littérature ou de l'art donnent leur concours à l'œuvre, qui a pour but de remettre un peu d'ordre dans la société en restaurant la morale.

Quelque chose manquait pour assurer le succès de l'entreprise : il n'y avait pas de principe. Sans principe, pas de programme ; sans programme, pas d'action. Et, précisément, ces messieurs étaient surtout désireux d'agir !

Ils avaient employé plusieurs années à chercher ledit principe fondamental ; car on ne se procure pas un principe fondamental comme un chapeau ou comme un parapluie. Celui qu'ils présentèrent enfin est de qualité supérieure.

Leurs longues et savantes recherches les amenèrent à constater ce fait : jusqu'à présent, chaque individu se comportait comme s'il eût été seul sur la terre, ne s'imaginant absolument pas qu'il pût faire partie d'un vaste ensemble, auquel MM. Desjardins, Sully-Prudhomme, Séailles et quelques autres, décidèrent de donner le nom d'*humanité*.

On peut facilement reconstituer l'historique de la découverte. MM. Desjardins, Sully-Prudhomme, Séailles vivaient chacun chez soi et ne mettaient pas le nez à la fenêtre. Ils étaient venus au monde tout seuls, n'ayant point de parents, point d'amis, pas même de propriétaire sans doute. Un jour, ils ont affronté le plein air ; mais, probablement faute d'habitude, ils ne distinguaient personne dans les rues. Chacun d'eux aurait continué à croire qu'il était unique de son espèce si un heureux hasard ne les avait placés en présence tous les trois. Ils se sont appréciés et ont reconnu, avec un légitime plaisir, qu'ils avaient la possibilité de se comprendre réciproquement. Par le progrès normal de la réflexion, ils ont commencé à supposer qu'ils pouvaient bien être de la même nature. Puis, leurs facultés d'observation se développant encore, ils ont remarqué, aux alentours, d'autres bipèdes qui offraient avec eux trois des analogies curieuses.

L'humanité était découverte !

Seulement, les particuliers qui la composent ignoraient qu'ils sont unis les uns aux autres par des liens de dépendance et de solidarité. Nul d'entre eux n'avait jamais soupçonné qu'il eût des rapports avec son semblable ! Aussi un désordre profond régnait-il dans la catégorie des êtres intelligents.

MM. Desjardins, Sully-Prudhomme et Séailles n'ont pu se résoudre à laisser se prolonger une pareille méprise ; et ils ont élaboré leur programme, appuyé sur un principe d'une certitude incontestable :

« *Ce principe, ce ne peut être autre chose que la perpétuelle affirmation, pour chacun de nous, de l'existence de l'homme.* Chacun de nous croit et s'efforce d'*expérimenter ceci :* QU'IL N'EST POINT SEUL, seul de son espèce ; qu'il a en soi, *s'il sait rester soi-même*, de quoi se faire comprendre et accepter de ses semblables ; et qu'il y aura chez ses semblables, dès qu'ils sauront ainsi s'ouvrir, se montrer tels qu'ils sont, assez d'humanité pour qu'il les puisse accepter, aimer à son tour ».

Au mois de mai (1897) la *Revue bleue* publiait le texte de la « conférence prononcée par M. Georges Séailles à l'ouverture des réunions *annuelles* de l'*Union pour l'Action morale* ».

Observons d'abord que cette formule : « réunions annuelles » annonce que les fondateurs de la nouvelle religion ne se proposent pas d'aller vite en besogne. Une fois par an, M. Séailles ou l'un de ses collaborateurs, fait une dissertation alambiquée, solennelle, riche de banalités relevées par des blasphèmes, pour engager l'humanité, décidément découverte, à se recueillir et à s'améliorer. Sans doute l'humanité finira par tenir compte d'avis si raisonnables, distribués d'ailleurs avec le désir évident de ne pas la fatiguer. Une fois par an, voyons, il n'est pas possible de mieux pratiquer la discrétion. La prévoyance classique a inspiré les réformateurs. Ils se souviennent que le temps a ses exigences

Et ne consacre rien de ce qu'on fait sans lui.

Ils envisagent l'avenir et laissent au *XXVe siècle* le soin de nous raconter leurs succès, qui certainement seront très beaux.

Dès le début, la situation se révéla vraiment confuse. Cela encore est en harmonie avec une loi générale. Tout commence par le chaos : or, la conférence de M. Séailles représentait un chaos d'une étendue et d'une profondeur remarquables ; donc, il n'était pas douteux que l'œuvre ne fût commencée. Veuillez ne pas perdre de vue qu'il s'agissait d'établir une religion plus pure et plus vaste que toutes les religions connues ou même inconnues.

Le premier témoignage de la foi nouvelle, savez-vous en quoi il consiste ? M. Séailles le trouve « dans ce que nous ne croyons plus, dans ce qui ne nous paraît plus possible », car « c'est par la résistance aux dogmes longtemps admis que la conscience d'abord se découvre elle-même ». Ainsi la foi se manifesterait d'abord par des négations ; et même, plus elle adopterait de négations, plus elle amasserait de vérités.

Proudhon avait déjà dit des choses analogues. A propos de n'importe quoi, il se campait, récitant avec fureur la conjugaison du verbe *nier* : je nie, tu nies, il nie, etc.

C'est étonnant comme en lisant le programme que M. Séailles et ses amis ont bien voulu composer pour nous instruire, c'est étonnant comme nous rencontrons certaines idées qui nous furent toujours familières. Ce procédé offre l'avantage précieux de ne pas dépayser les lecteurs. Ainsi, par exemple, lorsque le conférencier déclare que « les actes n'ont de sens, de valeur que par la foi qui les inspire », nous goûtons la joie de lui offrir une adhésion sans réserve. Nous sommes même si parfaitement d'accord avec lui que nous avons envie de lui faire remarquer qu'il n'avait nul besoin de se déranger pour nous apporter des nouvelles comme celles-là.

Saint Thomas et vingt générations de théologiens ont enseigné qu'il faut considérer l'objet, les circonstances et le but par rapport à la raison, *in ordine ad rationem*, pour apprécier la moralité de l'action. Dans la *Somme*, le même Docteur développe abondamment cette pensée : que « le caractère moral d'une action de l'homme est déterminé, en dernière analyse, par la loi divine, en tant que connue par la raison ». L'Evangile aussi, celui de saint Matthieu notamment, nous recommande de ne pas confondre les pratiques extérieures avec l'acte de la conscience et, quand nous prions, de ne pas imiter les païens qui s'imaginent que « la multitude des paroles les fera écouter ». Jésus-Christ lui-même a condamné les hommes vaniteux ou légers qui se contentent de dire : « Seigneur ! Seigneur ! » sans prendre soin d'accomplir la volonté divine.

Mais, voilà ! M. Séailles n'a pas jugé indispensable d'approfondir les dogmes chrétiens. Du haut de la Sorbonne, il a jeté un regard circulaire embrassant tous les horizons et il a décidé que le catholicisme et le fétichisme sont identiques. Ne lui parlez pas de pèlerinages : vous lui feriez perdre sa majesté philosophique et réformatrice.

Ne lui parlez pas non plus du Dieu législateur et justicier : ces deux conceptions il les nie avec la fermeté de l'homme qui a conscience d'être destiné à réorganiser la terre et même un peu le ciel. Car enfin, on ne s'est pas encore assez préoccupé d'aller mettre les choses en ordre là-haut ! « Un être qui n'a pas à se justifier devant nous », M. Séailles n'en veut pas. Il exige des comptes. C'est de la fierté au moins ; c'est de la crânerie.

Malheureusement, ce n'est pas encore du neuf. La Chambre précédente a entendu M. Jaurès s'écrier, dans un accès du *delirium tremens* qui constitue son éloquence : « Si Dieu lui-même se montrait au-dessus de nos têtes, le devoir des hommes serait de lui demander des comptes ». L'argile se rebiffe devant le potier.

Nous avons vu M. Séailles, l'éminent réformateur, occupé à reproduire, d'une manière moins émouvante, Blanqui, Proudhon, Jaurès et d'autres autorités qui, jusqu'à présent, jouissaient d'un mince crédit en Sorbonne. Ce doux philosophe n'a pas peur d'aller beaucoup plus loin. Ainsi, il déclare que l'existence de l'enfer serait un crime. Et comme, dans ce cas, les hommes n'auraient pas la responsabilité d'avoir créé l'enfer, c'est Dieu qui deviendrait criminel. Justement, un anarchiste qui possède de la notoriété, et même de l'argent, dit-on, le compagnon Sébastien Faure, promène de ville en ville une ignoble conférence intitulée : *Les crimes de Dieu*. M. Séailles a l'esprit assez large pour préférer Sébastien Faure aux chrétiens.

Dieu mis au rancart, reste l'Humanité, heureusement découverte. La voici obligée de s'adorer elle-même. Vieille histoire encore.

Il est singulier que M. Séailles, philosophe de profession, ne se soit pas souvenu que le culte de l'Humanité fut, à notre époque, imaginé par

Auguste Comte. Le fondateur du positivisme avait même saisi la loi qui règle le développement de la nature humaine. Trois états, disait-il : l'état théologique, l'état métaphysique, l'état positif. Et comme ce dernier avait commencé de se réaliser, Comte se sentit pris d'une telle joie qu'il en devint fou. C'est peut-être bien un *quatrième état* auquel l'Humanité est exposée.

Avant Comte, un nombre d'auteurs assez considérable s'étaient déjà occupés d'elle. Pendant dix-huit siècles, les hommes, enseignés par le christianisme, ont entendu assurer qu'ils sont frères ; ce qui indique déjà une union assez étroite. Même parmi les positivistes, on a quelque idée que Comte a exagéré son rôle ; et un Allemand a soutenu que le véritable père du positivisme s'appelle... Protagoras !

Et l'humanité, décidément, qu'est-ce que c'est ?

Hélas ! Deux ans après avoir découvert qu'elle devait se composer d'individus rattachés les uns aux autres par une infrangible solidarité, voici qu'on s'aperçoit que les individus en question seraient, pour ainsi dire, introuvables !

Vous doutiez-vous qu'en France « l'individu » n'existe pas ? A première vue, son existence paraît certaine. Citoyen, père de famille, électeur, soldat, contribuable, d'après ces titres divers l'individu a vraiment l'air d'exister. Huit ou dix administrations l'estampillent, l'immatriculent, le taxent, le surveillent, le protègent, l'instruisent, le punissent, le récompensent et l'enterrent. Que d'argent bien dépensé !...

Mais non. Que de soins inutiles, puisque l'objet d'une telle sollicitude n'a presque pas de réalité !

Le même M. Séailles, celui qui ne veut pas, et avec raison, que l'humanité demeure éparpillée à l'état individuel, voit soudain les individus se dissoudre et s'anéantir. D'abord, un individualisme exorbitant ; après, plus d'individualisme du tout.

Avec courage, M. Séailles s'est remis à la besogne pour faire le contraire de ce qu'il avait à peine commencé. Inaugurant l'Université populaire, l'honorable professeur s'est écrié : « *Il faut que l'individu existe* ; il faut qu'il soit réel, indépendant, qu'il soit une force virile ».

On a toujours profit à recueillir des avertissements de ce genre.

Nous espérons bien que l'individu va se décider à naître ou à renaître. Ce ne serait pas noble de sa part de dédaigner les invitations et les encouragements qui lui sont adressés. Il prouverait une mauvaise volonté singulière et décourageante, d'ailleurs excessivement prématurée.

Nous espérons, mais une inquiétude nous tient ; car, si les efforts de M. Séailles donnent lieu de croire que l'individu va faire enfin son apparition sur la scène, M. Bérenger est d'avis que ledit individu exerce, depuis un temps immémorial, une suprématie entière et abusive.

Lequel des deux se trompe ? L'un et l'autre sont des piliers de l'Université populaire, où ils distribuent leur enseignement à tour de rôle. Chaque auditeur va se trouver ballotté entre des explications contradictoires. — Voyons : existé-je à l'état particulier ou général ? Suis-je quelqu'un ou simplement une fraction d'un ensemble? — Il faudrait élucider le problème.

Ne laissons pas échapper la notification que rédigea Edmond Schérer, près de mourir, après avoir répudié, morceau par morceau, toute doctrine surnaturelle et tout principe naturel, moral ou scientifique : « Quant à moi, le genre humain m'amuse, il m'intéresse ; mais il ne m'inspire, dans sa totalité, ni respect ni tendresse; je décline la solidarité ». (*Études sur la littérature contemporaine*. Tome VIII. Préface. Page XII). Après une longue carrière remplie par la critique, le penseur, désespéré, aboutissait à l'insolence.

C'est ainsi qu'en partant il nous fit ses adieux.

Finalement, que pensent de l'humanité les solidaristes ou les individualistes qui ne veulent ni du Christ sauveur ni du Dieu créateur ? Ils n'ont pas encore d'idée là-dessus. Ils poursuivent l'*Instauratio magna* : c'est une longue affaire. Prenons patience et comptons, faute de mieux, sur la *Chimæra bombinans in vacuo*, comme disait Harrison se moquant de Spencer, qui réclamait contre Auguste Comte, lequel se croyait destiné à repétrir de ses mains l'humanité, déjà connue mais qui avait besoin d'être découverte... plusieurs fois encore.

―――――

CHAPITRE VI

PROPOS DIVERS SUR LE MÊME SUJET

C'est en cultivant l'histoire naturelle que M. de Lanessan se procura les connaissances spéciales nécessaires pour gouverner les colonies et pour administrer la marine. De bonne heure, sans doute, il avait prévu la possibilité d'être chargé d'un portefeuille. Probablement encore, il était enclin à croire que celui de l'instruction publique lui convenait ; d'autant plus que M. de Lanessan avait élaboré une morale. Un volume intitulé *le Transformisme* a esquissé la doctrine qui aurait transformé la pédagogie, si des circonstances politiques n'avaient poussé ce naturaliste vers l'Indo-Chine, pour le ramener dans les bureaux où s'exerce le commandement de notre flotte.

Comme le titre le fait supposer, tout le livre soutient que l'homme est essentiellement et exclusivement un *animal*, le premier par les facultés, bien que le dernier dans l'ordre de l'évolution.

Mais, tout en étant « le premier dans la nature », « l'homme s'est fait volontairement le second », parce qu'il a cru devoir se subordonner à un « être imaginaire, Dieu » ; et, de la sorte, il est tombé au-dessous des autres animaux, dont il reste cependant le supérieur : « le chien individu, libre dans la société canine, l'homme esclave dans la société humaine ; l'animal conservant toujours son individualité et la défendant, même au péril de sa vie ; l'homme abandonnant la sienne au premier venu ; les sociétés animales ayant des reines qui engendrent des citoyens, les sociétés humaines des rois qui les égorgent » [1].

L'auteur déplore que « les plus illustres philosophes et beaucoup de savants » n'aient pas échappé au « ridicule travers de faire de l'homme un être à part dans la nature ».

D'ailleurs, l'obstacle principal a disparu, puisqu'enfin « la science tua Dieu » [2] et que désormais « Dieu devient inutile aussi bien que toute force extérieure à la matière » [3]. Voyant la matière indestructible, M. de Lanessan conclut, très précipitamment, qu'elle est « incréable » ; mais il ne se demande point par quelle force ou par quel hasard elle existe. Ayant constaté que chaque phénomène de la nature est déterminé par une cause extérieure, il paraît trouver très naturel que l'ensemble des phénomènes naturels se passe de cause.

Seule, la matière mérite d'être honorée, d'autant plus que M. de Lanessan en connaît « la constitution intime » [4]. Comment, du haut de la tribune, M. Jaurès a-t-il pu dire que la matière demeurait « la suprême inconnue » ? Il n'avait pas lu le *Transformisme*.

**

M. Lavisse a exposé « la mouvante opinion de l'humanité sur elle-même et sur Dieu ». Ce titre, un peu long pourtant, ne renferme qu'une petite partie de la pensée notifiée aux étudiants de tout pays qui s'étaient, en août 1900, rassemblés dans notre capitale pour y *congresser*. Retenu loin de Paris par une indisposition, M. Lavisse leur adressa une longue lettre, cordiale et lyrique, qui remplissait deux colonnes du *Temps*[5].

Ce manifeste contenait une multitude d'assertions, d'explications et d'exhortations. Théorie de la patrie, théorie de la guerre, théorie du droit des gens, et même théorie de l'humanité triomphante, apparaissaient à travers des tableaux philosophiques, moraux, économiques, historiques, scientifiques, où circulaient les peuples de l'Europe, en compagnie des Arabes et des Chinois.

Pendant que les poètes chantaient « les passions de l'âme » ; que les artistes exprimaient « le Beau » et que les savants trouvaient « des parties du Vrai », les philosophes donnaient, de siècle en siècle, « la mouvante opinion de « l'humanité sur elle-même et sur Dieu ».

Mouvante, oui. La philosophie et la science se sont payé une étonnante débauche d'imagination. A quoi en sont-elles actuellement ?

La seule explication que l'on trouve à ce sujet dans le manifeste, c'est que « l'idée d'un Dieu terrible retarde sur l'actuelle conscience humaine ».

Donc Dieu n'est pas terrible. Beaucoup des étudiants, plus encore de nos penseurs et un bon nombre de simples citoyens ont sans doute pensé que le renseignement n'offrait guère d'intérêt et que l'éminent publiciste avait pris une peine inutile en luttant contre la maladie pour annoncer une nouvelle depuis si longtemps connue. D'après la morale en vogue, Dieu n'existe pas : alors, quelle nécessité de s'assurer qu'il n'est pas terrible ?

Cependant le célèbre professeur a constaté que l'existence et la non existence de Dieu restent le fond d'ardentes préoccupations. On parle toujours du « divin » ; on nie Dieu, en l'injuriant ; on le confond avec l'humanité ; on reconnaît sa puissance et on le morigène ; on lui défend de punir et même de récompenser ; on lui impute la responsabilité de tous les maux et on veut qu'il ne serve à rien.

Tant de contradictions n'honorent pas la philosophie et non plus l'instinct général de notre nature. C'est pourquoi, probablement, M. Lavisse a voulu débrouiller quelque chose dans ce chaos intellectuel. Il a pris une moyenne : — Le Dieu qui existe... peut-être... n'est sûrement pas terrible.

Plus tard, M. Lavisse a défini : « Ce que c'est que d'être laïque ».

Dans leur premier numéro [6], les *Annales de la jeunesse laïque* inséraient la définition, qui fut reproduite avec éloges par le recueil, spécialement pédagogique, le *Volume*.

« Etre laïque, ce n'est pas limiter à l'horizon visible la pensée humaine, ni interdire à l'homme le rêve, et la perpétuelle recherche de Dieu : c'est revendiquer pour la vie présente l'effort du devoir ».

Encore qu'elle ait l'air (et sans doute l'intention) d'insinuer que, dans la vie présente, les croyants négligent l'effort ou le devoir, la formule dit quelque chose de satisfaisant. Ainsi, on ne veut pas limiter à la terre ni aux étoiles l'élan de la pensée ; la perpétuelle recherche de Dieu serait encore permise ; et Dieu resterait un sujet d'actualité. A ce prix, M. Lavisse peut passer pour un homme libéral, pourvu d'aspirations élevées.

Mais, au fond, la liberté qu'il octroie est sèche et dédaigneuse. Elle concerne les esprits méditatifs, naturellement en petit nombre, les philosophes et les théologiens, qui poursuivent leur rêve et qui auront encore, mortels favorisés, la faculté de le décrire avec les ressources de l'imprimerie ; occupation réputée un peu bizarre, et qui n'est possible qu'en vertu de la tolérance. Cela revient à dire qu'on ne doit pas disputer des goûts et des couleurs, ni, par suite, tracasser les métaphysiciens, non plus que les gens qui ont du plaisir à collectionner des coléoptères. Dans la société, l'influence de ces amateurs n'est pas grande, n'est-ce pas ? Il en ira de même des autres originaux.

Nous pouvons le constater immédiatement, car, être laïque, « ce n'est pas vouloir violenter, ce n'est pas mépriser les consciences encore *détenues* dans le *charme* des vieilles croyances : c'est refuser aux religions qui passent le droit de *gouverner* l'Humanité qui dure ».

Des « consciences détenues dans le charme », cette figure n'est pas d'un écrivain suffisamment maître de sa langue ni de son idée.

Et quelle doctrine doit « gouverner l'Humanité » (n'oublions pas le grand H), puisque l'on dépossède la foi ? Le Doute, le Doute, si en faveur actuellement et intronisé par les soins spéciaux de M. Buisson. Mais le Doute ne nous dira pas pourquoi l'Humanité « dure ». Il doute de toutes les raisons qui pourraient être données à cet égard. M. Lavisse ne voudrait pas, sans doute, d'un Doute qui ne douterait pas.

Eh ! Nous sommes en présence d'un Doute que stimule un gros appétit d'affirmations. La preuve, c'est qu'il prétend « gouverner ». Ce que vient faire un tel mot à la base, au sommet, au milieu et tout le long d'une théorie libérale et tolérante essentiellement, on ne le devine pas, M. Lavisse n'ayant pas eu le temps d'y penser. Attendons que l'historien pédagogue soit de loisir ; et continuons d'enregistrer la définition de l'esprit laïque :

« Ce n'est point haïr telle ou telle église ou toutes les églises ensemble… » Alors, il y aurait infiniment de laïques dévoyés, car nous sommes assourdis de clameurs dirigées contre toutes les autorités ecclésiastiques. Et puis, la pédagogie elle-même déverse sur la croyance un mépris d'une telle intensité et d'une telle brutalité qu'il prend vite un caractère haineux.

« Être laïque, c'est ne point consentir la soumission de la raison au dogme immuable, ni l'abdication de l'esprit humain devant l'incompréhensible : c'est ne prendre son parti d'aucune ignorance ».

La morale laïque n'aurait donc pas de dogmes immuables ! et le vice pourrait un jour y supplanter la vertu ! Quant à la lutte avec « l'incompréhensible », est-ce que M. Lavisse compte vraiment que les méthodes futures saisiront l'essence des choses ? La science incrédule va justement dans des directions tout opposées, puisqu'elle abandonne l'étude des origines. Il n'a pas considéré cette affaire, qui pourtant devrait avoir une part dans la définition de l'esprit laïque.

« C'est croire que la vie vaut la peine d'être vécue, aimer cette vie, refuser la définition de la terre « vallée de larmes », ne pas admettre que les larmes soient nécessaires et bienfaisantes, ni que la souffrance soit providentielle ; c'est ne prendre son parti d'aucune misère ».

Et cependant, des poètes eux-mêmes ont béni l'épreuve qui atteignait leur chair et leur âme. Il vivra le bel et précieux hommage de gratitude offert par François Coppée à la *Bonne Souffrance*.

M. Lavisse croit posséder une recette nouvelle pour soulager des antiques fardeaux la future société laïque :

« C'est ne point s'en remettre à un juge siégeant par delà la vie du soin de rassasier ceux qui ont faim, de donner à boire à ceux qui ont soif, de réparer les injustices et de consoler ceux qui pleurent : c'est livrer bataille au nom de la justice ».

En faveur du travail, de l'assistance et de la justice, la vieille société chrétienne avait réalisé des garanties dont le souvenir se dresse comme un idéal, au-dessus de toutes les ressources et de toutes les espérances modernes. M. Lavisse, qui connaît les annales de notre pays et celles aussi des pays allemands, sait très bien où l'on peut trouver les tableaux que Rolewinck, Wimpheling, Érasme d'Erbach, Trithème, etc., nous ont laissés de la vie sociale au moyen âge. Un auteur français peu soucieux de défendre le catholicisme, mais impartial autant que savant, M. Fagniez, a montré dans les anciennes corporations un régime « bien préférable à celui de « l'ouvrier contemporain ». Et sur ce sujet, Louis Blanc a écrit des pages qui devraient faire réfléchir n'importe quel partisan de la laïcisation.

« Être laïque, c'est avoir trois vertus : la charité, c'est-à-dire l'amour des hommes ; l'espérance, c'est-à-dire le sentiment bienfaisant qu'un jour viendra, dans la postérité lointaine, où se réaliseront les rêves de justice, de paix et de bonheur, que faisaient en regardant le ciel les lointains ancêtres ; la foi, c'est-à-dire la volonté de croire à la victorieuse utilité de l'effort perpétuel ».

Pour quels motifs M. Lavisse a-t-il une telle foi dans la puissance de la vertu ? Nous devons supposer qu'il l'ignore, puisqu'il ne le dit pas. S'il le savait, il nous en informerait sans doute. Espérons qu'il nous dira du moins les impressions que lui cause la foi laïque en habit de carnaval, en déesse Raison.

Oui, la déesse Raison revient. Il se trouve que la religion que cherchaient MM. Buisson, Bérenger et quelques autres, c'est elle précisément. Elle n'a pas reparu en chair et en os, comme on la vit autrefois ; mais son culte, inventé par

Chaumette, est déjà rétabli. Ces préliminaires, pleins de nobles présages, se sont, le 30 novembre 1902, déroulés à Paris devant plusieurs milliers de personnes, dans la grande salle des fêtes du Trocadéro, un palais national !

C'était bien une fête qui se célébrait en ce lieu ; et on l'avait expressément intitulée *fête de la Raison*. Il en était ainsi rendu compte dans un journal spécial dénommée la *Raison*, feuille hebdomadaire, dirigée par M. l'ex-abbé Charbonnel, avec la collaboration de publicistes divers, généralement aspirants pontifes d'occasion, comme M. Henry Bérenger, qui, après avoir pendant deux ou trois années littératuré un peu partout, sur n'importe quoi, soudain s'est mis à prêcher ; ou pontifes de tempérament, comme M. Ferdinand Buisson, de bonne heure muni de l'investiture officielle, véritable ministre avant de devenir député, grand-prêtre de la pédagogie, désigné pour manifester, dans un office suprême, l'apogée de la sécularisation... à moins que l'excès même de l'ardeur pontifiante, vraiment bizarre, ne termine par une catastrophe cette longue carrière pédagogique.

Des avis qu'il n'attendait pas, lui, protestant d'origine, lui vinrent, après la fête, de deux feuilles protestantes, le *Signal* et le *Temps*. Elles le blâmaient d'avoir patronné de sa magistrature pontificale et d'un discours très relativement modéré l'audacieuse et brutale harangue où M. Henry Bérenger avait dit :

« Les cinq mille citoyens et citoyennes réunis dans cette enceinte signifient aux *Basiles de l'histoire, jésuites ou universitaires déteints du jésuite,* qu'ils entendent glorifier aujourd'hui l'admirable tentative du Rationalisme intégral, inauguré en 1794 »; — et, répétant les blasphèmes proférés alors contre la foi chrétienne et contre la divinité, le nouveau prêtre de la déesse s'était écrié : « Contre ces *superstitions*, contre cet *obscurcissement servile* de la pensée humaine vous avez protesté en venant ici ». «... Ce sont bien *les cadavres des Dieux* qui encombrent notre horizon social *et de leurs décompositions hideuses, les prêtres seuls vivent* ».

Au début d'un spectacle qui était et qui devait être pour les chrétiens l'outrage le plus violent, quelles paroles prononça M. Buisson ? Toujours les mêmes : « Liberté, tolérance, respect ; » comme les guillotineurs, au milieu de leurs opérations, prenaient à témoin la vertu, l'humanité, la sensibilité. Il ne veut guillotiner personne ; et s'il est bien résolu à continuer d'interdire et de proscrire, ce sera toujours avec des manières onctueuses. Il a l'onction imperturbable. Il a même repoussé l'idée de fonder une église, une chapelle, une secte, rien qui ressemblât aux choses connues sous ces appellations ; et il a revendiqué « le droit d'être athée sans être traité de scélérat et de croire en Dieu sans être traité d'imbécile ».

Pourtant, M. Bérenger qualifiait imbéciles

les gens qui ont gardé la croyance en Dieu. Qu'importe ! M. Buisson n'a pas ressenti l'injure et il entend bien qu'elle ne l'atteint pas, en effet. Le Dieu qu'il admet... quelquefois... est un Dieu humain, que les hommes arrangent à leur guise et qui se réduit à l'humanité toute seule.

Quand l'heure sera venue de présenter au Parlement une déesse Raison en chair et en os, comme, le 10 novembre 1793, fut conduite à la Convention la citoyenne Momoro, puis installée à Notre-Dame, les candidates seront nombreuses et quelques-unes d'entre elles pourront exhiber les diplômes décernés par l'enseignement laïque.

« Une provision d'idéal ». En prenant la présidence du conseil académique de Paris, le nouveau Recteur, M. Liard, a naturellement prononcé un discours. Il a parlé du plan d'études adopté pour les lycées et pour les collèges et qui est nouveau, lui aussi.

Bien entendu, il a présenté la réforme comme très utile à tout le monde, ou peu s'en faut. D'après les explications qu'il a fournies, nous posséderions enfin un système qui aurait à la fois les avantages de l'unité et de la variété; une merveille qui ne sera vraiment pas superflue.

Par exemple, le moyen choisi pour ramener tant de choses à l'unité n'est pas rassurant. Afin de dissimuler le morcellement et la bigarrure qui déroutaient même des pédagogues avisés, on a rangé sous le même nom une foule de matières différentes.

« Le premier cycle offre deux types : l'un avec le latin, l'autre sans le latin, le premier avec le grec facultatif à partir d'un certain moment, tous deux avec langues vivantes... puis l'histoire et la géographie et enfin, à doses diverses, de façon que le type sans latin soit déjà caractérisé par la prédominance des sciences, les éléments des sciences abstraites et des sciences de la nature ».

Encourageant préambule ; mais est-il assez simple? En tout cas, « avec le second cycle, *la « variété s'accroît* ». L'heureuse formule! « Les deux types du premier cycle donnent naissance à quatre types: grec-latin, latin-sciences, latin-langues vivantes, sciences-langues vivantes, qui, au sommet, se rapprochent et se fondent en deux classes : *notre vieille philosophie...* et les mathématiques... » Il est visible que *la variété s'accroît*, la variété du labyrinthe.

M. Fouillée, qui ne veut pas travailler au profit du catholicisme, a écrit cependant contre le nouveau système d'enseignement des pages très passionnées. Il y en a aussi de bien amusantes, comme celle qui montre les jeunes gens prisonniers d'un des cycles où ils se seront engagés : « Malheureux élève, après une bonne culture littéraire, tu voudrais faire de la science ! Nous t'en empêcherons : il fallait t'en aviser en troisième. Et toi, malheureux, tu as choisi les sciences pour échapper au grec, au latin et même au français : mais tu t'aperçois à l'essai que les démonstrations abstraites de la géométrie ne sont pas ton fait, que les formules chimiques échappent à ta mémoire, comme les nomenclatures de plantes ou de minéraux. Tant pis pour toi ; il fallait t'en aviser au commencement de tes études, dès la sixième. Il est trop tard maintenant pour revenir aux lettres. Apprends par cœur tes manuels de géologie et de botanique. Au reste, console-toi : si tu veux être avocat quand même, la botanique t'y mènera tout aussi bien, en vertu de l'égalité des sanctions... » [8]

Quant à *notre vieille philosophie*, que M. Liard veut conserver, elle se conservera sans doute comme une poussière, que les professeurs, les élèves et les familles pétriront ou balaieront à leur gré.

C'est de cela que se composera la « provision d'idéal » promise à la jeunesse par le nouveau Recteur, pour les besoins de la vie. Mais qu'est-ce que les jeunes gens comprendront à cet idéal moderne, dont la fonction, jusqu'ici, est de fournir un sujet aux hommes mûrs qui pérorent sans savoir ce qu'ils veulent dire ?

Assurément, M. Liard n'appartient pas du tout à cette espèce et il est très capable d'enseigner ses contemporains. Qu'il les enseigne donc pour de bon.

Dans son petit traité intitulé : *Morale et enseignement civique*, à l'usage des écoles primaires (cours moyen et cours supérieur), il nomme Dieu et l'appelle ensuite « l'auteur de la nature » ; il le salue comme le juge au-dessus de tous les tribunaux.

Les majorités, de la Chambre et du Sénat, seraient scandalisées si on leur donnait lecture du traité rédigé par M. Liard, traité qui date de 1886 et qui figure sur la « liste des ouvrages fournis gratuitement par la Ville de Paris à ses écoles communales ».

C'est très bien d'affirmer l'existence et l'autorité de Dieu, dans des volumes destinés aux écoles primaires; mais pourquoi le mettre à la porte des réunions qui concernent l'enseignement secondaire ? Si, devant la Chambre, lorsqu'il assistait le ministre, ou devant ses collègues et ses subalternes du corps enseignant, M. Liard avait parlé comme son livre parle aux enfants, il aurait produit une extraordinaire impression. Il aurait ainsi, mieux que personne peut-être, servi la cause de l'idéal. Il a encore la faculté d'accomplir cet exploit, qui vraiment en vaut bien la peine... Car enfin, si le Dieu créateur, vivant, législateur et juge, est nécessaire pour l'instruction des enfants, Dieu est indispensable pour qu'on puisse faire entendre raison aux hommes, ces enfants terribles. Ou bien personne n'a besoin de Lui; et l'on ne devrait pas tromper les enfants, pas plus sur ce sujet que sur un autre. Sinon, quand ils s'imagineront avoir été trompés par leur maître, que leur restera-t-il de leur « provision d'idéal » ?

***

De la vertu et de la récompense.
On devrait pouvoir interpeller le président de la Chambre, du moins le questionner et le prier d'expliquer ce qu'il dit et ce qu'il veut dire, surtout lorsqu'il entreprend de professer en cérémonie.

Que M. Bourgeois, ou tout autre, engage ses collègues à discuter pacifiquement et dignement; à s'interdire les débats sur « des motions imprévues, sans effet pratique, sans sanction législative possible », bref, à s'imposer une « méthode » et une « discipline », c'est bien, c'est régulier; mais s'il enveloppe ses conseils de théories politiques, économiques, sociales, voire philosophiques, il provoque la contradiction[9]. Or, vis-à-vis du président, celle-ci n'est guère admise dans l'enceinte parlementaire.

Pourtant, il y aurait intérêt à savoir comment M. Bourgeois s'arrange avec ses amis les pédagogues libres-penseurs, lorsqu'il réclame une organisation qui assure « la juste récompense » du « travail » et du « mérite ». Il ne paraît point se douter qu'il encourt, de la part de l'école nouvelle, l'accusation d'hérésie.

CHAP. VI. — PROPOS DIVERS SUR LE MÊME SUJET

Récompense ? Espoir de récompense ? Mais c'est l'ancienne doctrine, abandonnée, répudiée, flétrie ! M. Bourgeois n'aurait-il rien lu de ce que les apôtres de la morale indépendante ont écrit contre l'antique et traditionnel enseignement qui entretenait l'espoir du bonheur définitif et complet ? Ils ne se sont pas bornés à condamner comme fausse et dégradante cette aspiration vers l'autre monde. Ils ont voulu l'expulser du monde présent, parce qu'elle rappelait trop la pensée de l'immortalité. Ils ont adopté la théorie du bien par amour du bien, sous prétexte d'élever et de purifier la dignité humaine. Le *Volume* l'enseigne à quinze ou vingt mille instituteurs, dont beaucoup sont des échos.

C'est un exemple de logique dans l'absurde. On violente la nature pour l'empêcher de regarder au-dessus d'elle. Puis, comme on s'aperçoit que, détournée de cet horizon, elle continue de chercher le bonheur (n'est-ce pas M. Jaurès qui a promis le paradis sur la terre ?) on l'informe qu'elle doit prendre son parti de ne recueillir qu'une parcelle de justice, et encore pas souvent. Le programme a été tiré de Kant, qui ne veut pas que la pensée de la récompense ni même un sentiment de satisfaction accompagne jamais la vertu. M. le Recteur Payot et d'autres pédagogues répandent avec soin cet enseignement, dont ils se grisent parfois. Par crainte d'être amenés à laisser surgir l'idée de Dieu, ils voudraient étouffer tout besoin de justice.

Or, la justice n'accepte pas d'être éliminée. Elle regimbe. Elle s'impose. Et puis, elle fait si bien dans les harangues ! Demandez donc à un de nos amplificateurs officiels de se passer de cet élément ! M. Bourgeois lui-même, qui discourt avec tant de plaisir, se croirait obligé de se taire, s'il ne pouvait plus paraphraser la notion de justice.

Enfin, pouvons-nous encore songer à la « récompense » ? M. Bourgeois dit oui. Les pontifes de la Ligue de l'enseignement disent non, en général. Or, avant de présider la Chambre, M. Bourgeois présida la Ligue en question.

Il devrait s'expliquer à ce sujet. Il ne s'expliquera pas, non plus d'ailleurs que sur d'autres points qui ne sont pas plus clairs.

Il a dit, en effet, dans son discours de cérémonie : « Les fils de la Révolution française attendent le développement du progrès et de la civilisation, de l'observation et de la critique des faits, de la lutte généreuse des idées. Ils ressentent incessamment, dans leur désir du mieux, les nobles inquiétudes de la *raison libre*. Comment ne souhaiteraient-ils pas la discussion large et sincère où s'éclairent les ignorances, où se dissipent les préjugés, et d'où, par la *force des choses* et la *loi de l'esprit,* jaillit enfin la *vérité* » ?

Les libres-penseurs de la Chambre se sont montrés enchantés par cet embrouillamini. Nul d'entre eux n'a songé à se demander comment une raison libre peut exister dans le monde qu'ils considèrent comme dirigé par une force aveugle ou par le hasard. Nul n'a éprouvé le besoin de savoir pourquoi la *force des choses* et la *loi de l'esprit* font jaillir la *vérité* et d'où viennent de pareilles combinaisons.

L'orateur lui-même n'a sans doute jamais pris soin d'examiner les phénomènes dont il aime tant à parler. Les auditeurs n'ont pas plus d'exigences. Liberté, justice, progrès, raison, morale, on emploie ces grands mots, on les remue, on les agence, on les emboîte comme le matériel qui sert pour les décorations publiques. On les dispose où l'on veut, à la façon que l'on veut ; et la « raison libre », épanouie sans comprendre pourquoi, bavarde solennellement.

De même, à propos de la nation et de l'armée.

Nos purs « intellectuels » croyaient que c'en était fini de la guerre. Ils avaient découvert qu'elle est affreuse non moins que terrible.

Cependant, pour s'en apercevoir, l'humanité n'avait pas attendu l'affaire Dreyfus. L'histoire avait énuméré les énormes sacrifices accomplis sous l'empire des passions farouches. La poésie avait mêlé ses larmes aux larmes des mères en deuil. Pline l'Ancien refusait de pardonner à César, qui, indépendamment du sang versé dans les luttes civiles, fit, par ses victoires, périr onze cent quatre-vingt-douze mille hommes. Sénèque s'était indigné devant la férocité passée en héritage ; et Euripide avait condamné la légèreté avec laquelle un citoyen vote la guerre en chargeant d'autres individus de mourir pour lui. De siècle en siècle, les orateurs chrétiens avaient commenté les abondantes menaces contenues dans la Bible : « Je redemanderai votre sang de la main de toutes les bêtes et de celles de tous les hommes qui auront répandu le sang humain, qui est celui de leurs frères ».

Rien peut-être n'est plus horrible qu'un champ de bataille ; et l'on s'en doutait avant que M. Charles Richet, traduisant l'émotion de quelques professeurs et de quelques littérateurs, eût parlé, avec étonnement et avec mépris, de « cet étrange métier militaire qui consiste à porter un sabre et à pourfendre son prochain ». Car vraiment les militaires portent un sabre, lequel est un instrument de mort. Serait-ce donc plus intelligent d'armer les soldats d'un bistouri et d'une seringue ?

Ayant annoncé une si importante découverte, nos intellectuels en ont tiré aussitôt l'application pratique, comme si l'armée allait se dissoudre d'elle-même, personne ne pouvant plus, à notre époque distinguée, avoir le moindre goût pour une profession absolument grossière.

Puis, des rumeurs d'alarme ont retenti au loin. Nos soldats, sortant des casernes, sont apparus comme la garantie vivante de l'unité et de la force nationales. D'instinct, la foule s'est tournée vers eux, leur demandant la protection de tous les biens dont elle s'honore et se réjouit, gagnée par un penchant nouveau pour l'appareil guerrier.

Ils ne peuvent plus se montrer en troupe sans être salués avec empressement. La sonnerie de clairons, l'aspect du drapeau, la marche régulière des hommes et des chevaux, le sourd roulement des affûts de canons, les épaulettes et les plumets des chefs, le miroitement rythmé dégagent une électricité qui entraîne tout le public.

Oui, la science et la littérature et l'hygiène et le commerce sont des puissances précieuses ; mais elles se fourvoient quand elles oublient, comme le leur reprochait M. Brunetière dans un de ses *Discours de combat*, que « sans ces militaires, sans la protection invisible et présente qu'ils étendent jusque sur leurs ennemis, on n'aurait ni le loisir de martyriser des lapins dans des laboratoires, ni la facilité de tenir des Congrès de la paix, ni la liberté d'insulter au bon sens et à la justice par de semblables paradoxes » [10].

D'ailleurs, est-ce que la douceur des mœurs serait le fruit naturel et nécessaire des travaux de l'esprit? « Je ne sais », écrivait Joseph de Maistre, « si l'on se comprend bien lorsqu'on dit que *les arts sont amis de la paix*. Il faudrait au moins s'expliquer et circonscrire la proposition ; car je ne vois rien de moins pacifique que les siècles d'Alexandre et de Périclès, d'Auguste, de Léon X et de François Ier, de Louis XIV et de la reine Anne ». Pendant les années qui précédèrent la Révolution ; lorsque, suivant le mot de Talleyrand, on savourait à un degré inconnu « la douceur de vivre », les intellectuels d'alors n'avaient sur les lèvres que des paroles de sensibilité et de sensiblerie. Au sein de tout ce charme grandissait la pourriture ; et ses ferments changèrent en bourreaux un nombre immense de citoyens lettrés. Ceux-ci ne portaient pas le sabre dont M. Richet a horreur, mais tout de même ils tuaient admirablement leur prochain.

En dépit de la classique et trop réelle « licence des camps » ; malgré les abaissements et les brutalités de la caserne ; malgré la vanité et l'égoïsme qui se voient dans l'armée... comme dans le professorat, dans la magistrature, dans les autres carrières libérales, et aussi sans doute dans la littérature, et aussi dans le Parlement et aussi dans le journalisme ; nonobstant des défauts graves et des inconvénients nombreux, l'armée garde le prestige qui appartient légitimement à une organisation forte, nourrie d'un esprit élevé.

En quelques lignes, dans le livre *La guerre et l'homme de guerre*, Louis Veuillot a fait parler la force salutaire exercée par le métier qu'ont voulu discréditer les intellectuels : « On a ramassé la populace des villes, tout ce qu'il y a au monde de plus railleur, de plus insoumis, de plus turbulent, et l'on a pu en tirer une bonne troupe. A peine ont-ils le sabre au flanc et l'uniforme sur les épaules, ces gamins, ces rebelles deviennent autres : les voilà aussi orgueilleux de leur joug de fer qu'ils l'étaient de leur sauvage liberté. Dès lors, ils sont accessibles à des idées qui n'avaient auparavant aucun chemin pour saisir leur intelligence. On peut leur parler de devoir, d'obéissance, de respect ; on peut leur parler de Dieu. Ils reviennent à l'instinct national, qui est l'accord de la force et de la foi ».

Une simple revue sur l'esplanade des Invalides pénètre les curieux d'une émotion recueillie. La foule, si peu portée à faire l'analyse de ses sentiments, les savoure par un instinct dont elle est sûre. Celui-ci lui cause plus de jouissance que les raffinements n'en fournissent aux *dilettanti*.

En mouvement ou au repos, une troupe équipée est une belle chose. Elle apparaît d'abord comme une force organisée et animée. Sans y songer pour la plupart, les curieux contemplent l'harmonie qui résulte de la variété dans l'unité. Le mérite de l'architecte consiste à réunir des matériaux précédemment répandus au hasard et à leur donner une signification : or, par l'uniforme et par la discipline, des êtres, auparavant dispersés, sont réunis pour composer un tout vivant. Dans cet ensemble, les curieux considèrent leur propre humanité sous un aspect supérieur.

Des couleurs vives remplissent l'air. La joie qu'elles répandent est contenue par les reflets sévères des armes alignées. Une grave pensée règne au-dessus des sonneries, des roulements et des fanfares : toute cette valeur brillante peut se trouver demain aux prises avec la mort. Et l'allégresse a un caractère de piété.

Jadis, le poète athénien chantait : — « Tout sied bien au jeune guerrier, tandis qu'il garde encore la fleur brillante de ses années ; chaque homme l'admire, les femmes se plaisent à le contempler resplendissant et debout ». Nos généraux à cheveux blancs ont plus de prestige que le jeune soldat célébré par Tyrtée. La foule salue en eux le principe autoritaire et responsable. En leur présence, elle comprend, d'une vue directe, quel honneur et quel péril résident dans le commandement.

L'épée du chef dessine un éclair ; des appels vigoureux font vibrer toutes les poitrines. La masse organisée est en mouvement et s'avance au bruit des musiques, des tambours et des clairons, qui rythment son allure. De loin, les baïonnettes miroitent comme de longues rangées de flèches, lancées obliquement du fond du ciel. A la vue des drapeaux, un frémissement parcourt la foule, qui se découvre.

La garde républicaine vient la première. C'est le type parfait de l'énergie tranquille, mûre et as-

CHAP. VI. — PROPOS DIVERS SUR LE MÊME SUJET

souplie. Ces soldats font penser à ceux que peignait Victor Hugo dans la *Légende des siècles* :

Ils marchaient de leur pas antique et souverain.

Les casques des cavaliers s'agitent comme un remous étincelant : c'est le dernier souvenir de la vieille chevalerie. Les petits troupiers de l'infanterie de marine déploient la vision de la France lointaine. Les lourds canons écrasent le pavé et dominent le bruit des trompettes, en répandant l'écho des terribles rumeurs de la bataille. Parmi les spectateurs a retenti un seul cri, répété maintes fois : « Vive l'armée ! »

La foule admire ; elle s'exalte : elle a raison.

CHAPITRE VII

LES JEUNES FILLES

I

L'ÉCOLE DE FONTENAY. M. PÉCAUT

D'abord pasteur protestant, puis émancipé de toute église et de tout dogme, M. Félix Pécaut avait, dès 1859, publié un ouvrage, *le Christ et la Conscience*, dans lequel il déclarait que « la personne de Jésus », bien que « belle et sainte... n'est point parfaite »[1]. En possession d'une si grande indépendance, il embrassa la pédagogie morale et fut jugé tout spécialement propre à gouverner l'école normale des institutrices primaires. Il avait d'ailleurs d'autres titres, mieux en rapport avec l'office qu'il allait exercer dans la maison de Fontenay. Austère d'allures et d'existence, recueilli et solennel, doux et mystérieux, il représentait un impressionisme méditatif, vaguement rituel et d'aspect sacerdotal. « *Initiateur moral*, M. Pécaut le fut dès sa jeunesse » selon les termes de l'hommage funèbre que M. Buisson lui a rendu [2].

Le rôle des protestants rationalistes dans l'œuvre de laïcisation eut une prépondérance que M. Goyau a justement signalée ; et M. Buisson, encore, parlant d'un autre protestant rationaliste, placé lui aussi sur la première ligne des pédagogues laïques, lui attribuait ce propos : « Je me sens plus que jamais, à travers tout cela et en tout cela, pasteur protestant » [3].

Eux et d'autres et même bon nombre de ceux qui conservaient un minimum de foi surnaturelle, acceptèrent avec entrain la part qui leur était assignée. Grâce à eux, la laïcisation paraissait ne pas être foncièrement anti-confessionnelle. Il semblait que, malgré l'influence décisive des sectaires, le nouveau régime témoignerait aux croyances chrétiennes un certain respect. Des pasteurs, des demi-pasteurs, d'anciens pasteurs, c'était là un ensemble plein d'avantages. On y trouvait ce que l'on voulait, des gens pour tous les goûts, un moralisme complaisant où les dogmes se débiliteraient sans secousse. Cette ombre d'église prenait volontiers son parti de sacrifier des intérêts essentiels et de livrer une génération au scepticisme, dans l'espoir de prédominer. Quand s'ouvrait ainsi l'ère de la revanche, M. Pécaut annonçait que le projet comportait « la liquidation des anciennes croyances et méthodes » [4].

Encore plus émancipé que l'allemand Schleiermacher, qui ne voulait pas détruire toute église et qui, cinquante années après sa mort, eut l'extraordinaire fortune, restant presque tout à fait ignoré chez nous, d'exercer une puissante influence sur la pédagogie française, — plus émancipé, M. Pécaut se contentait comme lui de la culture et de la discipline du sentiment. Sa religion se réduisait à l'idée de notre dépendance envers Dieu ; sa méthode, à l'observation de la conscience.

Des panégyristes ont dit, tous de la même manière, avec quelle assiduité il prêchait les futures institutrices et leur recommandait de vivre l'oreille tendue vers la voix intérieure. « Chaque matin, il les réunissait pour commencer la journée. Elles chantaient un de ces chœurs qu'il avait fait rassembler ou composer pour l'Ecole. Puis, il leur donnait une instruction qui ne ressemblait à aucune autre. Il prenait pour sujet d'entretien un texte lu avec elles, une pensée rencontrée dans une leçon, un événement de la vie de l'école ou de la vie publique, un anniversaire ou un deuil national : sa parole était toute simple ; mais le ton en était si grave, l'inspiration si forte qu'elles se sentaient saisies et emportées dans un monde nouveau, dans cette région de la vérité morale où s'effacent tous nos intérêts personnels » [5].

Comment s'y prenait M. Pécaut pour remplir ces âmes de la notion et de la pensée de Dieu ? Dans les notes rédigées par lui et pour lui (chaque matin avant la conférence, qui était une véritable méditation)[6], Dieu est souvent nommé, honoré, glorifié. Mais on peut supposer que parfois une jeune élève fut tentée de dire au prédicateur laïque :

Vous ne le priez point ...

Il ne le priait pas, en effet. Et d'après le témoignage de M. Sabatier « il prononçait très rarement le nom de Dieu ; il préférait même user d'une *périphrase*, pour éviter le *sens banal* et ne pas paraître sacrifier à une *convention mondaine* »[7]. Ce n'était pas seulement la périphrase qui affaiblissait la précision de l'idée : il y avait aussi, dans la conférence, un volontaire contraste entre la religion et le dogme, celui-ci étant toujours rabaissé à la condition des choses humaines, fragiles ou disparues. La fête de Noël, par exemple, inspirait à M. Pécaut ces considérations mélangées et incompatibles : « Une lumière nouvelle s'est levée à l'horizon, un idéal nouveau, qui reste dans la conscience humaine et poursuit son œuvre à travers les révolutions du dogme, des églises, des philosophes... De quelque façon que l'on considère la figure historique dont ce jour célèbre l'apparition — comme le Rédempteur, le Fils unique de Dieu ou, au contraire, *à notre façon*, comme un fils des hommes et l'un des grands libérateurs des âmes — en tout cas son nom, son image, sa vie, sa parole ont présidé et président encore à la civilisation... Et tout cela n'est pas une doctrine mystique, une construction abstraite ». Engageant les institutrices à prendre place dans la famille spirituelle, M. Pécaut leur recommandait de réserver « entier », le droit de la raison et d'en user vis-à-vis de Jésus comme vis-à-vis de Socrate [8], bien qu'il mît Socrate fort au-dessous de Jésus.

Une institutrice ayant demandé quels « arguments » pouvaient être invoqués à l'appui du respect « devant un peuple d'élèves, jeunes gens, enfants dépourvus de tradition, émancipés (par nos propres mains) des servitudes dogmatiques et point pourvus de doctrine philosophique », le haut pédagogue répondait : « Il n'y a pas à tenter l'impossible. A défaut de traditions, il faut une doctrine, et l'on en chercherait vainement une autre que la doctrine (morale ou religieuse) de la souveraineté de la loi morale... Et puis quoi ? Nous n'avons pas le choix. Le peuple ne croira pas plus que nous au dogme »... Et, soupçonnant que la solution risquait de paraître trop vague et d'être peu efficace, il prescrivait de s'en contenter néanmoins. Au nom de quoi enseigner le respect ? « Au nom de l'*humanité* en chacun, au nom de sa loi propre, de sa destinée, qui est une destinée morale, c'est-à-dire de justice, d'amour, etc. Et si l'on insiste, si on demande la raison de cette raison, *nous n'en avons pas à alléguer*. Car de dire que c'est Dieu qui vit en nous ou en qui nous vivons, c'est peut-être bien le dernier mot, le vrai ; mais cette raison-là n'est *pas plus décisive* que celle d'humanité pour celui qui ne sent pas celle-ci et qui ne s'y fixe pas comme en un axiome d'instruction. C'est à la *nature humaine*, de mieux en mieux sondée, explorée, qu'il *faut toujours recourir* : elle porte en elle-même sa raison dernière » [0].

Que, d'ordinaire, les jeunes institutrices fussent heureusement impressionnées par une prédication, contradictoire au fond mais élevée et intense, on l'admet volontiers. Toutefois, on est bien obligé d'admettre aussi qu'elle laissait sans appui les caractères qui n'éprouvaient pas un goût très vif pour l'examen de conscience et pour le progrès moral. Aux prises avec les élans de l'imagination, du cœur ou du tempérament physique, elles pouvaient confondre leurs tendances personnelles et le droit de la « nature humaine », dernière ressource et qui, disait le maître « porte en elle-même sa raison dernière ». Ce précepte est fragile et, par là, trompeur ; nullement efficace pour contraindre les volontés que tente l'émancipation, ni pour prévenir les défaillances.

Les égarements possibles d'un idéal qui se fait lui-même sa loi, ce n'est pas un sujet interdit à la littérature. M. de Vogüé se permit d'y toucher, sans nulle insistance et d'une manière toute épisodique. Dans *Les morts qui parlent*, l'éminent écrivain a résolu le problème de rendre sensible et visible le pêle-mêle d'instincts qui compose le monde parlementaire. Prétentions mesquines ou criminelles ; audaces, platitudes, incohérences ; capitulations hypocrites et impudentes trahisons, tout cet antagonisme frémissant il a su en donner une vision nette, large et profonde, qui éclaire les coulisses, les avenues et les alentours de la scène politique. Un tribun, complètement délivré des vieux scrupules, embellit ses succès oratoires par plusieurs amours simultanés. L'une des femmes qu'il poursuit a reçu les leçons du « bon M. Pécaut ». Elle n'en a pas profité longtemps, mais elle en a gardé un souvenir ému. Elle avoue que le prédicateur laïque lui a donné de sages conseils et un enseignement qui serait consolant si l'on pouvait s'en contenter. Elle y revient parfois, pour raviver « l'illusion féconde », sans perdre de vue un attrait plus puissant, contre lequel elle se défend mal, puisqu'elle délibère. Elle feuillette les cahiers remplis de formules sonores et pédagogiques: « L'idéal moral contemporain... la dignité de la personne humaine... le mystère de liberté.. » Justement, la demoiselle les a en mains quand le tribun vient donner le suprême assaut ; et les cahiers roulent dans la cheminée, où le feu les consume.

Le récit occupait à peine trois pages [10]. La presse libre-penseuse manifesta une violente colère, quoique M. de Vogüé n'eût dit absolument rien d'irrévérencieux pour le vénérable professeur protestant, qui, dépourvu de doctrine, s'était fait directeur de consciences et même un peu confesseur. En somme, l'éminent écrivain avait raconté une aventure où la morale laïque se montrait peu résistante et subissait un échec pour lequel la pensée moderne réclame une effusion d'indulgence et même davantage. Vainement fit-il ensuite observer que nombre de romanciers incrédules ont l'habitude de choisir leurs héros antipathiques parmi les élèves des congrégations ; il dut, sans s'émouvoir d'ailleurs, essuyer des reproches furieux, comme s'il avait proféré un énorme blasphème.

II

LES SÉVRIENNES

Beaucoup moins ménagée que l'école normale primaire de Fontenay fut l'École normale supérieure de Sèvres, la pépinière des professeurs féminins pour les lycées de filles, voisine de la glorieuse manufacture de porcelaine. Cette fois la critique était générale et mordante et elle venait d'une ancienne élève. L'auteur, signant « Gabrielle Réval », invoquait ses souvenirs de « Sévrienne ». Le livre avait un dessin et un coloris qui paraissaient singuliers même à des gens peu susceptibles.

Quelle sera l'influence de Sèvres sur les jeunes filles des lycées et en général sur les femmes, c'est assez difficile à calculer d'une façon précise. Du moins, nous savons qu'elle peut produire des romancières. Très libres de préjugés et même d'idées, elles peuvent acquérir une désinvolture supérieure, une verve digne des chroniqueurs boulevardiers, propre à déconcerter non seulement les mères, mais aussi les papas et même les cousins.

Qu'il y ait dans *les Sévriennes* des espiègleries, de la moquerie, de l'argot, et aussi des « charges d'atelier », ce pourrait n'être qu'un excès de jeunesse et d'entrain. Mais là, une sentimentalité vague, stimulée par la passion d'indépendance, se mêle à cet enseignement.

La religion est mise au rancart, ou bien arrangée suivant les fantaisies de l'élève. « Je suis encore catholique *par culte de la beauté*. J'adore les offices comme de magnifiques spectacles ; la musique religieuse me bouleverse ; je pleure, sans savoir pourquoi, des larmes de grande pécheresse. Mais j'apporte ici deux cultes tenaces : celui de la Vierge, parce qu'elle fut bonne et qu'elle était pure ; celui de saint François d'Assise, mon poète. *J'aime en passant à leur donner des roses* » [11].

Le culte, vraiment très simplifié, se combine avec la mythologie ancienne et avec celle d'à présent. « J'ai vingt ans, je suis belle, j'ai le respect de mon corps. *Les Dieux* ont mis en moi une parcelle d'eux-mêmes, en me donnant la beauté. J'ai conscience de la grâce qu'ils m'ont faite » [12].

On s'occupe beaucoup de la beauté et encore plus de l'amour. On le cherche et on le voit partout, dans les salles d'études, dans les jardins et dans les cours : « Pour unique fleur, un jet d'eau ouvre son calice vers le ciel, éphémère épousée qui retombe pâmée d'avoir cueilli le pollen des étoiles » [13].

Après la sentimentalité, les sensations physiques. L'auteur raconte ses rêves, où les anges préfèrent la forme humaine. « La foi, je ne l'ai plus. Le stoïcisme est au-dessus de mes forces. Je ne puis rien mépriser de la vie, j'aime tout ce qu'elle me donne, tout ce qu'elle me promet... Ma nature me porte vers le concret ; les images m'émeuvent beaucoup plus que les idées » [14]. Ces réflexions suivent une visite que la demoiselle a faite au Louvre et une leçon qu'elle s'est donnée à elle-même, dans la galerie des Antiques, pour se débarrasser de la vieille pruderie : « Avant d'arriver à la Vénus de Milo, à la Diane de Gabie, à la Minerve, que d'Hercules, de satyres, de faunes... j'ai rencontrés ! Tout d'abord, je n'osais m'arrêter devant ces *marbres révélateurs* ; je passais toute rouge... C'était *idiot*... Alors, bravement, j'ai ouvert mes yeux et regardé la nature en face... » [15]. Elle avoue que cette promenade dans « le royaume de la Beauté » lui a causé un trouble, qu'elle décrit ; car elle aime beaucoup la description.

Son poète c'est André Chénier. Il la trouble aussi, et personne n'en sera étonné ; mais on remarque l'application avec laquelle elle s'exerce à dominer son embarras tout en le décrivant.

Les élèves se disputent les professeurs mâles, ceux qui sont jolis garçons. Il y a entre elles une rivalité qui occupe beaucoup d'espace dans le roman. Plusieurs sont détraquées par des aspirations éperdues ; une au moins est hystérique et à propos d'elle l'auteur parle de Sapho ; la plupart des autres vivent en proie à une surexcitation où s'embrouillent la morale, l'esthétique, l'ambition, la science, la pédagogie.

Les maîtresses, croquées sous des noms transparents, tiennent des discours chaleureux aussi, mais que nombre de libres-penseurs, certainement, ne trouvent pas bien placés dans une école de jeunes filles, futures institutrices.

La supérieure, qui personnifie la morale sévère, exhorte la jeunesse à prendre garde de ne pas pousser trop loin le respect paternel. Elle prêche la légitimité de l'union libre, « mariage de deux consciences, de deux volontés libres, dont le caractère est aussi sacré que s'il avait reçu la sanction des lois » [16].

La seconde partie et la fin des mémoires sont remplies par un roman qui semble inspiré de Ponson du Terrail. Amitié, amour, pudeur, jalousie posthume, désordre complet, solennel et tragique. Goûtant à la fois le sacrifice et le triomphe, une aimable et fort aimante demoiselle se décide à devenir la maîtresse d'un artiste, qu'une de ses amies devait épouser. L'amie est morte en prévoyant qui la remplacerait et en prenant ses mesures. Aussi l'ancien fiancé est-il empêtré d'un serment qu'il n'osa point refuser. Mais l'union libre lui reste heureusement ; et on la célèbre dans des pages finales où retenlit le grand chant d'amour de Parsifal, harmonisé au ton du boulevard.

Certainement, cette production pédagogique ne représentait pas l'esprit général de la maison, ni même une portion très considérable de cet esprit ; mais qu'elle eût un fond de réalité, on pouvait en ressentir de l'inquiétude.

Le meilleur argument opposé à l'auteur féminin était que cet imprévu *biscuit* de Sèvres, même authentique, ne se rapportait qu'à la direction précédente, lorsque régnait Madame veuve Jules Favre, indiquée par un pseudonyme très transparent.

Le *Temps*, qui d'abord n'avait pas eu l'idée de parler d'invraisemblance et encore moins de s'indigner, inséra une lettre où l'auteur du livre était accusée d'avoir généralisé abusivement et presque d'avoir inventé de toutes pièces le type de la Sévrienne troublante : « Mauvais livre... Tout cela est faux », disait un professeur.

A son tour le professeur ne se gardait pas de l'exagération. Imaginaire entièrement, ce monde dépeint avec une verve abondante, aisée, sûre de ses effets ? C'eût été plus extraordinaire encore. On ne compose pas de *chic* tant de scènes d'un genre spécial, où la fantaisie est équilibrée et fondue comme un caractère.

Enfin le frère du *Temps*, le *Journal de Genève*, confessa qu'il n'y avait pas lieu de crier à l'exagération. Avec une ironie un peu forcée, il émit l'avis qu'une telle œuvre n'était pas du tout rassurante : « L'observation, même la plus attentive d'un écrivain du dehors, n'arriverait pas à cette intensité, à ces trouvailles heureuses du détail typique qui fixe la vie en quelque sorte inconsciemment. Il ne subsiste pas le moindre doute que nous sommes ici en présence d'une âme qui se raconte. Cela aussi est d'*un prix inestimable*, s'agissant d'un tel sujet que ce *noviciat*, si j'ose dire, à l'*éducation publique des jeunes bourgeoises de notre temps* » [17].

La pédagogie s'était tant occupée de délivrer les institutrices des pudeurs puériles qu'elle eut le vif chagrin de constater qu'elle avait trop réussi.

CHAPITRE VIII

MORALE SOCIALISTE

M. Jaurès n'admet pas qu'on le représente comme un ancien centre gauche ; et, pour réclamer, il a au moins quelques bons prétextes, puisque, pendant la première période de son rôle politique, (si différente qu'elle soit de la seconde,) il proféra des invocations d'une résonnance socialiste. Mais l'impétueux et prolixe tribun ne repoussera pas aussi facilement d'autres contradictions, celles qui concernent ses opinions sur Dieu et sur la morale laïque.

De quel emportement oratoire et blasphématoire était-il donc saisi, quand il étourdissait la Chambre par un défi adressé à Dieu ? « *Si Dieu lui-même* se dressait devant les multitudes sous une forme palpable, le premier devoir de l'homme serait de lui refuser l'obéissance et de le considérer comme *l'égal* avec qui l'on discute, non comme le maître que l'on subit ». Pour bien relier cette bravade à l'objet de son argumentation, il ajoutait aussitôt : « Voilà en quoi consiste la beauté de notre enseignement laïque » [1]. Il venait de dire, immédiatement auparavant : « L'idée qu'il faut sauvegarder avant tout, c'est l'idée qu'il n'y a pas de vérité sacrée ; c'est l'idée qu'aucune puissance, aucun dogme ne doit limiter le perpétuel effort, la perpétuelle recherche de la race humaine ; — l'humanité siège comme une grande commission d'enquête (!) dont les pouvoirs sont sans limites ; c'est l'idée que toute vérité qui ne vient pas *de nous* est un mensonge ; c'est l'idée que dans toute adhésion notre esprit critique doit quand même rester en éveil ». S'il se fût contenté de recommander la prudence et la réserve devant tout phénomène annoncé comme la manifestation de la puissance divine, on aurait pu le comprendre. Mais il notifiait que, ce Dieu reconnu réel et visible, il entendait lui, Jaurès, l'obliger à d'autres preuves et le traiter comme un « égal ». L'extrême-gauche crut comprendre et elle applaudit.

Pourtant, il n'y avait que quatre années que M. Jaurès, professeur à la Faculté de Toulouse et candidat au doctorat ès-lettres, avait présenté une thèse sur la *Réalité du monde sensible*. Là il affirmait, et abondamment, le Dieu infini « distinct » du monde [2] et « supérieur » [3] au monde ; un Dieu qu'il ne réduisait *pas* à n'être que « la substance ultime des choses » [4]. La prétendue égalité de Dieu et de l'homme était repoussée par M. Jaurès avec un soin infatigable et une inflexible énergie : « L'être infini n'est pas en voie de réalisation, il est d'emblée la plénitude de l'être ; l'infini ne devient pas, il est, car quelle puissance finie pourrait parvenir à l'infini ? [5] Et parce que le monde est la puissance infinie de Dieu, il manifestera Dieu comme substance, comme force, comme unité et comme conscience... Il est aussi impossible à la pensée de séparer le monde et Dieu que de les confondre... Dieu intimement mêlé au monde, qui est sa puissance, est à la fois être et devenir, réalité et aspiration, possession et combat... » [6] Cette douleur qui est le scandale et l'argument de la libre-pensée et dont les instituteurs endoctrinés par M. le Recteur Payot font un grief implacable dirigé contre Dieu, M. Jaurès la glorifiait et la bénissait : « La douleur, écrivait-il, elle est, en quelque sorte, une suite de la perfection divine. C'est la plénitude infinie de la joie qui va au-devant de la douleur, pour se posséder et se justifier elle-même par un effort éternel qui abolit en Dieu tout ce qui est destin » [7]. (?)

Le chapitre de « l'espace » s'achève par une méditation pieuse, qui a l'accent de la prière chrétienne : « Que le monde sera beau lorsque, en regardant à l'extrémité de la prairie le soleil mourir, l'homme sentira soudain, à un attendrissement étrange de son cœur et de ses yeux, qu'un reflet de la douce lampe de Jésus est mêlé à la lumière apaisée du soir ! » [8]

Vers la fin du volume, nous lisons que « la vraie psychologie c'est la métaphysique »[0]; et nous pensons avoir tous les droits de considérer M. Jaurès comme un adversaire déterminé de la morale indépendante. Alors, quelle tentation irraisonnée l'a poussé, quatre ans plus tard, à dépouiller Dieu de l'autorité souveraine et à jurer de traiter l'éternel en « égal » ?

Si l'on ignorait que le député du Tarn est un puissant orateur, on s'en apercevrait à la simple lecture de son travail philosophique. Ici, l'argumentation est pleine de force oratoire ; le souffle de l'éloquence se déploie, se joue et s'exalte en des élans hardis, variés, interminables ; et souvent le jaillissement des images enveloppe ou laisse loin en arrière le réseau de la déduction. On croirait que M. Jaurès pense en couleur et en musique. Sans doute, le jour où, devant les députés, il s'infligeait un incroyable démenti, la musique et la couleur lui seront montées au cerveau.

Mais en redescendant elles n'ont pas restitué à l'idée de Dieu le rôle supérieur qui d'abord lui était reconnu. Depuis le célèbre et déplorable discours du 11 février 1895, réimprimé avec un recueil d'articles dans l'*Action socialiste*, M. Jaurès semble avoir perdu la mémoire de sa grande dissertation philosophique. Plus de Dieu, décidément. Dieu est supprimé par l'élémentaire procédé du silence.

Au livre de Benoît Malon sur *La Morale so-*

ciale, M. Jaurès a mis une introduction. Là, nous voyons que « le socialisme est lui-même une morale pratiquement et théoriquement » [10] et que les « militants » n'ont pas besoin d'explication pour affronter la souffrance et « les périls » [11]. Il les loue d'être « égoïstes, eux et brutalement » et de se diriger d'après les conseils de la « faim » [12] et sans doute aussi d'après d'autres suggestions moins légitimes, car il constate, toujours sur le mode élogieux, que « le prolétariat avoue et proclame son égoïsme » [13]. Mais cet égoïsme prend très vite un caractère « impersonnel » [14]. Pourquoi donc? Parce que le prolétaire ne peut se dévouer pleinement à lui-même(?) qu'en se dévouant au prolétariat, à toute une « classe », à toute « l'humanité ». Ce vivant et fréquent « paradoxe » introduit « la générosité la plus large » [15], dans l'âme du prolétaire, lequel ne craint nullement de « tomber en plein combat » pour le profit « d'autres souffrant comme lui, par qui et *en qui* il triomphera » [16]. Immédiatement nous voyons le socialisme concilier « toutes les puissances de la nature humaine : égoïsme et dévouement... l'appétit et le *sacrifice* » [17]. Sacrifice très réel, puisque « le travailleur, en se dévouant à lui-même(?) s'oublie lui-même pour le Travail » [18]. Devant ces prodiges de l'oubli, n'oublions pas la majuscule, évidemment destinée à masquer la contradiction et le vide. Se dévouer ainsi, s'oublier de la sorte, se donner de la peine sans profit personnel et même avec un grand désavantage personnel, y compris la mort, ce n'est plus et ce n'a jamais été de l'égoïsme. Pourtant, M. Jaurès ne peut se passer de cette contradiction, qui lui sert à deux fins. En promettant de conserver le renoncement et le sacrifice, il repousse le reproche de vouloir dégrader la nature humaine. En prêchant l'égoïsme, il veut rassurer les prolétaires à qui il a garanti le bonheur complet en ce monde et qui se défient des mots si chrétiens de renoncement et de sacrifice. Le désintéressement sera l'égoïsme ; et l'égoïsme, le désintéressement. Pour que tout marche droit, il suffit de mettre les choses à l'envers.

Fils de pauvres paysans, pâtre, valet de ferme, homme de peine, ouvrier teinturier, Benoît Malon acquit tout seul une instruction étendue. Condamné pour participation à la Commune, il exerça encore divers métiers manuels à l'étranger, sans se fatiguer d'apprendre. En possession de l'allemand et de l'italien, il a écrit toute une série d'ouvrages, sociaux, politiques, historiques. Il a collaboré à de nombreux journaux et fondé la *Revue socialiste*. Son livre *La Morale sociale* témoigne d'un labeur extraordinaire et d'un talent énergique, précis, correct. Animé d'une soif de pitié, le socialiste se sentit du goût pour Schopenhauer, chez qui, cependant, la pitié ne venait point de l'âme et qui n'adopta la compassion que par pose et aussi par nécessité d'avoir une doctrine à lui. Malon était sincère et modeste. Par malheur, Malon cherchait la vérité et le bien au hasard ; et sa morale en resta confuse, incomplète, courte et pauvre. L'autodidacte socialiste s'est égaré dans l'histoire de la morale religieuse ou philosophique, dont le résumé remplit presque tout le livre intitulé la *Morale sociale*. Profondément hostile aux dogmes et, sauf pour le travail, dépourvu de principes, Malon s'en est tenu à des aspirations visiblement mélancoliques. Après avoir proclamé la mort des dogmes, il soupire : « Impossible pourtant de rester sans foi morale commune » [10]. Sa conclusion est que « le fait moral découle du fait social et se développe avec lui » et que « plus le fait social est altruiste dans ses enseignements, dans ses institutions, dans ses réalisations, plus le niveau moral s'élève » [20]. Ayant raconté d'une façon généralement inexacte, bien que sincère, Malon termine par un vœu qui constate une grave lacune : « Il resterait maintenant à entrer dans les détails, à esquisser une sorte de *catéchisme altruiste*. J'avoue sincèrement n'être pas suffisamment préparé pour l'entreprendre en ce moment. Si mes forces et les circonstances me permettent une préparation sérieuse, un essai de ce genre sera l'objet d'une publication ultérieure. Mais plus heureux serai-je si cette œuvre *d'utilité première* est entreprise et menée à bonne fin par un plus compétent et un plus digne » [21]. Il manqua des forces et aussi des connaissances nécessaires. Les eût-il possédées, qu'il les eût employées peu utilement au catéchisme altruiste, beaucoup plus difficile encore qu'il ne supposait.

Modéré dans les revendications et dans l'organisation du prolétariat, M. Renard ne l'est pas du tout à l'égard de la famille et du mariage. Il ne fulmine pas contre le vieux système, mais il le démolit simplement et catégoriquement. Voici son arrêt :

« La société... n'a pas le droit d'imposer un engagement à vie à deux êtres qui *peuvent s'être trompés dans leur choix* et découvrir, au cours de leur existence commune, des *raisons excellentes de se séparer*... De même qu'aucune autorisation ne sera nécessaire pour se marier, de même la volonté nettement exprimée de *l'un des conjoints* suffira pour *rompre le lien* volontaire qu'ils auront créé entre eux... L'affection étant la base unique des unions librement contractées, on prendra de part et d'autre plus de peine pour l'entretenir... A l'infidélité manquera l'attrait du fruit défendu, le piquant du plaisir furtif.

« ...Dans l'organisation nouvelle, rien n'empêchera l'amour unique de rester le rêve des cœurs délicats ; et si ce rêve ne devient une réalité que pour *un petit nombre* de couples *privilégiés*, il aura du moins plus de chances de s'accomplir en un état social où rien n'entravera les affinités naturelles...

« Quant aux enfants... tous, échappant enfin à cette *distinction odieuse* qui les divise en *légitimes et illégitimes* et punit ainsi de pauvres innocents, trouveront à leur début dans la vie une sollicitude égale permettant à ces tendres fleurs humaines de s'épanouir à l'aise et de porter tous leurs fruits » [22].

« Pour qui sait suivre dans leur complexité la liaison des causes et des effets, le *criminel est un malheureux* qui n'a pas eu la *force ou l'intelligence* nécessaire pour résister aux séductions du mal ; ses actes sont la *conséquence logique d'antécédents qui ne dépendaient pas de lui ;* n'importe quel individu, placé dans des conditions identiques, eût agi de même... Mais il est quand même passible d'un châtiment, parce que l'impunité d'un acte anti-social serait un danger pour les autres membres de la société. *Moralement irresponsable*, il est responsable socialement... La société ôte aux autres l'envie d'imiter le coupable ; et elle crée à celui-ci, soit un *motif de ne pas recommencer* en le frappant d'une amende si le cas est peu grave ; soit une impuissance plus ou moins longue de mal faire en le mettant en prison ou en l'expulsant du pays, si la faute a été plus sérieuse » [23].

✱✱✱

M. Gabriel Deville cite Karl Marx, qui dit, dans la critique de la philosophie du droit de Hegel : « La critique de la religion est donc, en germe, la critique de la *vallée des larmes* dont la religion est l'aspect sacré. La critique arrache à la chaîne ses fleurs imaginaires, non pas pour que l'homme porte la chaîne sans consolation et sans fantaisie, mais pour qu'il jette la chaîne et cueille la fleur vivante ». Il écrit ensuite : « Dès que les conditions matérielles à réaliser pour atteindre le bien-être individuel seront aussi les conditions du bien-être social, nous verrons surgir de cette concordance une morale basée sur la conscience acquise de la solidarité sociale et telle que l'action de l'individu aura non plus seulement pour résultat nécessairement atteint par ricochet mais aussi pour mobile et pour but, l'intérêt social, le plus grand bien de tous » [24]. M. Deville affirme que « jamais, ni Marx ni aucun marxiste n'ont soutenu que l'évolution historique avait exclusivement pour cause déterminante les soucis matériels ».

Quant à sa doctrine philosophique, elle offre un étonnant caractère d'impénétrable simplicité : « Les choses étant, *sont*, évidemment, *de manière à être* ; la disposition de l'univers que nous constatons n'est l'exécution *d'aucun plan* ; elle n'est en elle-même *ni bonne ni mauvaise* ; elle est, *et voilà tout*. Dans ce monde extérieur que nous avons à observer, *il n'y a pas de pourquoi* » Tout vient... de la « mobilité incessante des éléments matériels », c'est-à-dire « le mouvement » [25]. Par quelle vertu mystérieuse le mouvement peut-il engendrer conscience, morale, vérité et justice, on ne le dit pas ; car il est rare que l'on donne les explications qui offrent le plus d'intérêt et le plus d'importance.

Manquant des loisirs et aussi des notions nécessaires pour rédiger un catéchisme social, Benoit Malon s'abstint ; mais M. Jules Guesde, en sa qualité de doctrinaire, ne pouvait se résoudre à une telle réserve. Dès 1878, il composait un *Essai de catéchisme socialiste* :

« Demande. — Qu'est-ce que l'homme ?

« Réponse. — L'homme est le dernier terme de la série animale. Comme tous les autres animaux, il est composé de besoins qu'il tend à satisfaire de plus en plus complètement et de facultés que, pour la satisfaction de plus en plus complète de ses besoins, il tend à développer de plus en plus complètement. Cette double tendance, qui constitue ce qu'on appelle selon le cas *Perfectibilité* ou *Progrès*, ne lui est pas particulière, comme on l'a cru longtemps, mais existe chez lui à un degré supérieur ».

La note explicative qui accompagne ces définitions et qui en augmente encore la portée, mérite bien d'être mise en relief :

« On voit dès lors l'erreur de ceux qui voudraient faire une distinction entre nos besoins, les diviser en *légitimes* et en *illégitimes* et refuser à ceux-ci la satisfaction qu'ils accordent à ceux-là. C'est pour satisfaire de plus en plus complètement nos besoins que nous développons de plus en plus nos facultés. Les besoins constituent autant de mobiles de l'activité humaine. Les restreindre, ce serait restreindre dans une mesure correspondante cette activité, mutiler l'homme sous prétexte de le perfectionner, et *sous prétexte* de réaliser un ordre moral supérieur, détruire en réalité l'ordre moral qui résulte naturellement et ne peut résulter que de l'égal développement ou de l'équilibre de l'intégralité des facultés en soi et en autrui ».

« D. — L'homme ne se distingue-t-il que par une plus grande perfectibilité ?

« R. — Non, il existe entre l'homme et les autres espèces animales des différences essentielles.

« D. — Quelle est la fin de l'homme ?

« R. — *Le bonheur*, qui consiste, pour tout être organisé et, pour l'homme, par suite, dans la satisfaction de *plus en plus complète de l'intégralité de ses besoins.*

« D. — La société n'est donc pas pour l'individu seulement restrictive de ses droits ?

« R. — Non ; pendant qu'à un certain point de vue elle semble restreindre le droit individuel, la société de l'homme l'étend en réalité considérablement en en faisant le droit pour chacun au plus complet développement de ses facultés et à l'égale satisfaction de la totalité de ses besoins au moyen du travail d'autrui d'abord, au moyen de son propre travail ensuite » [26]. Il n'est pas un individu qui ne dépende de la « série des hommes antérieurs », de ses « contemporains » qui l'ont « sorti de l'animalité » et l'ont fait « homme »; d'où, de nouveaux devoirs essentiellement actifs : il a reçu, donc il doit » [27]. M. Guesde nie le libre-arbitre : « Tous les actes de l'homme sont soumis à la nécessité du mieux ». Il n'explique pas d'où peut venir et comment se soutient une telle nécessité. Enfin, sommes-nous libres et responsables ? Non, non. L'homme résulte de son « organisme qu'il n'a pas fait et qu'il subit »; il résulte de « l'éducation du milieu », qu'il subit également. « Sottise » et « injustice » que de le rendre « responsable » [28]. L'indignation de la conscience contre le mal est produite par « l'étonnement » et par « la peur ». « La première fois que notre regard est tombé sur un cul-de-jatte, il n'a pas été autrement affecté ». La conscience est encore expliquée par la pitié ressentie en présence d'une victime « qui aurait pu être nous » [29]. M. Guesde en dit autant du remords, qui « n'a pas de sens en dehors du regret de l'action commise et doit être inconnu à l'homme digne de ce nom ».

La famille est-elle appelée à disparaître ou à se modifier ? Question prématurée. On peut cependant, sans crainte d'être démenti par l'événement, affirmer que « si la famille survit à la disparition de l'ancienne » société, ce sera dans de nouvelles conditions « d'égalité pour la femme et de garantie pour l'enfant ». Il se peut d'ailleurs qu'un jour vienne « où elle n'aura plus aucune raison d'être » et qu'une « chaude atmosphère de bienveillance » sociale « permette de réduire la famille dans l'espace à la mère et à l'enfant et dans le temps à la période de l'*allaitement*, et que d'autre part, les rapports sexuels entre l'homme et la femme, fondés sur l'amour ou la sympathie mutuelle, puissent devenir aussi *libres*, aussi *variables* et aussi *multiples* que les *rapports intellectuels ou moraux* entre individus du même sexe ou de sexe différent » [30].

Socialement, M. Fournière est moins révolutionnaire que M. Guesde ; mais vis-à-vis de la vieille morale, il a au moins autant de désinvolture, renforcée par un lyrisme qui trouve partout le moyen de s'alimenter et de rebondir. Rien de l'âpreté de M. Guesde. M. Fournière se baigne dans un enthousiasme dont la seule règle est la fantaisie, enthousiaste elle-même. Pures et bienfaisantes « révoltes » contre les « conventions sociales », à votre appel et sous vos coups de fouet s'avance le divin progrès, que sans vous et sans cet énergique traitement l'humanité n'aurait pas connu ! Observant les « révoltes individuelles » qui foisonnent et qui affectent « toutes les formes de la vie morale », M. Fournière conclut qu' « évidemment nous sommes en voie de transformation morale » [31] et il entend par là un vaste et glorieux progrès.

Toutefois, un tel optimisme lyrique rappelle, par contraste, une observation que M. Fouillée adressait à un sociologue distingué. Celui-ci développait sans réserve la maxime que « le mal n'est souvent qu'une anticipation de la morale à venir ». Eh ! bien, objecta M. Fouillée : — et les gens qui coupent les femmes en morceaux ?

Peut-être l'observation n'aurait-elle pas déconcerté M. Fournière ; car il a l'habitude de pousser ses raisonnements au grand trot. L'idéal doit renouveler la famille en la délivrant des vieilles sujétions et d'abord du mariage indissoluble. Les « incompatibilités purement physiologiques » sont d'autant plus graves que « l'éducation catholique et ses injustes mépris de la chair » empêchent les conjoints de « réparer leur erreur ». Beaucoup plus logiques et « beaucoup plus sains selon la nature et aussi selon l'ordre dans la société sont ces fiancés du centre de la France qui ne s'épousent que quand ils se sont *essayés* et éprouvés, non seulement au point de vue psychologique, mais encore au point de vue physiologique ». Mieux vaut, dit-il, voir sourire de cette coutume primitive que de voir pleurer les victimes de « l'incompatibilité sexuelle », rivées ensemble par le mariage et que nous ne savons trop quelle fausse pudeur empêche de « se libérer pour courir aux joies complètes de l'amour ».

Amour idéal, ne l'oublions pas. A quoi le reconnaître ? A cela, qu' « il réalise si pleinement les conditions de la préférence, que les êtres qui ont eu le bonheur de le trouver ne pensent même pas avoir la pensée de le chercher ailleurs ». Mais combien d'êtres sont ainsi favorisés ? « Tous ne sont pas élus ». Les autres, assez nombreux probablement, continueront de poursuivre l'idéal « à travers des expériences douloureuses pour eux et pour les objets auxquels ils s'adresseront ». Nul blâme ne saurait les atteindre, « à la condition qu'ils ne tromperont que lorsqu'ils se seront eux-mêmes trompés ». L'amour idéal aura encore l'avantage de supprimer la polygamie, du moins graduellement ; car les hommes qui garderont une « propension à la polygamie... dépenseront toujours plus de temps à faire une conquête amoureuse par leurs seuls avantages physiques ou leurs qualités d'esprit qu'il ne leur en faut aujourd'hui ». La femme s'égalisera à l'homme, lequel ne sera plus « l'unique poursuivant d'amour ». Mais n'y a-t-il pas lieu de craindre ?... Oui, M. Fournière ne peut garder son optimisme pur de toute appréhension ; il en éprouve même une très vive pour le cas où la femme « éveillée à la vie amoureuse complète » et imitant l'homme donnerait « au plaisir des sens la prédominance qu'il ne doit pas avoir en amour ». Alors, le malheur à prévoir serait ... le plus affreux, puisqu'alors « l'humanité est perdue » ! Aussi faut-il soumettre l'idéal à une intense culture. Que chacun ait un idéal et que chacun en puisse changer, jusqu'à la possession de l'idéal définitif et sans redouter les « expériences douloureuses » [32].

*
* *

Les *Annales de la jeunesse laïque* sont suffisamment teintées de socialisme pour qu'on les mentionne en cet endroit. Elles serviraient même de transition vers la morale anarchiste, puisqu'un de leurs rédacteurs, M. Naquet, n'a pas besoin de faire une longue course quand il veut aller serrer la main du prince Kropotkine.

Donc M. Naquet collabore aux *Annales de la jeunesse laïque* et il continue d'y combattre pour le divorce. On se tromperait en s'imaginant que l'on peut, sans l'avoir lu, savoir ce qu'il écrit dans le recueil patronné par une centaine de publicistes et d'hommes politiques.

Les *Annales* ont d'ailleurs à cet égard une attitude un peu flottante. Ainsi, dans un numéro, elles critiquent le projet Margueritte ; mais elles ne reprochent à ces messieurs que de compromettre les chances de l'union libre. Ils vont trop vite en besogne et ils prennent « le problème par la fin ». Ils auraient dû préalablement s'occuper de réaliser l'égalité sociale de la femme ; car une fois consacrée ladite égalité, « le mariage libre, devenu union libre, sera alors possible » [33].

Mais le mois précédent, M. Naquet avait émis une opinion favorable sans réserve. Les seules critiques qu'il se permît atteignaient M. Brisson, coupable d'avoir combattu le divorce en 1881 et soupçonné de vouloir récidiver. M. Brisson était accusé de... catholicisme héréditaire et inguérissable :

« Son cerveau, *produit d'innombrables générations chrétiennes*, s'était libéré des dogmes, mais avait conservé sur la morale les sentiments et les idées qui découlent du *cléricalisme*. Et comme la morale a une plus haute portée que les dogmes, on peut dire que, sur un point *au moins*, il est demeuré *catholique sans le savoir* ».

Les vœux sont abolis, écrivait M. Naquet, donc tous les contrats peuvent se dissoudre par la volonté mutuelle des contractants et même d'un seul. Combattre cette théorie, c'est employer des arguments qui relèvent d'une « conception religieuse » [34].

L'histoire dira peut-être la stupeur que dut ressentir M. Brisson.

Le groupe des *Temps nouveaux* incrimine bien tout le personnel républicain et pédagogique ! Une brochure intitulée *Comment l'Etat enseigne la morale* tourne en dérision la morale, théorique ou pratique, le mariage, la propriété, la patrie, tout l'enseignement actuel, du haut en bas. Ses railleries sont mordantes ; et la conclusion, bien qu'un aveu pitoyable y soit renfermé, a le ton de la menace : « La vieille morale a fait son temps, elle est morte. Place maintenant à la nouvelle Éthique, que l'on pressent *sans pouvoir la formuler distinctement*, mais que détermineront les nouvelles conditions sociales où nous placera la Révolution communiste internationale »[35].

La nouvelle morale est, non seulement à fonder, mais à découvrir.

CHAPITRE IX

L'IMPÉRATIF CATÉGORIQUE

Nous avons tous le souvenir de quelque discours solennel, distribution de prix, inauguration et même pompes funèbres, où les conseils moraux, exposés avec une gravité croissante, se terminaient par un hommage à l'*Impératif catégorique*. L'hommage tenait de la méditation et de la prière et présentait aussi un singulier mélange de confiance et d'incertitude, d'impuissance et d'ardeur, d'enthousiasme et d'embarras. Nul ne disait ce que pouvait être l'impératif catégorique ; mais tous les orateurs qui en parlaient assuraient qu'il avait droit à un respect absolu, dont l'efficacité principale (on le voyait vite) était de supprimer les questions indiscrètes. Cette souveraineté mystérieuse servait surtout à mettre de côté la religion et Dieu ; et l'on supposait qu'un si grand bienfait lui avait acquis le droit de vivre dans l'incognito. Durant près d'un siècle, en effet, l'incognito demeura impénétrable.

Cependant le goût de la révérence et de la discipline n'est pas universel ; et, de loin en loin, certains esprits curieux, enclins au scepticisme railleur ou simplement familier, voulurent soulever le voile qui cachait tant de mystère. L'un des premiers ou l'un des plus entreprenants, ce ne pouvait manquer d'être le fantastique et cynique philosophe qui avait, sans aucun résultat, composé *le Monde, comme volonté et comme objet de représentation.* Depuis dix-neuf ans, exaspéré de constater que le monde ne s'occupait pas.... le moins du monde, de s'organiser sur ce plan, Schopenhauer décida de violenter l'attention publique. Bien qu'il eût dépassé le demi-siècle et qu'il eût exercé le professorat, il sut, pour réussir, se résigner à employer le procédé qui est en quelque sorte le privilège des débutants. Il risqua le concours ; à Drontheim, d'abord, avec un succès sans écho ; puis à Copenhague, d'où lui fut notifiée une flétrissure plus précieuse pour lui que n'importe quelle couronne académique. Les Académiciens de Copenhague déclarèrent que l'auteur du mémoire (le seul mémoire présenté) n'avait pas répondu à la question proposée par eux et qu'au lieu de traiter des rapports entre la métaphysique et la morale, il s'était permis de fabriquer tout un système appuyé sur la sympathie. Les juges disaient encore : « Il mentionne divers philosophes contemporains, des plus grands, sur un ton d'une telle inconvenance, qu'on aurait droit de s'en offenser gravement » ¹. Bien que donné comme accessoire, ce motif peut passer pour avoir exercé sur l'Académie une influence décisive. En effet, affranchi des moindres scrupules respectueux, Schopenhauer prenait ses ébats au préjudice de Kant et le turlupinait. Des traitements effroyables atteignaient l'*Impératif catégorique*, jusque-là enveloppé d'un prestige dont les critiques de Fichte et de Hegel ne semblaient pas avoir ébranlé la sérénité. Kant lui-même a défini et proclamé son dessein de trouver pour la morale un point d'appui qui ne fût fondé sur rien de ce qui existe au ciel et sur la terre et qui ne fût rattaché à rien, pas même à l'intérêt personnel, y compris le désir du bonheur... Quelle mystification ! s'écriait Schopenhauer. D'où vient cette « prophétesse » Raison, à qui l'on ouvre ainsi « un crédit d'ordre tout à fait transcendental ? » Une Raison pratique, chargée « comme une cour suprême, de décider sans considérants », c'est « un fétiche » ; et Schopenhauer lui donne le nom de *Fitzliputzli*, un dieu mexicain : « Impératif catégorique ou Fitzliputzli, il n'importe » ². Après avoir écarté toutes les preuves de l'existence de Dieu, de l'immortalité de l'âme et du libre arbitre, Kant veut nous ramener vers ces grandes vérités par le chemin, non pas de la *science*, mais de la *croyance* ; il revient sans le savoir et sans le vouloir à « la morale des théologiens, mais prise à rebours ». Et Schopenhauer de le railler en face : « Kant, avec son talent de se mystifier lui-même, me fait songer à un homme qui va dans un bal travesti, qui y passe sa soirée à faire la cour à une beauté masquée et qui pense faire une conquête : elle, à la fin, se démasque, se fait reconnaître : c'est sa femme » [3].

La stupeur et l'indignation des Académiciens danois se comprennent, surtout si l'on songe à la longue période pendant laquelle l'Impératif catégorique régna chez nous, plus complètement qu'ailleurs peut-être. Il offrait l'avantage précieux de résumer les œuvres de Kant. Celles-ci sont d'un usage et d'un accès très difficile, même pour les hommes adonnés à l'étude philosophique. Joseph de Maistre disait que pour lire le grand homme de Kœnigsberg, il ne suffit pas de savoir l'allemand ; mais qu' « il faut encore savoir le Kant ». Un de nos contemporains, M. Ruyssen, qui, sur cette philosophie et sur son inventeur, a publié un ouvrage estimé, juge que, dans la langue de Kant, les termes spéciaux « une fois définis » sont d'ordinaire employés selon « leur acception rigoureuse » et que, pour le reste, le vocabulaire est « purement classique, celui de Lessing et de Schiller » ; mais du style de la *Raison pratique*, de la *Raison pure*, de la *Religion*, de la *Métaphysique*, etc., il fait cet effrayant tableau : « La période est si enchevêtrée, si surchargée de remarques ou de restrictions, elles-mêmes accompagnées de preuves et de parenthèses, qu'il est à peu près impossible, même à un Allemand, de saisir à première lecture tout le sens d'une page de Kant. Force est, contre certaines phrases, de se livrer à une véritable stratégie ; il faut assaillir l'ennemi de plusieurs côtés, démembrer ses forces et le forcer pied à pied à se rendre. En outre, l'abus des divisions, les perpétuels retours sur ce qu'on croyait éclairci, l'absence de tout exemple concret, imposent à l'esprit du lecteur une impression presque insurmontable de lassitude et de découragement. Il semble, dit avec raison M. Paulsen, qu'on avance à travers d'interminables dunes : à chaque pas, le voyageur trébuche et son œil cherche en vain le plus maigre bouquet d'arbres pour s'y reposer » [1].

C'est évidemment une des raisons qui expliquent pourquoi, chez nous, l'admiration et la confiance dont le grand philosophe fut l'objet, s'accordaient avec une connaissance très restreinte de ses œuvres. Sauf les professeurs et de rares spécialistes, toute la doctrine de Kant se réduit, pour les Français, à des idées qui ne forment pas la demi-douzaine : — Notre raison ne nous dit rien de valable sur le monde dont nous faisons partie ; — elle est incapable de prouver Dieu, le libre arbitre et l'immortalité de l'âme ; — le désintéressement exclusif est la règle de l'acte moral ; — l'impératif catégorique (le devoir), qui vient on ne sait d'où, doit nous gouverner absolument ; — enfin la phrase, très belle, où sont comparées : « la voûte étoilée au-dessus de nos têtes et la loi morale en nous » — voilà ce que la moderne pensée française a retenu de Kant.

Sur l'impuissance relative de notre raison, un philosophe très indépendant et nullement chrétien, M. Alfred Fouillée, a présenté des considérations qui mériteraient d'être méditées.

« La pensée même, dit-il, arrive à reconnaître qu'elle dépend, en son apparition et en son exercice, des lois de l'univers, que la vie n'existerait pas sans le milieu matériel ou elle se produit, ni l'intelligence sans la vie et sans le cerveau, ni en un mot l'homme sans le monde. Ce n'est donc pas le monde qui « sombre » comme le prétend Schopenhauer, quand il est séparé de ma conscience ; c'est ma conscience qui sombre quand elle est séparée du monde...A moins de soutenir, avec certains partisans de Fichte et, en un certain sens, avec Schopenhauer lui-même, que notre pensée crée l'Univers, il faut bien reconnaître que notre pensée arrive à constater sa dépendance devant cet univers qui l'a façonnée par l'intermédiaire du cerveau...

« Chacun sait que Kant se comparait lui-même à Copernic, qui fit graviter la terre autour du soleil. On pourrait lui répondre qu'il est plutôt un Ptolémée, puisque le fond de son hypothèse est l'homme considéré comme centre du monde par sa pensée : l'anthropocentrie. Mais, à vrai dire, ni l'hypothèse qui prend la terre pour centre, ni l'hypothèse qui prend le soleil pour centre n'expriment la réalité des choses. Si c'est la terre qui tourne autour du soleil, non le soleil autour de la terre, il est cependant vrai, à un point de vue supérieur, que la terre et le soleil gravitent l'un vers l'autre et dépendent tous les deux de la totalité des astres formant l'univers...»[5]

L'idée de Kant, de se comparer à Copernic et de renverser la conception de la connaissance devait être exagérée encore par les disciples : ils le louaient d'avoir supprimé le fondement de la morale pour restaurer ensuite la morale en accomplissant un gigantesque « coup d'état ». Ce « coup d'état » exécuté sur l'ensemble du monde moral alluma dans beaucoup de cerveaux une fièvre d'admiration. En face d'une pareille entreprise, le propos d'Archimède n'était plus que le rêve d'une ambition candide : *Donnez-moi un point d'appui et j'ébranlerai l'univers !* Et pourtant la mémoire d'Archimède n'avait pas gagné aux vérifications de la science moderne. « Si Dieu l'avait pris au mot en lui fournissant, avec ce point d'appui donné à trois mille lieues du centre de la terre, des matériaux d'une force suffisante, il aurait fallu à ce grand géomètre un levier de douze cent milliards de cent milliards ou douze quadrillions de milles et une vitesse, à l'extrémité du long bras, égale à celle d'un boulet de canon, pour élever la terre d'un pouce en vingt-sept centaines de milliards ou vingt-sept trillions d'années », a fait remarquer Joseph de Maistre, en citant le calcul de Fergusson [6].

Renverser le cours du monde moral, c'était bien autrement difficile. Donc l'œuvre a échoué, comme le constatent aujourd'hui des philosophes de plus en plus nombreux.

En 1895, l'Académie des sciences morales et politiques désignait, pour sujet de concours, *La morale de Kant*. Le volume auquel elle décerna le prix porte ce titre et fait partie de la *Bibliothèque de philosophie contemporaine*. Il a pour auteur un ancien élève de l'Ecole normale, M. Cresson, agrégé, professeur de philosophie dans un lycée. D'un bout à l'autre de son ouvrage, écrit avec élégance et, chose bien plus rare en ces matières, avec une grande clarté, M. Cresson fait de la morale kantienne une analyse détaillée, méthodique et très rigoureuse. Et comment conclut-il ? Que le colossal édifice élevé par le maître de Kœnigsberg n'était qu'un « château de cartes » et que la morale destinée à remplacer toutes les autres a pris, elle aussi, le chemin du passé et se résume désormais en « un fait historique ».

Jetons au moins, avec l'auteur, un coup d'œil sur le vide où s'enfonce la notion du devoir kantien, le fameux *impératif catégorique*, qui, lui aussi, a fait faillite et catégoriquement :

« Je me prescris à moi-même d'agir d'une certaine façon. Mais quel motif ai-je donc pour me considérer comme lié par cet ordre ? Ma propre décision ? En quoi cette décision m'engage-t-elle ? Ne puis-je pas légitimement en changer ? Non, répond Kant ; car c'est comme noumène que je me donne l'ordre, comme phénomène que je dois le subir. Eh ! n'est-ce pas, dès lors, une raison meilleure encore de douter de la valeur de cet ordre ? Car qu'est-ce que cette décision du noumène venue de je ne sais d'où ?... Je ne dois pas non plus lui obéir par respect ou par crainte de Dieu ; car, ici, l'ordre ne vient pas de lui ; il vient de moi et de moi seul. Pourquoi lui obéirais-je donc ? Par crainte de moi-même ? Mais ne puis-je pas me délier moi-même d'un ordre que je me donne ?... *Une seule chose peut rendre une loi morale respectable : c'est la connaissance de sa raison d'être...* Le devoir n'est justifiable que si, conçu comme l'expression d'une nature ou de la volonté de Dieu, il exprime les dispositions de cette nature ou les décisions de cette volonté. Kant n'a voulu qu'il exprimât ni l'un ni l'autre. Aussi, *le devoir*, tel qu'il l'entend, est-il *radicalement injustifiable...* »

Depuis cette brillante analyse, la morale de Kant a subi encore d'autres atteintes. En février 1902, l'éminent professeur d'histoire de la philosophie ancienne à la Sorbonne, M. Brochard, donnait son sentiment réfléchi : « Kant a échoué » ; et, l'école avec le maître. Au contraire, la morale d'Aristote « résiste encore aujourd'hui aux objections, s'harmonise même à merveille avec les exigences de la démocratie contemporaine » et, enfin « la morale d'Aristote est, non pas *une* morale, mais *la* morale ».

M. Brochard ne se borne pas à signaler l'illusion de Kant et des Kantiens. Il dit aussi leur fait aux éclectiques, tout en les défendant contre diverses écoles. Il leur reproche d'avoir oublié de rechercher pourquoi la pratique du bien est obligatoire ; et aux uns et aux autres, il dit : « En réalité il n'y a qu'un moyen de lier ces deux idées... La volonté de Dieu peut seule commander. L'idée du devoir ou d'obligation n'a de sens que comme un ordre divin ; Kant et les éclectiques ont naïvement essayé d'en faire une idée rationnelle. Rien de plus simple, de plus naturel, de plus clair, rien de plus légitime peut-être que de concevoir le bien comme commandé par une volonté supérieure ; et il va d'ailleurs de soi que cette volonté supérieure ne peut commander que le bien. Mais interpréter ainsi la morale, c'est supposer ou bien l'existence de Dieu démontrée ou bien le commandement divin révélé... ». [9] Or, dans le kantisme, Dieu et le commandement divin n'apparaissent que sous l'aspect de la « croyance », lorsque la question des mœurs a été réglée par l'impératif catégorique, existant par lui seul et ne rendant compte de rien à personne. Devoir tout rationnel, omnipotent... et instable.

Les éclectiques kantiens voulaient fondre des doctrines disparates. Quelle œuvre ont-ils accomplie ? M. Brochard répond : « La brillante façade de l'édifice en a longtemps dissimulé la fragilité ; il a duré presque un siècle et abrité plusieurs générations. Cependant le temps a fait son œuvre ; et il est inutile de se faire illusion, *l'édifice est en ruines ;* les matériaux hétérogènes se sont peu à peu désagrégés ; ce n'est pas que, même aujourd'hui, ils ne conservent une certaine apparence. Nombre d'esprits pondérés vivent encore sur le fond d'idées que l'éclectisme nous a laissé, mais peut-être ne le reconnaîtraient-ils pas volontiers ; le nom d'éclectisme a cessé d'être en faveur. Pour parler un instant son langage, l'école n'a plus de drapeau. On enseigne encore la morale éclectique, elle ne vit plus » [10].

Avant cette déclaration, un sceptique dévoré par le scepticisme, Edmond Schérer, le critique du *Temps*, avait, avec une complaisance et une sincérité désolées, tracé le lugubre tableau de *la crise de la morale.* « Pauvre Kant ! » s'écriait-il ; mais il ne gémissait pas moins sur les générations que la ruine de l'impératif catégorique laissait sans appui. « Pauvre Kant ! Il se doutait peu, en poursuivant sa merveilleuse analyse des formes *à priori* de la pensée, que la raison n'est qu'un produit de la nature, et que si elle correspond à la réalité, c'est parce qu'elle s'est formée en s'y adaptant ». Par un effort qu'on n'aurait plus espéré et qui d'ailleurs allait s'affaisser bientôt comme le réveil passager qui précède l'agonie, Schérer affirmait la nécessité de la notion de l'absolu, de la notion de Dieu. (Voir plus haut, page 100). Hélas ! il sentait l'espoir l'abandonner ; et, avec un âpre et sinistre acharnement, il raillait encore : « Après Rome, Byzance. — Toute vallée sera comblée, annonçaient déjà les prophètes d'Israël, et toute montagne sera abaissée. — Ainsi soit-il! Le monde, de ce train, ressemblera un jour à la plaine Saint-Denis. Et dire ce qu'il en aura coûté de cris et d'écrits, d'encre et de sang, d'enthousiasme et de sacrifices pour réaliser cet idéal ! » [11]

Les déclarations faites par M. Brochard n'ont pas l'accent ulcéré dont vibraient celles de Schérer, il y a dix-neuf ans; mais elles ne témoignent pas plus d'égards à l'impératif catégorique. L'éminent professeur de la Sorbonne le tient pour une chimère ou pour une superfluité. C'est, dit-il, « la morale chrétienne transposée et séparée de ses prémisses ». Il ne juge pas ainsi d'après des motifs religieux, puisque, tout en admettant qu' « une morale digne de ce nom peut et peut-être doit s'achever par une doctrine de la vie future » il veut rendre la foi et la religion absolument indépendantes l'une de l'autre. Pour lui, l'impératif catégorique est usé et ne compte plus.

CHAPITRE X

LA LIBERTÉ AUTORITAIRE

Se traîner entre les banalités et les bassesses ou bien s'égarer à la poursuite d'un idéalisme entouré de nuages, c'est, pour une morale même indépendante, un sort peu décent et nullement confortable. On en dut faire l'aveu entre politiciens et pédagogues, après des expériences multiples et périlleuses, exécutées à grands frais et pour lesquelles bientôt allaient manquer tous les concours nécessaires.

La tendance jacobine, qui ne connaît pas les longs sommeils, avait promptement repris le dessus. On décida de se procurer l'union, le point d'appui, l'équilibre, la force, l'ardeur, aux dépens de la liberté. Une liberté sincère et généreuse peut-elle séduire d'autres gens que les naïfs ? Qu'elle néglige donc le puéril et dangereux souci de son amour-propre et de ses charmes. Qu'elle s'affirme impudente, rude et brutale ; ambitieuse de régner et, pour ce grand avantage, prête à interdire et à proscrire : ainsi, elle renouvellera sa mission véritable, son unique mission, toute conquérante.

La répudiation des théories libérales en faveur depuis cinquante années fut accomplie avec le plaisir qu'on éprouve à se débarrasser d'un fardeau. Frais et impatient, le jacobinisme s'avança comme une troupe qui vient cueillir une revanche précieuse et facile ; et il porta la lutte jusque dans les Universités populaires, c'est-à-dire jusque dans les milieux constitués en dehors et à l'encontre de la foi ; tellement la liberté toute seule, incrédule mais fière et loyale, lui apparaissait sous la forme de l'ennemi.

La fondation des Universités populaires est, à plusieurs points de vue, un symptôme important. D'abord, qu'un ouvrier véritable l'ait conçue ; puis, qu'il l'ait réalisée avec la collaboration d'ouvriers, de professeurs et de littérateurs, voilà un fait qui surgit comme un signal. C'est l'entrée en scène d'une force nouvelle, qui procède de la libre-pensée mais qui repousse le jacobinisme. L'auteur du mouvement s'appelle Deherme. Il l'avait préparé de longue date et s'y était préparé lui-même, faisant, le soir, après le travail manuel, travailler son vigoureux cerveau. Tout en poursuivant des études variées, il apprenait l'art d'écrire. Quand il se mit à le pratiquer, dans la presse, il possédait un talent original ; un style expressif, plein, robuste ; le sens de l'image ; le souffle. L'admirable énergie dépensée par M. Deherme a pénétré sa phrase, assurée, vibrante et mâle ; indépendante des modes et des genres littéraires comme des dogmes politiques, religieux et irréligieux. Il va droit devant lui, tranquille et résolu, champion de la liberté, dans le désintéressement, dans la loyauté fière. Cette ardeur d'indépendance l'a rendu ennemi de toute notion chrétienne ou même philosophique, mais un ennemi plus estimable que beaucoup d'autres et plus intéressant que presque tous les autres.

M. Deherme a préludé à la création des Universités populaires par un journal, *la Coopération des Idées*, qui est aussi son œuvre personnelle. Là, il a indiqué un programme d'une étrange hardiesse : « *Nous pouvons ce que nous voulons. Rien n'est au-dessus de nous pour contrarier notre vouloir et nous en châtier*. Pétrissons le monde en beauté, il nous dispensera de l'énergie pour le dompter et de la force pour créer ».

Depuis un an, l'Université populaire fonctionnait avec succès lorsque son fondateur vit se déchaîner publiquement contre lui la colère des jacobins. Il avait beau, dans les colonnes de la *Coopération des Idées*, traiter avec mépris les dogmes, les doctrines et les tendances catholiques. Vainement se flattait-il, en toute exactitude, d'avoir recruté une cinquantaine de professeurs sceptiques, panthéistes ou matérialistes.

Jusqu'à la fin d'octobre 1900, deux conférenciers chrétiens, deux seulement, M. Sangnier, l'éloquent apôtre de la liberté catholique et M. le pasteur Wagner, avaient pu prendre la parole dans la salle du faubourg St-Antoine.

C'était encore trop de liberté, trop d'égalité, trop de justice. Les sectaires réclamaient. Trouvant de pareilles exigences ridicules, honteuses, insupportables, M. Deherme tint bon et laissa un prêtre prononcer deux conférences. Alors la fureur éclata dans l'Université populaire et dans la presse. De brutales injures avaient fermé la bouche du prêtre savant et courageux, M. l'abbé Denis, qui tentait d'expliquer, devant des incrédules, ce christianisme qu'ils ont l'habitude d'outrager sans en rien connaître. Un rédacteur de la *Petite République*, félicitant les braillards qui avaient interrompu la séance, disait le lendemain : « Je goûte fort les objections présentées sous cette forme vigoureuse et synthétique »[1].

A son tour, M. de Pressensé, qui ne veut pas qu'on excommunie personne, notifiait dans l'*Aurore* une excommunication contre les catholiques.

Le directeur du protestant *Signal*, M. Chastand, tout en désavouant les braillards, blâmait encore plus sévèrement le libéralisme de M. Deherme.

Mais le fondateur de l'Université refusa de s'incliner devant les injonctions et d'admettre la distinction imaginée par M. de Pressensé entre

CHAP. X. — LA LIBERTÉ AUTORITAIRE   253

la tolérance légitime et la pseudo-tolérance ! Il répondit qu'il ne changerait pas sa manière d'administrer :

« Par notre Université populaire, nous avons décrété notre émancipation intellectuelle, comme, par le Palais du Peuple, nous décréterons notre émancipation sociale. Comme nous nous le promettions, nous nous sommes libérés du journaliste et du politicien. Et c'est pour toujours ».

Un ouvrier pour de bon, qui a su s'instruire, qui a lu avec application, qui s'est imposé la loi d'analyser et de débrouiller des idées, qui s'observe, qui s'est fait un style à force d'énergie, n'a pas réalisé ce résultat sans acquérir aussi quelque connaissance des hommes. Il les a vus souvent jaloux, ambitieux, autoritaires, hâbleurs, étourdis, emportés, dupes d'eux-mêmes comme d'autrui ; et, tout en acceptant leur concours, il garde un peu de défiance. Il les a entendus déblatérer contre la tyrannie et il a discerné chez beaucoup d'entre eux un goût ardent pour la tyrannie qui serait transférée entre leurs mains. S'adressant à ces libres-penseurs, avec un langage original où la vigueur faubourienne prend aisément un tour littéraire, M. Deherme leur crie : « Nous nous soûlons de mots ».

Lui, non-chrétien, aime la tolérance. Il désigne par là un système dans lequel des opinions différentes ont le droit de se produire ; tandis que les autres dévots et fanatiques de la tolérance ne voient en elle qu'un moyen de tromper, pour dominer plus tard et pour exclure. Sans pitié et sur le ton de Proudhon, il invective et injurie le catholicisme, mais enfin, quand il a contenté ce besoin, il admet qu'un catholique puisse répondre.

D'autres libres-penseurs résolus, notamment MM. Buisson, Janvion, Dagan, Bancel, etc., approuvaient M. Deherme d'avoir donné la parole à M. l'abbé Denis, entre cinquante conférenciers incrédules.

M. Deherme l'a emporté et, depuis ces incidents, plusieurs fois des orateurs catholiques ont pu, dans le local du faubourg St-Antoine, prendre la défense de l'Église.

Mais, loin de désarmer, les jacobins ont constitué, sinon d'autres Universités populaires dignes de ce nom, du moins des lieux de réunions et de conférences d'où les catholiques sont bannis au nom de la liberté.

Destinée principalement à exclure du droit public les congréganistes des deux sexes, la loi présentée par M. Waldeck-Rousseau encouragea l'instinct anti-libéral qui se manifestait en n'importe quelle occasion.

A la Chambre on prenait un biais. Les mesures préparées pour atteindre d'une manière directe l'enseignement libre rencontraient une résistance que provoquait leur caractère d'autoritarisme éhonté ; surtout le projet de loi tendant à imposer un stage scolaire dans les établissements municipaux paraissait trop brutal et, somme toute, trop franc.

On décida de poursuivre le même but d'une façon détournée. Rédigée dans un esprit d'exclusivisme, la loi sur les associations pouvait suffire à tout. Frappés comme Religieux, les Congréganistes se voyaient, par un ricochet très simple et inévitable, atteints dans leurs droits d'instituteurs. Ils n'avaient plus le droit d'exister : comment auraient-ils conservé le moyen d'enseigner ?

Le vœu les rendait indignes de profiter du droit public. Ce vœu, M. Waldeck-Rousseau le condamnait au nom de notre législation.

L'ordre public, c'est ce qui convient aux besoins et à l'humeur du sectaire. Le sectaire se passe très bien de la règle monastique ; et la vie religieuse lui déplaît : alors elles sont mauvaises, illicites, délictueuses, criminelles. Il les flétrit et les dénonce. Aussitôt les autres autoritaires, flairant une aubaine, s'échauffent de plaisir.

Le couvent leur sert-il à quelque chose ? Non. Ont-ils senti l'avantage ou la nécessité d'un vœu spirituel ou moral ? Jamais. Éprouvent-ils le désir de vivre en commun pour prier ? Ils rient de la prière et n'admettent pas qu'il y ait rien de respectable au-dessus d'eux ni même hors d'eux.

Donc, plus de couvent !

Il faut donner à l'œuvre de destruction une apparence convenable. C'est l'affaire des légistes, dont un certain nombre, depuis bien longtemps, se montrèrent si habiles à transformer la loi en instrument de fraude, à créer le sophisme légal et la dérision juridique, à faire mentir la justice, à falsifier le droit, à perfectionner, en les multipliant sans cesse, les iniquités hypocrites qu'un moine de génie, Roger Bacon, flétrissait devant la chrétienté: *cavillationes et fraudes juristarum*.

Qu'est-ce donc qui demeure fixe sous tant de modifications amenées par le mouvement où se heurtent le bien et le mal ? Ce sont les principes généraux, qui affirment que l'homme est doué de conscience et capable de liberté. Or M. Waldeck-Rousseau légifère pour cette conscience et réglemente cette liberté.

Il réprouve les vœux de chasteté et d'obéissance ; il interdit, au moins en théorie, l'engagement d'une durée totale, parce qu'il aperçoit là un exemple de « servitude personnelle ».

Mais M. Renault-Morlière l'a convaincu d'inconséquence et de présomption. Le mariage comporte bien un engagement perpétuel. Est-ce une clause illicite ? et le contrat matrimonial va-t-il être frappé de nullité ? Essayez donc, s'est écrié le savant orateur, essayez donc d'appliquer au mariage votre beau principe, « vous irez tout droit à l'union libre ! »

A cette leçon vigoureuse, M. Jacques Piou en ajoutait bientôt une autre, que les jacobins ont entendue avec le sursaut de l'ignorance et de la perfidie déconcertées : « Ce vœu est l'acte le plus merveilleux de la liberté humaine ».

La prétention des libres-penseurs de rétablir l'unité morale au moyen du monopole de l'enseignement n'était-elle pas réfutée par M. de Mun, avec une logique resplendissante, lorsqu'il montrait les contradictions où se traînent tant de pédagogues, incertains de tout, excepté de leur manie de dogmatiser arbitrairement ?

M. Ribot raillait bien finement les fanatiques qui invoquent contre les vœux la dignité personnelle et qui s'inclinent devant les ineptes prescriptions de leurs comités, pratiquant ainsi un *sacrificium intellectûs* dont aucune congrégation ne donne l'exemple.

Pas de servitude personnelle, pas de renonciation aux droits du citoyen, continuait imperturbablement M. Waldeck-Rousseau : mais le raide juriste ne s'était pas demandé si les soldats, si les magistrats, si les avocats ne sont pas obligés de renoncer à faire du commerce et si, de la sorte, ils n'abdiquent pas quelque chose de leur personnalité civile. Est-ce que, dans le mariage, les époux ne sont pas engagés l'un à l'autre par un lien d'une durée indéfinie ? Même le divorce ne suffirait pas à supprimer ce fait illicite : il faudrait l'union libre. Quant aux époux qui se promettent une fidélité perpétuelle (et, par surcroît, la femme engage son obéissance !) ceux-là vivraient en opposition avec le droit public moderne et leur contrat serait vicié !

Avec son autorité de philosophe et de théologien, avec une précise et puissante éloquence, M. l'abbé Gayraud s'écriait : « Le grand rôle historique du christianisme est d'avoir apporté dans la société païenne le dogme de la fraternité humaine et de l'égalité des hommes devant Dieu, d'où est sortie notre démocratie ».

D'une voix pénétrante, qui aurait persuadé tout autre auditoire, M. l'abbé Lemire réclamait « une loi de justice et de liberté » ; et il appelait le jour « où l'on donnera à la France une atmosphère qui lui permette de respirer ».

M. Waldeck-Rousseau n'avait pas pensé qu'on pût lui objecter des arguments de ce genre. Il en ignore d'autres qui n'ont pas moins de valeur. Il a montré le fond de son esprit. Parce qu'il a, comme dirait Proudhon, « écharbotté des filasses » de jurisprudence, il jouait le pédagogue, le doctrinaire, le législateur, le moraliste, le philosophe. Il ne se doutait même pas que sa force tenait principalement à la complicité des hommes de proie auxquels il avait engagé ses services, par un vœu sans excuse.

Non seulement on voulait détruire les congrégations enseignantes ou contemplatives ; mais, dans la volupté du pillage, les libres-penseurs militants se débarrassaient d'une distinction dérisoire, pénible à leur impatience et d'ailleurs usée. Avec un cri d'orgueil et de soulagement, ils notifiaient enfin que pour eux cléricalisme et catholicisme étaient une seule et même chose. Aux applaudissements de presque toute la majorité, M. Viviani, qui combattait la loi... comme insuffisante, demandait : « Pourquoi blâmer ces vœux chez les Congréganistes alors que nous les permettons quand ils sont faits dans l'Eglise catholique que nous subventionnons? » Il avait dit un instant auparavant : « Nous ne sommes pas seulement face à face avec ces congrégations ardentes et belliqueuses, libres après tout de toute attache avec l'Etat : nous sommes, on l'a peut-être trop oublié tout à l'heure, face à face avec cette Eglise catholique qui, depuis un siècle, sollicitée, depuis cinquante ans envahie, depuis trente ans absorbée par les congrégations, fait maintenant cause commune avec elles... »

La seule annonce du projet préparé contre le monde congréganiste avait donné à beaucoup de sectaires assez d'assurance et d'entrain pour qu'ils se résolussent enfin à faire le pas décisif. Un an avant les débats de la Chambre, M. Maurice Allard dénonçait, dans la *Lanterne*, le préjudice causé à « de malheureux enfants dont l'intelligence est à jamais déformée par l'enseignement religieux ». Le publiciste jacobin traçait le programme des mesures nécessaires et répudiait toute neutralité: « ...*Chasser Dieu de l'école ne serait même pas suffisant. Il faudrait l'y combattre* en instituant un véritable enseignement scientifique et en ne craignant pas de donner aux élèves les premiers éléments de critique religieuse... Les enfants sortiraient de l'école avec un véritable *bagage de raison*, et il leur serait facile, dans ces nouvelles conditions, de *résister à l'influence pernicieuse du moine et du prêtre* » [2].

Entrés décidément et ouvertement dans la voie de l'interdiction des pratiques et des croyances religieuses, les athées en arrivèrent à incriminer M. Jaurès, parce qu'il avait permis à sa femme de se conduire comme une mère chrétienne et parce que leur fille avait pu faire la première communion. Ce fut un débat mouvementé et qui augmenta les désaccords du parti socialiste. Pendant plusieurs semaines, M. Jaurès demeura sur la sellette. *La Lanterne* trouva dans l'incident un nouveau prétexte à réclamer l'irréligion d'Etat ; et M. Fournière donna l'exemple du ton et des procédés avec lesquels on devait désormais traiter l'école neutre. Liberté de l'enseignement, droit des pères de famille, « *vieille guitare* », disait-il, « vieille guitare, dont toutes les cordes sont cassées pour avoir trop servi et pour avoir joué trop faux » [3].

Ennemi du *Syllabus*, parce que le *Syllabus* prétend distinguer entre les libertés légitimes et les libertés dangereuses, entre les doctrines vraies et les doctrines fausses, M. Fournière rédigeait en un tour de main son *Syllabus* socialiste, contre-façon de l'autre :

« Prétendre que la liberté consiste à donner licence aux gens qui subissent les lois de la société moderne, mais ne la reconnaissent pas, c'est prétendre que la liberté du commerce consiste dans *la faculté de falsifier les denrées et de les vendre à faux poids.* Qu'on n'allègue pas *les droits de la pensée ; ils ne sont pas en cause ici.* On doit aux enfants, non des opinions sur les choses, mais la *notion précise de ces choses.* Ces notions sont les instruments de la pensée ; si on les donne faussées, l'enfant qui les a reçues ne pourra, devenu homme, que penser faux... *La liberté et l'erreur s'excluent,* attendu que les connaissances exactes sont les moyens nécessaires de la liberté » [1].

Les journalistes les plus avancés n'étaient pas seuls à répudier la neutralité et la tolérance. Des professeurs de lycée, des professeurs chargés d'enseigner la philosophie ou les lettres, adoptaient la même attitude et composaient des livres pour la justifier. En novembre 1900, M. Léon Brunschwig exposait la nouvelle doctrine. Ayant accusé les adeptes des religions particulières de « consacrer le culte des religions éteintes » et d' « entraver le cours de la réflexion morale », il concluait :

« Devant cette négation de l'esprit, *la tolérance*, qui est l'affirmation de l'esprit, se *trans-*

forme ; elle devient *l'intolérance de l'intolérance...* La *tolérance,* en luttant contre toute organisation temporelle qui veut établir dans le domaine de la conscience libre une discipline et une hiérarchie, ne va pas à la rencontre d'êtres vivants pour les combattre, elle va au secours d'esprits qui vont s'éteindre pour *les défendre du suicide* » ⁵.

En octobre 1902, le congrès national radical et radical socialiste, délibérant à Lyon, flétrissait la loi de 1850 comme une *abdication partielle de la souveraineté nationale* et réclamait pour les « adultes » la liberté d'exercer sur les « mineurs » la double autorité qu'ils tiennent de la « double délégation de l'autorité de la famille et de *celle de l'État* ». Résumons les vœux adoptés : « Que le Parlement refuse de conférer la reconnaissance légale et l'autorisation de tenir école *à toute association ou corporation non laïque,* et qu'il ne l'accorde aux établissements laïques qu'avec l'obligation pour eux, tout en gardant leur liberté de méthodes, d'être toujours ouverts à l'inspection des représentants de l'État ».

C'est l'essentiel du vœu élaboré par M. Buisson personnellement et adopté par le congrès :

« Que la loi Falloux abrogée, les congrégations privées du droit d'enseignement, *l'autorisation d'ouvrir une école* soit *délibérée* par le conseil supérieur de l'instruction publique et *accordée par le conseil des ministres...*

« Que, pour *tout acte cultuel*, les parents — père et mère — soient obligés de donner au préalable leur *autorisation par écrit ;*

« *Interdiction du droit de vote* aux congréganistes et ecclésiastiques, qui sont tenus par des vœux, comme les militaires par la discipline ».

Il n'y avait alors que trois ans que M. Buisson avait vanté le parfait libéralisme de la république libre-penseuse. Le 10 mars 1899, parlant au Collège des Sciences sociales et célébrant les bienfaits de « la société fondée sur la raison, la justice et la liberté », il citait cet exemple : « Elle n'a fermé ni une église, ni une chapelle, elle n'a *supprimé ni les couvents ni leurs écoles* ». Le *devoir présent de la jeunesse* c'était alors d'entrer dans une société si libérale.

Mais quel est le nouveau devoir ? Il a dû changer, puisque M. Buisson a si complètement changé de programme. On y arrive sans doute, à la fermeture des couvents et de « leurs écoles »! L'ardent pédagogue prévoyait certainement trois ans plus tôt une pareille nécessité. Comment pouvait-il, alors, la déclarer invraisemblable, pour donner confiance à la jeunesse ?

Vis-à-vis d'une autre question très importante, il venait encore de se démentir. Lorsqu'en septembre 1902, il publiait dans le *Temps* un long réquisitoire contre les congrégations, il se laissait, vers la fin, entraîner à confondre le prêtre séculier et le congréganiste. La confusion, qui paraissait irréfléchie, était, quelques semaines plus tard, devenue positive et volontaire. D'après le congrès national-radical, radical-socialiste, une association non laïque ne pourrait plus donner l'enseignement. Ainsi, le prêtre séculier serait, lui aussi, hors le droit commun.

Le laïque s'y trouvera-t-il longtemps en sécurité ? Nulle garantie ; et même les chances contraires s'accumulent, puisque les libres-penseurs entendent légiférer sur le bon et sur le mauvais enseignement. Le droit qu'ils refusent au prêtre pour délit de croyance et d'opinion, ils vont bientôt le refuser à la famille. Ils s'attribuent le mandat de protéger les « mineurs ». La foi qu'ils frappent dans la personne du congréganiste et du prêtre séculier, c'est la foi du simple chrétien laïque. Ils vont s'apercevoir qu'ils ont mission de la poursuivre aussi chez les particuliers.

N'oublions pas que M. Buisson, adoptant le mot d'Auguste Sabatier, se propose de « laïciser la religion ». Peut-être composera-t-il une doctrine, lui, précisément en sa qualité d' « enseigneur de doute » ; peut-être composera-t-il un rite et des sacrements et dira-t-il la messe laïque.

Si intolérants que fussent les congressistes de Lyon, ils s'imposaient encore une certaine contrainte, puisqu'ils accordaient... provisoirement sans doute... à des laïques chrétiens le droit d'enseigner.

Mais la suppression complète de la liberté est passée à l'état de doctrine avouée et positive. L'idée formulée par M. Fournière : que « la liberté et l'erreur s'excluent » [6], prend possession du monde libre-penseur, qui jadis la considérait comme un insupportable défi.

Le *Congrès des Jeunesses laïques*, tenu à Paris le 8 et le 9 Novembre 1902, a voté une série de résolutions dont le caractère est résumé sous cette forme par les *Annales de la Jeunesse laïque* : « Nous sommes épris de *vérité*, d'action et de beauté. L'Eglise est incapable de nous donner la *vérité*. La libre-pensée, elle, peut nous donner la Vérité. Car elle est fondée sur la recherche désintéressée de la Vérité » [7].

En janvier 1903, le même recueil critiquait le volume où M. Emile Bourgeois étudie le moyen de restreindre la liberté d'enseignement tout en gardant le mot. Concession dangereuse, lui disait M. Jules Céby, un des rédacteurs des *Annales* : « Il faut en prendre son parti et le dire hautement : *il ne doit pas y avoir* de liberté d'enseignement, et il ne *peut pas y* avoir de *neutralité scolaire*. La liberté d'enseignement ne doit pas exister, parce que *les droits du père de famille*, sur lesquels on l'établit, *n'existent plus*. L'enfant est protégé non *pas* parce qu'il a en lui-même des droits, mais parce que c'est l'intérêt de la société de faire de lui un citoyen conscient. Si, pour être neutre, il faut s'abstenir des méthodes critiques qui mettront l'esprit en garde contre le dogme, contre tous les dogmes, et qui feront de l'enfant un homme conscient, il vaut *mieux* déclarer hautement que nous ne sommes *pas* pour la neutralité »[8].

Plusieurs fois M. Jaurès, dans la *Petite République* notamment, s'est chargé d'expliquer, au nom de son parti, comment l'amour de la liberté absolue peut s'accorder parfaitement, et même se confondre, avec le droit et avec la joie d'interdire et de proscrire ; comment ladite liberté absolue a pour caractéristique d'être juste l'opposé de ce qu'elle annonce : ni absolue, ni libérale ; de produire ce qu'elle nie, de nier ce qu'elle affirme ; bref, d'être exclusivement son propre contraire.

Certains incrédules, et aussi des anti-cléricaux déterminés, ayant reproché à M. Jaurès d'abuser par trop de la rhétorique et du sophisme, le hardi et bruyant raisonneur a combiné une argumentation à triple effet. Elle devait renverser l'enseignement congréganiste *libre* (autorisé ou non), étendre sur le clergé séculier et sur le monde catholique laïc une protection dérisoire et enfin mettre les libres-penseurs dans cette rude alternative : ou bien avouer qu'ils ont, depuis vingt-cinq années, depuis le commencement de la laïcisation, exercé *une abominable tyrannie*, ou bien consommer quand même leur œuvre en déclarant toute congrégation enseignante incapable d'enseigner, fût-ce à titre privé.

Que les libres-penseurs se trouvent acculés à la nécessité de désavouer leur conduite précédente, voilà une singulière raison pour les persuader de faire pire encore ! Ecarter l'accusation de tyrannie en poussant la tyrannie au comble, on ne sauvera pas autrement la « *logique de la laïcité* »[0]. Ainsi le cambrioleur, qui n'avait d'abord que l'intention de voler, se décide à tuer, afin de n'être pas dénoncé par sa victime.

Ecoutez l'oracle et l'anathème : « Le seul dogme de la démocratie c'est qu'il n'y a pas et qu'il ne peut pas y avoir de limite à la liberté de l'esprit, c'est qu'aucune conception préalable ne peut lier la liberté de la raison humaine explorant l'univers ».

Notre rhéteur-sophiste a beau prendre le ton catégorique et l'allure triomphante : il s'enferre. Il s'enferrera bien davantage, car cette idée de « dogme » qu'il démarque et dont il veut faire sa conquête, cette idée qui lui est imposée par une logique qu'il repoussait hier, contient une logique dont le plan et l'action lui sont inconnus.

Donc, la libre-pensée a besoin d'un dogme ! Qu'elle se flatte de n'en admettre qu'un seul, peu importe : c'est assez et déjà c'est plus qu'il n'en faut pour la réfuter.

La laïcisation des écoles primaires publiques

fut proposée au nom des principes libéraux et souvent annoncée comme le chef-d'œuvre de la tolérance. On faisait au doute sa part ; on lui imposait le respect de la foi ; l'harmonie allait s'établir, garantissant la pacification définitive. En 1901 encore, M. Waldeck-Rousseau se flattait de travailler en faveur de la justice et de la paix.

La poussée préparée s'accomplit ; la politique jacobine va de l'avant : et presque aussitôt, logiquement et presque simplement, c'est le saccage. Par centaines tombent les écoles. Mille, douze cents, quinze cents écoles sont fermées. Plus de ces discours insinuants qui faisaient parler à la passion sectaire le langage du libéralisme. La vile et impudente passion s'est affranchie de toutes les contraintes. La loi Waldeck s'est changée en un système de mises hors la loi, décidées par la seule volonté d'un ministre. Au moyen de circulaires, un ancien abbé, docteur ès-lettres pour avoir commenté saint Thomas, rédige le programme de la laïcisation, interdit, bouscule, expulse, emprisonne et dévaste. De fait, plusieurs provinces sont en état de siége.

Victorieux, et glorieux sans doute, le jacobin va-t-il accorder aux Congréganistes un moment de répit ? Non : la brutale fermeture de tant d'écoles libres se complète d'un système frauduleux dirigé contre les Sœurs qui ont encore le nom et la fonction d'institutrices communales.

Un instinct furieux crie aux jacobins qu'ils doivent tirer du moment actuel tout le profit possible et qu'ils ne rencontreront pas de longtemps une occasion semblable. Ils s'en donnent de parti pris non-moins que par emportement. C'est une folie volontaire. Qu'ils continuent ; qu'ils dévoilent tout leur instinct : on verra qu'ils ne rêvaient que tyrannie depuis le temps qu'ils célèbrent leur tolérance et leur liberté. Qu'ils étalent donc le besoin qui les obsède de dominer et de pétrir les consciences.

Quoi qu'il arrive, la renonciation est prononcée ; et le système laïque qui devait, selon les conjectures de M. Pécaut, « liquider les vieilles croyances », aboutit à *liquider la neutralité*, désormais abjurée, conspuée, bannie.

CHAPITRE XI

L'ÉVANGILE DE M. BUISSON

Ce titre ne dénature pas la pensée de l'auteur qui a écrit *La religion, la morale et la science ; leur conflit dans l'éducation contemporaine* (conférences faites à Genève, 1900) ; et l'auteur ne se ferait pas prier beaucoup pour déclarer qu'en effet il a voulu et que d'ailleurs il veut toujours composer un évangile.

Voici déjà longtemps que M. Ferdinand Buisson travaille à « laïciser la religion ». Il était plein de cette idée bien avant que la formule en fût donnée par Auguste Sabatier, vers 1894, au milieu du concert de plaintes qui dénonçaient le malaise et les angoisses de l'enseignement laïcisé. D'abord, il a paru trouver l'expression un peu hasardée ; mais enfin il l'a prise à son compte [1]. Il a été le bras droit de Jules Ferry dans la fondation de l'enseignement laïque. Depuis, professeur de Sorbonne, il s'est adonné sans trêve à la pédagogie, envisageant celle-ci surtout au point de vue de l'éducation ; ce qui le conduisait à disserter sur la philosophie et sur la morale. Il prêche avec une ardeur inépuisable. Le voilà député, déjà désigné pour faire partie d'un grand ministère. Naturellement, il recevra le portefeuille de l'instruction publique. Nous le verrons mettre en articles de loi et en règlements sa doctrine et sa prédication.

L'une et l'autre se sont développées suivant les progrès de l'ardeur incrédule qui se rue sur le dogme pour en proclamer la déchéance complète et définitive et pour en balayer les débris.

Elles n'ont plus l'allure conciliante et réservée qu'elles s'imposaient dans le *Dictionnaire de pédagogie*, élaboré à l'heure où l'on devait éviter d'effrayer la foule, chrétienne de souvenir et de sentiment et qui n'était pas encore saisie, embrigadée, travaillée du haut en bas par la grande machine laïcisatrice. Dans son *Dictionnaire*, M. Buisson ne parlait guère que de distinction entre la morale religieuse et la morale laïque ; il laissait tel et tel de ses collaborateurs enseigner l'utilité et la légitimité de la sanction après la mort. Il s'appliquait à démontrer que, sur tous les points essentiels, la morale indépendante s'accordait avec la morale croyante. Indépendance et respect réciproque, c'était uniquement ce qu'il avait en vue pour assurer la paix des âmes et le progrès des idées. Sans doute, sa tolérance ne s'interdisait pas absolument les allures hautaines, mais il entendait que cette hauteur gardât un caractère de générosité. Un dédain emmitouflé de sollicitude et parfois verni d'onction, c'était le genre que préférait le pédagogue. Au fond, sous cet appareil et sous cet apparat, perçaient la passion méprisante et l'instinct autoritaire ; mais enfin il fallait bien tenir compte à M. Buisson des efforts qu'il s'imposait pour ne pas traiter la foi comme il en avait envie.

Les années écoulées depuis la conquête laïcisatrice, les succès obtenus et ceux qui s'annoncent, l'approche du moment où l'Instituteur en chef prendra la première place sur la scène et réalisera le gouvernement pédagogique, ces motifs et d'autres encore ont déterminé l'ancien directeur de l'enseignement primaire à monter de plusieurs crans le ton de son hostilité fondamentale.

Cette fois il raille, condamne et répudie tous les dogmes, formulés par lui dans un style vulgaire et outré. Jadis, il se bornait à les rabaisser et à les mettre de côté avec précaution. A présent, du haut de sa raison, de sa science et de sa religion (car il a une religion et prétend même qu'elle est destinée à devenir la véritable religion catholique — nous ne plaisantons pas, nous ne calomnions pas et nous n'exagérons d'aucune manière), à présent il écrase la théologie ; et d'ailleurs il affirme que nous n'y croyons plus.

Il a même, pour prouver cette assertion, un

procédé dont il éprouve un contentement visible.

La preuve que nous n'admettons plus le *Credo* comme l'admettaient les hommes d'il y a plusieurs siècles, c'est que nous ne sommes pas tous enfermés dans des couvents. — Si vous professiez toujours ce *Credo*, selon la vieille manière, nous dit M. Buisson, « vous prendriez en pitié le monde et vous-même, vous n'auriez plus qu'à retourner aux déserts, à *vous enfermer dans les cloîtres*, à prier, à pleurer, à vous meurtrir jour et nuit, à user les dalles de vos genoux... ; vous mèneriez la vie des saintes Elisabeth, des saintes Thérèse et des François d'Assise » [2].

Est-ce que l'éminent pédagogue s'imagine que, durant le moyen âge, l'influence de la foi ne s'est manifestée que par la multiplication des couvents ? Nous ne le pensions pas. Nous aurions cru l'offenser injustement en supposant qu'il traite et qu'il connaît l'histoire à la façon de Paul Bert. Celui-ci se ressentit toujours des conceptions et des mœurs du carabin. Mais l'ancien directeur et futur ministre a de plus hautes visées ; et il sait bien qu'on ne triture pas les données historiques comme font certains expérimentateurs qui devinrent illustres pour avoir greffé une queue sur le museau des rats. En fait d'histoire, Paul Bert a dit des énormités. M. Buisson ne veut pas et ne croit pas être de cette école ; mais pourtant, il demeure exposé à se laisser influencer par elle. Que vient-il nous parler de « la demi-mort du mysticisme » [3] ? Les cloîtres ont rayonné d'une vie débordante ; et c'était encore la vie la plus complète qui s'épanouissait autour d'eux. La civilisation, civile et matérielle, fut leur œuvre, autant que le sublime perfectionnement des vertus individuelles. Si M. Buisson voulait se souvenir des pages écrites par Littré en résumant l'œuvre de Montalembert sur *les Moines d'Occident*, il s'apercevrait de la méprise où s'enfonce la pédagogie nouvelle. Et les cathédrales, et les Universités, est-ce qu'elles ne se rattachent pas à la grande floraison monastique ? L'action sociale ! mais elle embrassait alors toutes les catégories. Louis Blanc s'est incliné, pénétré d'émotion et d'admiration, devant le vénérable *Livre des métiers*, où palpitaient la justice et la fraternité, constamment vivifiées par l'esprit de foi. Ce *Livre des métiers*, procédant du vieux et immortel *Credo*, reste le modèle que doivent, bon gré, mal gré, imiter les sincères et intelligents apôtres de la réforme sociale. Oui ou non, date-t-il de l'époque où régnaient en maint endroit le mysticisme et l'ascétisme ? Et la merveilleuse sollicitude qu'il manifestait pour les droits, pour la consolation, pour le bien-être, pour la joie des faibles et des petits, ne recevait-elle pas des cloîtres un aliment inépuisable ?

Mais, sur le même sujet, M. Buisson s'est mépris encore à un autre point de vue. On peut s'étonner qu'il ne se soit pas aperçu que l'argument dont il se sert va tout droit contre la politique de laïcisation générale. Ces cloîtres, ces couvents où, en somme, il nous reproche de ne pas nous enfermer, il est fort occupé à les dépeupler et à les détruire. Il nous dit : — Allez au couvent ! — comme Hamlet conseille Ophélie ; et il ajoute : — Nous ne voulons plus de couvents ! — Cela s'appelle se moquer du monde ; et il y a une dérision qui atteint surtout ceux qui s'en font les auteurs. Depuis vingt, depuis trente années, M. Buisson, ses amis, son parti, ont tout sacrifié en France à la lutte contre les congrégations. Au mois d'avril 1902, dans le journal la *Raison* où raisonne M. l'ex-abbé Charbonnel, notre éminent pédagogue déclarait que les congréganistes « se sont exclus eux-mêmes du droit à la liberté d'enseigner », parce qu'ils ont fait vœu de pauvreté, d'obéissance et de chasteté. Évidemment, il était dans les mêmes dispositions lorsqu'il instruisait les gens de Genève du conflit religieux et moral. Interdire l'enseignement aux Religieux, c'est déjà les dépouiller considérablement. Or, les lois financières se sont accumulées sur leur tête ; et la loi de 1901 les atteint dans leur liberté civile. On les flétrit, on les pille, on les expulse, on leur dépêche les huissiers et les gendarmes ; et M. Buisson y prend tant de plaisir que lui, homme grave, ne résiste pas à la séduction de la plaisanterie et dit, toujours gravement, aux catholiques : — Vous devriez vivre tous dans les cloîtres..., que d'ailleurs nous supprimons !

Ne croyez pas que M. Buisson refuse de prendre la religion au sérieux. Il se rend compte de l'influence capitale qu'elle exerce sur les idées et sur les sentiments ; et, maintes fois, il en parle avec une émotion élevée. Ce n'est pas seulement dans l'histoire qu'il l'aperçoit puissante, dominatrice et indestructible : c'est aussi dans le présent et dans l'avenir. Laissons-le se résumer lui-même :

« La religion, c'est le contact avec le divin, que le divin, je le répète, réside dans un fétiche ou dans un astre, dans les éclairs du Sinaï ou sur les sommets de l'Olympe, dans l'immense nature ou dans une suprême personne vivante, ou enfin dans un Dieu idéal saisi au fond de la conscience. Voilà ce que crie l'histoire des religions, de la première à la dernière page. Appréciez comme vous voudrez cette prétention, c'est celle-là même qui est l'âme de la religion, celle de nous mettre en relation directe, intime, réelle, avec le principe souverain de l'univers »[1].

Vingt autres déclarations du même genre et même encore plus expressives pourraient être jointes à celle-là. Il y a aussi de belles pages où les folles prétentions de la science sont rabaissées avec vigueur. Mais, ce qui révèle le mieux la pensée de M. Buisson, c'est l'endroit où il indique le parti qu'il entend tirer de la religion : car il l'aime au point de vouloir en faire quelque chose de très bien. Qu'on le laisse prêcher et gouverner, et il nous accommodera une religion qui, débarrassée des dogmes, de la prière et des miracles, soutenue par le seul *esprit religieux*, donnera aux nobles aspirations de l'humanité un essor magnifique :

« Volontiers ceux qui affectent de douter de la puissance d'une religion qui ne serait que religion pure se la représentent comme n'ayant pas de contenu, comme réduite à un vague et à un vide désespérant. C'est que nous n'avons pas réussi à leur faire entrer dans l'esprit la notion toute nouvelle de ce qu'elle contiendra. Autrement ils seraient obligés de convenir que ce sera au contraire la religion la plus pleine, la plus chaude et la plus féconde qui ait jamais été, qu'elle se montrera incomparablement plus riche en croyances, en beautés, plus riche en efficacités morales que ne le fut aucune des religions partielles d'autrefois : son dogme sera fait de toutes les vérités connues, son culte sera fait de tout ce que l'art a trouvé et trouvera de plus beau, pour élever l'âme jusqu'à Dieu, sa morale sera faite de tout ce que la conscience humaine connaît et rêve de meilleur, de plus pur, de plus sain... [5]

« ... Vraiment catholique et vraiment sociale, la religion future... [6] ».

Plus de dogmes, et un dogme tout de même ; plus de sacerdoce et un culte universe', qu'est-ce que cela signifie et à quoi pense M. Buisson ?

Ce livre, dont le plan paraît d'abord très clair, et dont la première partie se déroule avec une méthode assez rigoureuse, aboutit à une déception complète.

En premier lieu, nous apprenons de M. Buisson que la science a définitivement vaincu le surnaturel : « Il n'y a qu'une nature, il n'y a pas de surnaturel »[7]. Par surnaturel, l'auteur semble désigner exclusivement le miracle. Autrefois, on rencontrait des incrédules qui, tout en repoussant le miracle, admettaient néanmoins l'existence de Dieu. Selon leur théorie, Dieu avait créé le monde et ensuite s'en était en quelque sorte désintéressé. Ils distinguaient entre la puissance infinie et la nature créée par elle, abandonnée par elle, pour ainsi dire. M. Buisson se sépare d'eux, puis semble les rejoindre et tout à coup leur tourne le dos. Pas de miracle, pas d'intervention surnaturelle, rien que notre monde tout seul. Voilà qui est net.

Mais voici qui l'est beaucoup moins. L'éminent pédagogue attend tout de la science et de la raison seules ; et pourtant il confesse qu'elles ne peuvent suffire :

« C'est sans doute un spectacle devant lequel notre esprit s'arrête confondu d'admiration que tant de mondes où pas un atome n'échappe à la loi universelle, où pas une force ne dévie, où l'accident n'existe pas, où tout est ce qu'il doit être, ce qu'il ne peut pas ne pas être. A la vue de tant de simplicité dans l'infini, de tant d'ordre au fond de tous les désordres, l'intelligence ne peut qu'être satisfaite... Et pour la science il n'y a plus de question, le problème est épuisé, il n'y a rien d'autre à connaître ». Aussitôt il ajoute : « D'où vient donc que là où la science s'arrête ne s'arrête pas notre curiosité? Nous voyons bien que la science n'a plus rien à nous dire, et nous continuons de l'interroger »[8].

Bien entendu, il n'admet pas qu'elle soit tombée en faillite, même partielle. Tout au plus fait-il allusion à certaines écoles qui représentent la science comme l'unique instrument de toutes les solutions, intellectuelles, sociales, morales. Il répudie cet excès et il passe, continuant de réclamer la lumière dont il a besoin pour apercevoir « la loi de toutes ces lois », la « raison d'être » et le « sens » du monde[9]. Il constate, en effet, que « le problème subsiste, problème du monde et problème du moi, aboutissant l'un et l'autre au problème de Dieu »[10].

C'est pourquoi il veut une religion, la sienne, celle qui n'aura plus de révélations miraculeuses, ni de dogmes.

De quoi donc se composera-t-elle? Du « besoin éternel de l'âme humaine » :

« ... Besoin qui essaie de se satisfaire à l'aide de conceptions chimériques destinées à crouler les unes sur les autres, mais besoin qui leur survit à toutes, qui les dépasse toutes et que ni la science ni la morale ne nous autorisent à nier »[11].

Cette religion-là aura pour but principal « d'empêcher l'esprit humain de... s'arrêter, de s'immobiliser, de se pétrifier ». Comment ? En lui rappelant « au delà de son but immédiat, un but *infiniment lointain, qui défie toute atteinte,* mais vers lequel il faut toujours se remettre en route, au lieu de s'arrêter à la première étape » [12].

Ce sera donc un excitant ? Oui. Elle nous tiendra « sans cesse en haleine » [13], nous fera marcher, mais sans nous conduire au but, puisque celui-ci *défie toute atteinte.*

Alors elle nous dupera continuellement ! C'est probable, mais remarquez comme elle lésine sur les promesses positives ! Elle aura simplement entretenu en nous une aspiration qui a toutes les chances de rester vaine et trompeuse. Précieux service !

Ne désespérons pas cependant ; car M. Buisson prend ses mesures et il cherche le moyen de nous façonner une espèce de Dieu qui tiendrait la place de l'autre. Par notre énergie, peut-être forcerons-nous Dieu à exister, du moins en quelque manière, puisque « croire en Dieu, ce n'est pas croire que Dieu est, c'est *vouloir* qu'il soit » [14] !!!

Je souligne le mot *vouloir* parce qu'il donne à la phrase l'importance qu'elle peut présenter.

D'abord cette importance paraît nulle ou bien dérisoire, comme lorsqu'on entendait Renan dire d'un ton recueilli et narquois : « Dieu fait ce qu'il peut... Dieu sera peut-être... Nous organiserons

Dieu... » Ainsi s'amusait le vieux baladin de la littérature et de la science, dupant ses admirateurs, auxquels il tirait la langue. Peu d'hommes furent à ce point possédés du désir de tromper et d'humilier l'humanité. M. Buisson n'a rien du caractère de Renan. Il est sincère. De quoi est faite exactement et complètement la passion qui l'anime et qui parfois l'entraîne à des excès incroyables ? Cette ardeur a toujours un accent convaincu, même si elle s'oublie dans les élans suspects. Elle lui valut plus d'une fois des embarras cuisants, surtout quand on rappela que le haut pédagogue avait débuté par des déclamations haineuses contre les institutions sociales, aussi bien contre l'armée que contre la religion. Cet anarchiste, qui ne voulait pas l'être et qui l'était tout de même, menait une vie très simple, très laborieuse, très honorable. Plus tard, arrivé à de hauts emplois, en possession de la renommée et de l'influence, il a répudié ses écarts du début et les a mis au compte de la jeunesse. Mais il n'a pas changé autant qu'il suppose. Il demeure fort occupé à détruire : le dogme d'abord, ce qui sans doute est une entreprise considérable. Il veut aussi construire un grand enseignement : à l'envers ! Nous avons vu le rôle de M. Buisson dans l'affaire Dreyfus, où les intellectuels marchaient bras dessus bras dessous avec les *propagandistes par le fait*, énergumènes, pillards, assassins. L'extraordinaire manifestation de l'esprit anarchique, qui sévit encore, a engendré la politique Waldeck-André-Combes, toute une période historique dont la durée et l'aboutissement échappent aux prévisions. Dans un tel milieu de trouble et de ruine, l'éminent pédagogue aperçoit une précieuse occasion de fonder enfin sa morale. Ne lui reprochez plus d'avoir ébranlé la foi en Dieu ; car il va procurer aux âmes un Dieu nouveau, un Dieu tout humain. Il travaille à l'évoquer, par la toute-puissante magie du *vouloir*.

Cette explication et cette promesse sont le but du livre dont nous parlons ; et cependant on éprouve quelque difficulté à les y découvrir. Elles n'apparaissent que de loin en loin ; et elles n'offrent guère un dessin précis que vers la fin de l'appendice ; très brièvement d'ailleurs. Dans la partie principale du livre, c'est seulement de temps à autre, par une phrase incidente ou par une ligne, que se trahit la maîtresse pensée de l'auteur. Juge-t-il nécessaire de ménager encore les vieux scrupules en prolongeant l'équivoque de la neutralité, sous le couvert de laquelle se sont dépensés de si longs efforts sectaires, soutenus par toutes les ressources de la politique, des finances et de l'administration ? ou n'est-il pas encore bien sûr de la pensée même d'où il espère tirer sa morale, son Évangile, sa religion laïcisée ?

Ces deux motifs l'influencent ; mais enfin il révèle le désir dont il est épris : introniser un Dieu qui ne possède pas l'existence réelle et que les imaginations humaines concevront à leur gré :

« Il n'y a pas de choses divines qui ne soient humaines ; c'est au cœur de l'humanité que réside le divin ; Dieu n'a pas d'existence phénoménale ; faites le bien, cherchez le vrai, aspirez à la perfection et vous aurez trouvé Dieu »[15].

En disant, d'une façon vraiment singulière : « Dieu n'a pas d'existence phénoménale », M. Buisson suppose que le monde et Dieu se confondent. Il n'abandonne pas sa pensée, d'ailleurs, puisqu'à la même page, il corrige Térence comme il corrige saint Paul et fait dire au poète latin : « Je suis homme et rien de *divin* ne m'est étranger ». Plus encore, à la page précédente, il rabroue les auteurs et les simples croyants qui refusent d'adorer et de reconnaître le divin, dès que ce divin « ne s'appelle plus la Sainte-Trinité » et « n'apparaît plus comme une personne ».

Il y a lieu de réclamer, en effet, mais c'est contre ces fantaisies. Sous prétexte de spiritualiser la morale et la foi, elles réduisent Dieu à la condition d'un adjectif, qui n'a, pour s'appuyer, d'autre substantif propre et réel que l'humanité.

La langue, dit M. Buisson, le sépare de nous. Assurément ; car la langue française répugne à ces confusions. Hégel et d'autres ont rêvé du Dieu-Idée qui ne résiderait qu'au sein de l'humanité et qui là, et là seulement, prendrait conscience de sa vie ; mais la logique universelle et éternelle les repousse et les réfute. Et l'esprit français surtout ne manque pas de les railler. Jolis dieux que ces penseurs perpétuellement en quête d'explications sur leurs propres affaires et sur leur propre existence! Ils avouent ne pas savoir d'où ils viennent, où ils vont, ce qu'ils font, mais ils se consolent à la pensée qu'ils sont infinis tout de même. Pauvres diables de dieux!

On a le droit d'attendre de M. Buisson des paroles et des actes qui portent plus loin qu'un volume où les propos les plus aventurés sont enveloppés aux trois quarts dans une onctueuse prédication. Il dispose maintenant de la tribune officielle. Il doit s'en servir et présenter là sa théorie à ses collègues les députés. Qu'il leur dise : — Nous contenons en nous la nature, l'essence divines. Nous sommes dieux et il n'y a pas d'autre Dieu que nous. — Sans doute, certains anti-cléricaux lui feront un accueil dont il se souviendra. Ils lui demanderont quel besoin il éprouve de restaurer, fût-ce sous la forme d'un lamentable et présomptueux adjectif, une notion quelconque de ce Dieu que la libre pensée entend avoir définitivement mis à la porte du monde et de la nature.

Il y aurait même peut-être des contradicteurs que M. Buisson ne s'attendait pas à voir surgir, par exemple M. Jaurès. Avec M. Jaurès on ne sait jamais ce qui peut arriver. Si le leader socialiste se souvenait soudain de sa thèse de doctorat, de son ardente dissertation sur la réalité du monde, dans laquelle l'existence du Dieu extérieur et supérieur au monde est affirmée cent fois ! Est-ce que M. Buisson n'a pas lu cette thèse ? Elle vient d'être réimprimée. Il peut se donner l'utile plaisir de la méditer. Il verra comment M. Jaurès accueille les philosophes, de profession ou de circonstance, qui confondent le fini et l'infini, le relatif et l'absolu.

Oui, la langue que parle M. Buisson le sépare des penseurs attachés aux règles fondamentales. Ils n'admettent pas du tout que croire en Dieu c'est uniquement *vouloir* que Dieu soit. Ils demanderont quel besoin on éprouve de le faire exister, si nous nous sommes jusqu'à présent passés de lui, et comment nous lui imposerons notre volonté. Quelques loustics s'informeront si l'on va envoyer à Dieu des huissiers pour le contraindre d'accepter enfin l'existence ; et ce ne seront pas ces loustics qui, au fond, parleront avec le moins de sérieux.

Le laïcisateur du christianisme prend des arguments à peu près partout, même dans l'*Imitation*. Il nous oppose cette parole : « Dieu est un soupir indicible caché au fond des âmes », comme si l'auteur mystérieux du livre sublime ne prêchait pas l'abaissement de toute créature devant la puissance infinie ! L'*Imitation*, citant saint Jean, affirme que le Verbe est « le principe qui parle au-dedans de nous ». Or, d'après M. Buisson, nous serions le principe de Dieu, puisque c'est grâce à nous, par l'effet de notre fantastique vouloir, que Dieu obtiendra enfin d'exister !

Le pédagogue peut répondre qu'il admet également le contraire. En effet, pendant plusieurs pages éloquentes [16] il s'arrête à la contemplation de l'infini, d'où il procède : « Ce n'est pas moi qui ai fait le monde, ce n'est pas moi qui me suis fait... » et il aperçoit, outre son caractère d'être infiniment petit, l'« infiniment grand de « l'ordre universel ». Il a soin d'ajouter qu'il reconnaît en soi « quelque chose qui est sans doute de la même essence que les lois éternelles de l'univers » ; car il pense être dès à présent plus ou moins en possession de ce qu'il considère comme l'essence divine. En tout cas, il distingue ; et s'il compte toujours que l'humanité absorbera Dieu, il avoue que l'opération n'est pas facile à imaginer. Il va distinguer bien davantage, puisqu'il adopte la formule d'Herbert Spencer : « Dans l'affirmation que toute connaissance est relative est impliquée l'affirmation qu'il existe un non-relatif » autrement dit l'absolu. Voilà donc l'absolu qui pénètre sur la scène d'où, depuis assez longtemps, il était expulsé.

Ne nous leurrons pas : le proscrit amnistié ne tiendra pas une grande place, malgré les titres dont il peut se prévaloir ; et il ne fera pas de bruit : un éclair rapide ; nul tonnerre. L'absolu a joué ainsi tout son rôle. Quel absolu peu encombrant, discret, commode ! M. Buisson n'interdit pas d'en parler et même il avoue en être parfois préoccupé ; mais il éprouve un embarras absolu devant cet Absolu, qui « dépasse l'expérience ». Il semble dire : puisque ce personnage ne se soumet pas aux règles des laboratoires, laissons-le de côté, avec égards, par exemple, et aussi avec une componction pleine de désinvolture. — C'est bien court, étant donné qu'il s'agit de cette question-là principalement ; mais enfin le haut pédagogue a cru, ne fût-ce que pendant cinq minutes, nécessaire de distinguer entre le Dieu qui est en nous et celui qui réside hors de nous. M. Buisson aurait donc à son service deux dieux? En tout cas, il ne fait fond vraiment que sur le premier, le dieu humain, vous, moi, nous tous. Et l'autre, celui qui serait le Dieu réel et vivant, l'absolu en acte, l'acte pur, comme disait Aristote ? Désormais on n'en saurait parler davantage, car, il ne peut pas être « un objet de connaissance ». On l'abandonne aux méditations des croyants, après avoir notifié que ces méditations-là n'ont qu'une valeur insignifiante, d'ailleurs enveloppée d'une foule d'inconvénients.

Où se trouve la preuve que le Dieu véritable, l'absolu réel et vivant ne puisse, en aucune manière, par la voie des similitudes, de l'analogie, de la comparaison, être un objet de connaissance? M. Buisson n'a pas encore jugé à propos de le dire.

En attendant, observons que l'éminent pédagogue, après avoir fait espérer une solution nouvelle et décisive, y renonce tout à coup. Même, après avoir répudié et bousculé le surnaturel et le dogme, il se défend de songer à leur porter la moindre atteinte. C'est encore l'appendice qui nous permet de discerner l'état d'esprit contradictoire dans lequel le volume a été composé. Les deux cents premières pages sont riches de promesses ; et, même, à un certain endroit, on se persuade que l'auteur a bien déblayé le sol où doit s'élever une construction logique et stable. Mais, soudain, le fier échafaudage bascule, engloutissant les fondations de l'édifice. Dans ce terrain, nettoyé avec zèle, il y avait des trous, par lesquels tout a glissé.

Pour conclure, l'auteur répète que la seule révélation véritable est « naturelle », étant faite « au sein de l'humanité par des consciences « humaines »[17].

Que nous a-t-il donc appris, finalement ?... Que nous sommes trop curieux !

Là, comme ailleurs, la troublante mais si précieuse métaphysique lui sert à se dérober. Arrivé devant cette enceinte, dont les portes sont grandes ouvertes, il pose un écriteau, sur lequel il a lui-même écrit : — On ne passe pas ! — et tourne à gauche, ou à droite, pour revenir en arrière, avec la dignité du libre citoyen qui ne veut pas subir l'injure d'un procès-verbal. D'ailleurs, il donne encore des raisons :

« Dites, après cela, qu'il reste à xpliquer ce fait lui-même, cette illumination graduelle des consciences, l'évolution de la vie spirituelle dans la race humaine, c'est-à-dire *le problème tout entier de la destinée humaine*, de l'origine et de la fin des choses. Dites surtout que rien ne prouve que ce développement du monde à travers les milliers de siècles n'ait pas d'autre loi et d'autre raison d'être qu'une force aveugle et fatale, qu'il nous est parfaitement loisible de supposer une pensée suprême, une raison universelle, un immense plan invisible qui nous échappe, bref, un esprit, ou plutôt l'esprit créant et dirigeant tout. Mais c'est là l'*arrière-fond métaphysique* de la question, *nous le laissons intact* » [18].

Or, les idées et les doctrines que M. Buisson se vante de laisser *intactes*, ce sont précisément celles dont il vient de prononcer la déchéance. Tout le long de son livre, il indique, plus ou moins, que le Dieu personnel, extérieur au monde, créateur et roi du monde, a décidément passé au rang des chimères vaincues. Dans l'appendice, il proclame enfin avec précision la ruine définitive de ces principes et les met à la porte... Comment assure-t-il sans rire qu'il n'y touche point et qu'il les laisse *intacts* ?

Les protestants « orthodoxes » lui reprochent de manquer de gaieté autant que de libéralisme. Ainsi, tel pasteur, se plaignant que M. Buisson soit pris parfois pour le type du Calviniste, l'appelle « l'homme le plus triste et le plus fanatique » [19]. Évidemment, on ne peut dire qu'il soit gai ; mais enfin il a une forte pente à la dérision. Admettons que c'est l'effet d'un état d'esprit très contradictoire.

La contradiction, l'éminent pédagogue n'en sort pas ; et sa thèse se déroule de la sorte : 1° la raison et la science sont les seules ressources dont nous devions disposer ; 2° elles ne suffisent pas à nous donner la lumière dont nous avons besoin ; 3° la religion peut aider notre effort ; 4° ladite religion n'a pas d'autorité, puisque les dogmes qu'elle propose ont perdu leur valeur.

Enfin, que reste t-il donc de réel et d'inattaquable ? La « conscience morale » qui, « d'âge en âge, redresse la religion »[20]. Il confesse ne pas savoir pourquoi ni comment « la conscience morale grandit ». Mais si, du moins, il examinait pourquoi et comment elle existe et ce que l'on peut bien se représenter par ces trois mots-là, il emploierait beaucoup mieux son intelligence et son activité. Tant qu'on ne se sera pas expliqué là-dessus, on discutera dans le vide ; on tournera dans le même cercle ténébreux.

On peut ainsi résumer les indications jusqu'à présent fournies par l'analyse du système de M. Buisson : étant donné que la science et la raison sont incapables d'atteindre l'infini, continuer de viser ce but, et, pour y parvenir, employer l'aspiration religieuse, bien que celle-ci ne porte pas plus loin que les deux autres instruments et même leur soit plutôt inférieure.

Nous ne plaisantons pas... et M. Buisson non plus. Sur ce sujet, il s'explique avec une énergie et une insistance qui révèlent autant de scrupule que de fierté. Dans la conclusion de son livre, il rappelle coup sur coup que les pédagogues libres-penseurs, ayant besoin de la religion pour ne pas rester en plan, sont bien résolus, néanmoins, à ne recevoir d'elle aucune lumière. Si la religion entreprend de transformer l'idéal « soit en un *objet de connaissance*, soit en un objet de possession directe... », ils sont « obligés de maintenir contre elle la souveraineté de la raison et de la conscience »[21].

Fragile cette souveraineté, encore qu'elle soit double. Car enfin, l'auteur a pris soin de nous informer que, pour lui, la raison, c'est principalement la science. Or, il avoue que la science est muette sur l'origine et sur la destinée du monde, sur la loi universelle, sur le but de la vie. Bien mieux, ou bien pire : ladite science paraît exclure le libre arbitre, dont la morale a si grand besoin ! Voilà donc les deux souveraines en conflit, et l'on s'aperçoit que M. Buisson, qui traite du conflit entre la religion, la morale et la science, aurait dû parler surtout du désaccord qui met aux prises la science et la raison. Il en parle peu, comme d'une chose accessoire. Peut-être ne la juge-t-il accessoire qu'à force de la trouver gênante. Il tourne ; il passe.

Vaine agilité : les conflits surgissent sous ses pas. Il y en a un au sein de la raison elle-même, puisqu'elle convoite beaucoup plus qu'elle n'est capable d'acquérir et puisque, tombant dans une autre inconséquence, elle se prive volontairement de ressources très nécessaires, dont elle ne trouve l'équivalent nulle part. Ainsi, elle prononce la déchéance du surnaturel et s'engage à ne se servir que des forces qu'elle croit connaître entièrement. Puis, et aussitôt, elle avoue qu'elle est tout mystère et qu'elle doit s'en rapporter à des aspirations inexplicables et qui semblent même désapprouver, décourager, berner la science, laquelle le leur rend avec ampleur. Rien au-dessus de la raison ou de la conscience ; et tout à coup les deux souveraines égarées, éperdues, défaillantes, recourent à l'incompréhensible instinct. Elles devaient le gouverner ; c'est lui qui devient leur appui, leur sauvegarde et leur guide ; et c'est lui qui remplace Dieu.

L'éminent pédagogue croirait peut-être se tirer d'affaire en répondant qu'il ne repousse pas Dieu, puisqu'il a écrit : « L'esprit qui est en moi se reconnaît dans l'esprit qui est hors de moi »[22]. Mais alors, comment peut-il dire ensuite, comme d'ailleurs il l'a indiqué déjà : « C'est au cœur de l'humanité que réside le divin » ?[23] et pourquoi désigne-t-il avec ironie les hommes qui ne supportent pas qu'on leur parle de Dieu « autrement que d'un grand personnage extérieur et supérieur à nous » ?[24] D'abord, le divin est tout entier renfermé en nous ; puis il est aussi hors de nous... et enfin il y a toujours l'Absolu, qui ne tient pas beaucoup de place sans doute (trois lignes) mais qu'on ne peut éliminer absolument et même pas du tout.

En réfutant Auguste Sabatier, qui a plus ou moins façonné les sophismes sur lesquels M. Buisson travaille, M. Fonsegrive écrivait, dans le beau livre *Le catholicisme et la vie de l'esprit:* « Si Dieu est, je n'ai pas le droit de dire que l'idée que j'en ai n'est que subjective ou, si mon idée n'est que subjective, c'est que Dieu n'est pas » ; et de ce raisonnement catégorique, solide comme la logique même, M. Fonsegrive tirait une application d'une haute sagesse : « C'est une grande imprudence que de se servir des termes d'une philosophie donnée en voulant changer leur sens. On s'entend soi-même sans doute, mais on risque fort de n'être pas entendu »[25].

UNE « FENÊTRE SUR L'INFINI ».

D'après M. Buisson, la religion ne nous apprend rien sur la cause première ni sur l'idéal, ni sur « les idées constitutives de notre raison »[26]. A quoi servira-t-elle donc ? A nous empêcher de nous engourdir dans la contemplation du monde fini. Grâce à elle, nous disposons d' « une fenêtre ouverte sur l'infini »[27]. M. Buisson se met à la fenêtre et « médite » en face des « vastes horizons »[28]. Qu'est-ce qu'il aperçoit ? Il avoue qu'il n'aperçoit rien. Nous en sommes d'autant moins surpris qu'il vient de nous avertir que notre œil ni notre pensée ne peut atteindre l'infini. Alors, à quoi bon regarder et méditer ? Occupation chimérique et puérile. En effet, le prophète de la religion laïcisée ferme bientôt la fenêtre et retourne vers le fini, vers le relatif, etc. Ce recueillement et cet exercice lui ont servi à se persuader de leur inutilité.

Néanmoins, il veut que l'un et l'autre lui soient très utiles, parce qu'ils entretiennent en lui des aspirations... qu'il sait irréalisables. Il tient à garder le moyen de se tromper soi-même, pour remonter son courage, pour se distraire, pour faire quelque chose. Nous écoutons le vieil espoir qui nous console

> Et nous berce un temps notre ennui.

Mais, étant pédagogue, réformateur et prophète, M. Buisson ne se contente pas de soupirer. Il s'émeut et s'exalte, rêvant d'envelopper dans le fini l'Absolu qui règne au loin, hors de portée, nul, en somme, puisque d'ailleurs il n'y a plus de surnaturel.

Le « moralisme pur » parvient-il à se suffire ? demande M. Buisson. Et, courageusement, il répond non, tout persuadé qu'il est de la légitimité de la révolution opérée par la fameuse critique. Citons encore notre adversaire, qui parle un moment comme s'il était notre allié :

« Sans doute, que la personnalité humaine

soit immortelle ou qu'elle passe comme le plus éphémère des phénomènes, tant qu'elle est, elle n'a qu'à suivre sa loi, et la perspective même de sa disparition ne l'en affranchirait pas. Mais il n'en est pas moins vrai que cette loi, ce devoir, ce bien n'ont ni le même sens ni la même valeur objective, ni par suite la même autorité sur nous, suivant que le monde a un but ou n'en a pas, suivant qu'une pensée une et suprême le conduit, ou qu'il est livré à un devenir éternel d'où sortira ce qui pourra en sortir, suivant enfin que la raison dernière de tout est dans une volonté sage et clairvoyante ou bien dans l'aveugle force des choses... »

« ...Si, au lieu de me croire tenu de collaborer avec la volonté divine à des desseins dont j'entrevois le sens, je ne dois plus me considérer que comme faisant partie d'un immense univers où, par la force de la nature, certaines conséquences résulteront, après des millions de siècles, du mouvement des choses et de la vie des êtres, il faut en convenir, *l'impératif catégorique perd beaucoup de sa majesté, son aiguillon surtout est singulièrement émoussé* » [20].

Voilà, indiquée par un extrême kantiste, une bonne réfutation des principes kantiens.

Mais elle va beaucoup plus loin que son auteur ne le soupçonne. Elle ruine pleinement le système de M. Buisson.

Avec Kant, la morale a perdu le point d'appui indispensable, et l'on n'a plus su désormais sur quoi la poser ni à quoi la suspendre. Le vent s'en amuse, la fripe et la déchire. Les badauds se disputent ces débris effilochés. Quelle machine nouvelle en fera un tissu véritable ?

De quoi la morale se compose-t-elle donc, au fond ? Nous ne voyons pas que M. Buisson ait commencé à le dire. Parfois, il a l'air de se douter qu'il l'ignore ; mais il recule devant un aveu à ce point décourageant.

M. Buisson a trop de finesse pour ne pas discerner la série de déceptions parcourue par le laïcisme. D'abord, l'instruction allait tout régler. Puis on a découvert qu'elle ne se passe point de l'éducation. Après, on s'est souvenu que celle-ci a besoin de la morale. Maintenant on se demande de quoi la morale se compose ; et l'on se trouve en face du devoir. Comment se fait-il que des devoirs nous soient imposés ? Par qui et par quoi ? M. Buisson nous engage à compter sur nos aspirations et sur nos *sensations* [30]. Il suppose qu'elles s'accordent avec la loi de la vérité et du bien suprêmes et il décide que cette loi vient de nous seuls, qui nous débattons parmi les erreurs et qui dépendons d'une puissance absolue et ignorée ! Perdus dans le brouillard et assujettis à quelque force inconnue, nous posséderions quand même, plus ou moins, l'essence divine et nous l'aiderions à se réaliser. En somme, nous ferions Dieu. Pour un ennemi de l'anthropomorphisme, n'est-ce point là un résultat extraordinaire ?

Fontenelle disait, non sans perfidie : « Dieu a fait l'homme à son image ; et l'homme le lui a bien rendu ». La célèbre raillerie s'appliquerait donc maintenant aux incrédules, beaucoup mieux qu'aux diverses espèces de croyants dont Fontenelle se moquait ?

Passons ; car il y a dans le volume pédagogique d'autres contradictions, qui n'excitent pas moins d'étonnement d'ailleurs, mais qui sont plus dignes d'être analysées.

« Depuis de longs siècles déjà, ce n'est pas la religion qui redresse la conscience, c'est la conscience morale qui, d'âge en âge, redresse la religion »[31]. Cette pensée se rencontre tout le long du livre, comme si elle résumait la démonstration à laquelle il est consacré. Or, la démonstration promise demeure à l'état de projet. M. Buisson conclut comme s'il avait fourni l'enseignement qu'il nous laisse le soin de trouver on ne sait où. Probablement nulle part, puisqu'il a reconnu que le moralisme ne se suffit pas. Or, ce moralisme, qui ne se suffit pas, n'empruntera aucune lumière à la religion et devra néanmoins se suffire !

Au fond, tout le débat roule autour de cette question : Qu'est-ce que c'est que la morale ? L'éminent pédagogue ne nous dit rien de l'affaire essentielle, excepté qu'il est résolu à ne

CHAP. XI. — L'ÉVANGILE DE M. BUISSON

pas s'en occuper; et puis il continue de raisonner comme s'il l'avait tirée au clair.

Il sait bien cependant que l'idée même de la morale est devenue très embrouillée pour nos contemporains. Ceux-ci éprouvent encore quelque hésitation (et toutefois M. le pédagogue Payot vient de la surmonter [32]) à dire avec Schopenhauer que l'idée de devoir doit disparaître de la morale, le devoir étant, d'après lui, un principe superficiel et tout populaire, sans valeur philosophique; ils n'osent pas non plus adopter carrément le système de Fourier; mais ils s'en inspirent. Fourier s'écriait cyniquement et follement : « Étrange idée de soutenir que Dieu a mis en nous des passions pour que nous ayons à les réprimer ! » D'avance il interprétait le sentiment qui a pris aujourd'hui le dessus. Est-ce que la littérature, le théâtre, généralement la politique et souvent la science, ne se montrent pas très enclins à sacrifier les vieux principes moraux ?

Cette morale qui, d'après M. Buisson, corrigerait la religion, nous la voyons corrigée à son tour, et nous savons par quoi; et notre adversaire ne l'ignore point, sans doute; car enfin, il ne s'occupe pas seulement de pédagogie pure et il connaît l'esprit des pièces et des romans qui instruisent le public avec beaucoup plus d'efficacité. Les appétits corrigent rapidement et terriblement la morale. Dans les profondeurs de la foule frémit l'instinct de jouissance qui compte se dédommager des contraintes séculaires, s'assujettir la morale et proclamer en triomphant que la vraie morale c'est lui. Et les socialistes, les révolutionnaires, les autres frénétiques ne sont pas seuls employés à cette œuvre de ruine. Elle a des agents parmi les bourgeois et les économistes. La plupart des littérateurs qui moralisent envisagent la famille comme une institution vermoulue. L'éminent pédagogue n'ignore pas non plus les résultats produits par le divorce ni les progrès de l'union libre, ni la statistique du suicide et du crime passionnel.

Ce crime est de plus en plus excusé parce que ses auteurs sont réputés irresponsables. En effet, le nombre des déséquilibrés s'accroît comme si une épidémie ravageait le domaine moral. Nous traitons les assassins avec indulgence et nous concluons que nos mœurs s'adoucissent, sans nous demander si les victimes de ces assassins prétendus innocents en jugent de la même manière.

Quel ascendant opposer aux instincts, non pas seulement aux instincts furieux, mais à ceux qui se nourrissent d'égoïsme et d'envie? On leur parle morale : ils répliquent fièrement que la morale est leur œuvre et ils invoquent la nature. Un autre associé de l'éminent pédagogue, l'élégant Anatole France, qui ne rêve pas de plaisirs sanglants ou brutaux, ne se gêne pas pour bafouer cette autorité. Il s'est souvent amusé à soutenir que la nature est immorale et que la morale est une convention de simple utilité, de circonstance ou de mode.

Et comment persisterait-on à considérer comme sérieux un ensemble de choses auxquelles on ne comprend absolument rien ?

M. Buisson, qui nie catégoriquement que Jésus soit Dieu, mais qui lui prodigue tous les autres hommages, entend s'abriter sous son prestige et continuer sa mission. L'Evangile est encore inconnu ; « et quant à le mettre en œuvre, « c'est à peine si l'on a commencé »[33]. On parviendra enfin à le réaliser, si l'on prend pour formules essentielles « ces deux images... Dieu notre père et les hommes nos frères ». Elles sont « incomparablement puissantes, précisément parce qu'elles ne sont et ne peuvent être *que des images* »[34]. Pourtant, il n'y a de frères que les enfants du même père et d'un père parfaitement réel. D'après M. Buisson, la seule idée d'un Père dépourvu d'existence réelle et tout entier fictif doit suffire pour surpasser infiniment les miracles de Jésus !

Les anciennes écoles philosophiques furent accusées, non pas toujours sans preuves, d'avoir raisonné en l'air à outrance et d'avoir perdu de vue la vie réelle, l'homme véritable et complet, composé de jugement et de sensibilité. Elles ont trop raisonné, soit ; mais maintenant les « penseurs » ont glissé à l'autre extrême : plus de principes, plus même de notions. Morale, conscience, nature, se mêlent au hasard, chacun de ces trois mots passant pour expliquer les deux autres, qui attendent toujours, comme lui, d'avoir trouvé leur propre définition. Vous exigez un complément : on vous accordera *le divin*, un adjectif qui est en même temps un substantif et qui désigne à la fois l'humain et le divin, mais un divin qui est humain. De la sorte, on se traîne dans un fétichisme verbal, qui est censé représenter la science suprême et dont se moquent les appétits.

La confusion n'a plus de limites ; aussi voyons-nous souvent M. Buisson opposer à Dieu les lois de la nature, comme si elles existaient par elles-mêmes, comme s'il y avait une nature indépendante de Lui, supérieure à Lui, avec laquelle Il devrait compter et par laquelle Il serait, Lui aussi, de temps en temps, « redressé » !

M. Buisson prétend bien tirer son évangile du Sermon sur la Montagne, comme si le même Sermon ne contenait que les Béatitudes et comme s'il n'y était point parlé de l'enfer, cet enfer que la pédagogie nouvelle réprouve avec indignation. Et cependant sur la montagne Jésus a dit : *Si oculus tuus dexter scandalizat te, erue eum et projice abs te; expedit enim tibi ut pereat unum membrorum tuorum quam totum corpus tuum mittatur in gehennam... Si dextra manus tua... in gehennam... Ibunt hi in supplicium æternum...*

Ainsi la pédagogie nouvelle arrange toutes choses. Faut-il absolument une morale : elle l'invente et même elle l'improvise, avec des images qui, ne représentant aucune réalité, doivent néanmoins être honorées comme véridiques ; avec trois ou quatre mots assemblés au hasard et qui, n'ayant point d'autorité légitime ni de signification fixe, ne contrarieront bientôt que les honnêtes gens.

CHAPITRE XII

« LE LIVRE LE PLUS LU EN FAIT DE PSYCHOLOGIE »

Au mois de février 1902, la Chambre exécuta en quelques jours une nouvelle réforme de l'enseignement. Le programme était réglé ; les orateurs prêts jusqu'à l'impatience. Surabondante, la discussion fut néanmoins rapide ; et certains discours se vidèrent comme des *sacs d'eau*. Après quoi, toujours à la hâte, on commença de balayer, d'essuyer, de repeindre, de revernir l'édifice scolaire et d'y faire un nouvel aménagement, où les élèves et les professeurs ont les plus grandes chances de s'égarer. M. Fouillée a décrit, avec toute la précision possible et d'une manière très spirituelle, l'agencement du baccalauréat gréco-latin, latin-français, français-lettres, français-sciences, l'étonnante *quadrifurcation*, l'imprévue combinaison des cycles ; un cycle inférieur, un cycle supérieur, entre eux une longue *branche* et une petite *branche*, la branche

A, la branche B, et d'autres choses encore, qui semblent également constituer la formule algébrique de la bicyclette.

La morale et la philosophie furent l'objet de nombreuses dissertations, dont certaines mériteraient d'être retenues. Ainsi, le 13 février, M. Levraud, député radical et médecin, qui demandait la laïcisation de l'enseignement secondaire, la suppression des aumôniers de lycée et la destruction de l'enseignement congréganiste, traçait, pour les études, tout un plan de réformes. Il réclamait l'extermination de la pauvre philosophie, déjà bien restreinte cependant. D'après lui, elle déborde de spiritualisme et devrait être modifiée « de fond en comble »... « Supprimer la logique, la métaphysique, la théodicée »... et les remplacer par « des notions d'anthropologie et de préhistorique ».

Comme M. Levraud se plaignait que la plupart des livres employés dans l'Université, et publiés par des professeurs, soient remplis de systèmes démodés et continuent de sacrifier la physiologie, qui doit remplacer la vieille psychologie, M. Couyba, un autre libre-penseur, jugea nécessaire de le contredire et lui adressa l'observation suivante :

« Le livre de philosophie qui, actuellement, est, je crois, *le plus lu* au point de vue de la psychologie, c'est le livre de M. Rabier, directeur de l'enseignement secondaire. Or, il n'est douteux pour aucun de ceux qui ont lu ce livre que M. Rabier a voulu que, de plus en plus, la psychologie devienne physiologique et scientifique. Vous voyez donc que la métaphysique perd beaucoup de place dans la psychologie, de même que *dans la morale* et les autres sciences philosophiques ».

Cette appréciation de l'influence exercée par la doctrine du directeur de l'enseignement secondaire éveilla ma curiosité. J'avais jusqu'alors la persuasion que l'ouvrage intitulé *Leçons de philosophie*, imprimé en 1888 et tout de suite couronné par l'Académie, attendait encore son complément. Les deux premiers volumes sont de la même date et traitent, le premier, de la psychologie, le deuxième, de la logique. Le troisième devait exposer la morale et la métaphysique.

Il avait donc paru ? Du moins cela paraissait probable. Rencontrant un prêtre qui est fort au courant des travaux philosophiques, je l'interrogeai. Avec l'hésitation qu'on éprouve à laisser voir de l'ignorance, je demandai depuis quelle date le troisième volume de M. Rabier était imprimé. Mon abbé sourit largement :

— Depuis quelle date ? Mais il n'a pas encore paru.

— Ah ! bien. C'est ce que je supposais d'abord, quoique les deux premiers soient dans le commerce et dans l'enseignement..., depuis quinze années environ.

— Oui, depuis 1888.

— Ainsi, repris-je (un peu soulagé), ainsi M. Rabier, qui donna coup sur coup deux gros volumes, n'a pas réussi à terminer le troisième et non le moins important, puisque celui-là concerne la morale, sujet redevenu très actuel ! Rien en *quatorze ans !* C'est singulier.

L'abbé souriait toujours : — Eh ! comment voulez-vous qu'il l'achève ? Le système adopté par M. Rabier décapite la métaphysique et, ainsi, la morale. Au moment de les amener sur la scène, l'auteur n'a plus le moyen de les faire tenir debout. Donc, il les garde dans la coulisse, quoiqu'il ait annoncé plusieurs fois leur apparition comme celle de personnages qui devaient donner à la pièce philosophique un dénouement et un sens.

Nous tombâmes d'accord que cette résolution, très préjudiciable aux *Leçons de philosophie*, honore néanmoins M. Rabier. Un homme qui possède beaucoup de savoir, un vrai talent, de la pénétration et de l'ingéniosité et qui, plutôt que d'employer des subterfuges, se résigne à laisser incomplète, et même dépourvue de l'essentiel, l'œuvre qui lui est chère, cet exemple, très rare, commande le respect.

Moi, pour terminer mon petit examen, je profitai d'une course qui me conduisait du côté de la librairie Hachette ; et, là, je m'informai si le troisième volume de M. Rabier était en préparation. On ne put m'en donner aucune nouvelle.

Je m'en revins rassuré, à mon point de vue

personnel, puisque je n'étais pas répréhensible pour ignorer un livre... qui n'existe pas. Je m'en revins songeur aussi, parce qu'enfin ce directeur de l'enseignement secondaire, philosophe distingué, réduit à laisser sa philosophie sans tête, se trouve dans une situation pénible. Son livre, « le plus lu » parmi les ouvrages philosophiques scolaires, manque de la morale, qui était justement le but pour lequel il fut entrepris !

Les *Leçons de philosophie*, je les avais oubliées quelque peu et je ne savais plus à quel degré M. Rabier est phénoméniste, autant dire illusionniste. Je me hâtai de vérifier, en relisant le tome premier, *la Psychologie*.

Elle est souvent en désaccord direct avec une partie des théories kantiennes. Parfois elle leur oppose la doctrine scolastique, notamment sur le corps et sur l'âme, sur l'origine des idées, sur la liberté et même, jusqu'à un certain point, sur la valeur du principe de causalité.

La métaphysique (réservée pour le troisième volume complémentaire) toujours attendue, toujours *in fieri*, elle est, dans ce premier volume, annoncée comme une autorité dont la place ne saurait subir aucun envahissement, ni le rôle aucune restriction. Ainsi, les divers aspects en sont énumérés : *Métaphysique de la nature* ou *cosmologie rationnelle*, qui concerne la matière, le mouvement, la vie, la force, l'espace, le temps, etc. ; — *Métaphysique de l'esprit*, ou *psychologie rationnelle*, qui étudie la nature de l'âme et du corps, l'immortalité de l'âme, etc., — *Métaphysique de l'absolu* ou *théologie rationnelle* : « Y a-t-il une cause première ? Quelle est-elle ? Est-elle dans le monde ou en dehors du monde ? Quels sont ses rapports avec le monde ? » L'inséparable union de la psychologie et de la métaphysique est affirmée nettement ; et M. Rabier constate qu' « on a toujours entendu par philosophie les sciences psychologiques et métaphysiques réunies » et qu' « il n'y a pas de grande école de philosophie qui n'ait eu une psychologie et une métaphysique » [1].

En expliquant le procédé par lequel se forme en nous l'idée de l'Absolu (synthèse du nécessaire, de l'infini, du parfait), M. Rabier dit que « l'absolu c'est pour nous la raison suffisante de toutes choses » et que « l'absolu s'appelle Dieu ».

On croirait que le philosophe, arrivé sur cette hauteur, va s'y établir, y travailler, y construire ou tout au moins s'y reposer. Mais non, il en descend à grandes enjambées, après avoir pris tout juste le temps de nous avertir qu'il se demande si le terrain est solide et si par hasard il n'y aurait pas là une fissure, même un grand trou dans lequel pourrait s'engloutir notre trésor intellectuel et moral. Parce que nous sommes amenés à concevoir l'Absolu, avons-nous la preuve que l'Absolu existe ? Cette idée correspond-elle à la réalité ? M. Rabier l'ignore et il laisse comprendre qu'il en doute. Il se défend d'avoir songé à « prouver l'existence de l'Absolu »[2]. Cette dernière question « demeure entière », puisqu'elle appartient à l'ordre métaphysique... et puisque nous attendons toujours la métaphysique !

C'est comme pour l'existence du monde extérieur. Et le professeur rappelle qu'il a expliqué comment nous acquérons l'idée du monde extérieur, sans être assurés que ce monde-là soit plus qu'une illusion. En effet, un peu auparavant, à propos du bien et du mal, il a dit que « la croyance à l'existence d'un monde extérieur est un problème de métaphysique », problème ajourné, naturellement. Toute solution est-elle donc suspendue? Non ; et, par fierté et par scrupule, tout en ajournant les solutions au futur (mais pas prochain) volume sur la métaphysique, M. Rabier fait spontanément des aveux : il est démuni d'un principe dont la métaphysique ne peut se passer, ou plutôt assujetti à une conception qui rend impossible cette doctrine métaphysique dont il aurait tant besoin, d'abord pour terminer son ouvrage et puis pour fournir les importantes solutions qui attendent l'entrée en scène de la métaphysique.

Puisqu'une théorie sur le monde extérieur (imaginaire ou réel) peut nous aider à juger si l'absolu (Dieu) existe autrement que dans notre imagination, voyons où en est M. Rabier à cet égard. Une note de huit mo... nous éclaire, mais sans éclairer la métaphysique, tant s'en faut ! Il envisage le cas où l'idée d'un monde extérieur aurait « pour origine une *illusion* due au jeu de *l'association des idées,* une sorte *d'hallucination,* comme dit Taine » ; — et, dans un renvoi, il écrit : « C'est la théorie que *nous croyons vraie* » ³. Il ne se dissimule point que, dans ce cas, la croyance naturelle et spontanée à l'existence d'un monde extérieur serait, en elle-même, sans valeur scientifique : il le reconnaît expressément et textuellement ⁴. La seule réserve qu'il joigne à cette conclusion, c'est le souvenir des efforts de Descartes afin d'acquérir une certitude scientifique. Donc M. Rabier tient pour *l'illusion,* pour l'espèce *d'hallucination* produite par « le jeu de l'association des idées ».

Peu substantielle, n'est-ce pas, la morale que l'on pourrait tirer de cette théorie. On devrait d'abord modifier tout notre langage, aussi bien la langue vulgaire que la langue savante et dire : — il nous semble qu'il y a une vérité et qu'il y a un devoir ; l'hallucination paraît prescrire, etc. — ; bref, comme dit le Marphurius de Molière, « parler de tout avec incertitude ». Il faudrait même se défier de notre existence individuelle ; car enfin nous n'en posséderions pas la preuve rigoureuse si nous refusions de recourir à la métaphysique. C'est la raison métaphysique qui nous empêche de confondre l'être et le néant, le bien et le mal, le faux et le vrai et d'émettre sérieusement des doutes comme ceux-ci : — peut-être que nous n'existons pas et que l'illusion seule est réelle ; peut-être que la distinction du bien et du mal est illusoire et hallucinative ; peut-être qu'il n'y a rien du tout, que le rien est tout, et que l'absurde est le vrai. — Le sens commun crie à l'extravagance, mais pourquoi ? Parce qu'il a, ordinairement sans le savoir, une complexion métaphysique. C'est elle qui le fait regimber devant de tels propos.

Sans doute, aussi longtemps qu'il fut professeur, M. Rabier n'a pas décliné la charge de distribuer de vive voix une instruction métaphysique et morale : il fallait bien qu'il fît sa classe ; et l'on a rencontré des cahiers où son cours est lithographié ; mais, depuis quatorze ans, il s'abstient de l'imprimer, laissant incomplet et dépourvu de l'essentiel le fruit de son savoir et de son labeur. *Pendent opera interrupta.* Exemple rare ! Beaucoup d'auteurs, ayant enfilé une impasse, continuent d'enseigner, reculent doucement ou brusquement et reprennent une libre allure comme si rien de fâcheux ne leur était survenu ! M. Rabier n'a pas voulu employer un pareil expédient ; et « le livre le plus lu au point de vue de la psychologie » reste privé d'une suite indispensable. La Chambre ignore ce trait de haute délicatesse et aussi la lacune sans remède par laquelle est débilité l'ouvrage qui passe pour avoir apporté à la morale un secours décisif. Les deux faits, cependant, justifieraient bien quelque *rectification au procès-verbal.*

CHAPITRE XIII

LA PAILLE DES MOTS ET LE GRAIN DES CHOSES

Leibniz déplorait que les hommes fussent portés à prendre si souvent « la paille des mots pour le grain des choses ». Vieille habitude qui a, nous le voyons, plus d'empire que jamais. On fait de cette « paille » une étonnante consommation, qui nourrit très mal les intelligences.

Un des personnages des *Déracinés* demande à Taine quel est le résultat principal et caractéristique de la besogne accomplie par la philosophie moderne. L'illustre philosophe répond que c'est d'avoir introduit et fait prédominer dans la société la notion du relatif. Évidemment authentique, ce résumé est très exact. M. Maurice Barrès a été bien inspiré de le noter parmi les détails qui donnent la valeur de la critique et de l'histoire à son roman original et robuste.

— *La question a une importance relative.* — *Nous vivons dans le relatif* — *Tout est relatif...* — c'est le propos, la réflexion et la conclusion de tous les jours. Mais, par cette formule, que veut-on dire ? Puisqu'on l'emploie si souvent, si aisément et avec tant d'assurance, elle a un sens connu et ce sens doit pouvoir s'exprimer...

Eh ! bien, il paraît que non. Ce relatif serait indéfinissable ; et nous n'aurions même aucune bonne raison d'essayer de le définir. On le nomme, parfois on l'invoque, en toute familiarité ; il se laisse faire ; on use de lui comme d'un fétiche très accommodant. Est-ce que la conscience, la morale, le progrès, l'idéal sont mieux compris ou sont de composition moins facile ? On est obligé de les adorer ; mais on se dédommage, puisqu'en même temps on les berne. Ce fétichisme verbal est réputé fort avantageux.

Malheureusement, la puissance protectrice qu'on lui attribue manque d'efficacité et laisse les choses aller de travers. Comment faudrait-il procéder pour remettre en bon état notre monde relatif, qui a un besoin évident de réparations ?

La première mesure, sans doute, consisterait à examiner de quoi il dépend, puisqu'il est relatif. D'accord avec tous les philosophes, M. Rabier enseigne que « l'idée du relatif suppose celle de l'absolu »[1]. L'absolu, les penseurs osent à peine lancer un regard de ce côté ; et aussitôt après, les yeux éblouis et une courbature dans le cerveau, ils se retournent vers les ombres du relatif.

Mais le relatif ne puise pas sa force en lui-même ; et il s'use. Oui, il s'use. Par exemple, dans l'*Introduction* que le commissaire général de l'Exposition universelle de 1900, M. Picard, a rédigée au nom du jury international pour la partie des sciences, nous lisons : « La thermodynamique autorise à penser que l'univers marche fatalement dans un sens déterminé, les énergies utilisables *s'usant* incessamment » [2]. Notre monde consume sa provision de force et, avec lui, les mondes qui sont de la même nature que lui.

Labiche se donna, un jour, la satisfaction d'écrire à quelque poète de ses amis : « Envoie-moi de tes vers. Si tu n'en as qu'un, envoie-le moi tout de même, pourvu qu'il ait une rime riche ». A quoi rime le relatif, séparé de l'absolu ? Au fond, ce n'est pas moins drôle que la plaisanterie du vaudevilliste académicien ; et on constate encore un superflu de drôlerie fourni par la solennité des pontifes.

M. Buisson dit que le sentiment religieux (humain) lui conseille parfois d'ouvrir la fenêtre pour regarder du côté de l'infini. Alors il contemple le firmament, la « nuit étoilée » dont Emmanuel Kant savourait la splendeur mystérieuse. Mais le monde étoilé, de quelque immensité qu'on l'imagine, c'est le monde fini, dépendant, relatif, le monde qui s'use. On s'en sert comme d'un écran pour masquer l'infini, qui, lui, ne subit aucune déperdition. On renverse l'ordre, afin que le fini ait l'empire souverain. Et la loi morale, elle aussi, est opposée au Créateur, qui en est le principe et la source. Comme le tribun Jaurès, M. le pédagogue Payot morigène Dieu et veut que la nature gouverne le surnaturel. Et M. le pédagogue Buisson supprime le surnaturel, ce qui aboutit à concevoir la nature comme ayant en elle-même son principe et sa raison d'être, comme étant sa propre cause, c'est-à-dire une nature surnaturelle ; ou bien à ne rien concevoir du tout : solution plus simple, facilitée encore par l'incohérence dans laquelle s'épanouit le fétichisme verbal.

Ainsi donc, il faudrait maintenant songer à l'absolu ? Dame ! puisque sans lui le relatif n'a point de sens. Pour parler raison, on a besoin de mettre de l'ordre dans les idées. Oui, vraiment. Etrange nouvelle, n'est-ce pas ? Le monde moderne était si bien accoutumé au gâchis !

Il y a quinze ou dix-huit ans, Paul Janet, qui n'avait, envers la raison, que d'aimables desseins, apostrophait les penseurs indépendants perdus dans les systèmes et dans la terminologie : « Etes-vous avec Fichte, pour l'idéalisme subjectif ? ou bien avec Schelling, pour l'idéalisme positif ? ou bien avec Hegel, pour l'idéalisme absolu ? ou bien avec Jacobi, pour la philosophie des croyances ? ou bien avec Schopenhauer, pour la philosophie de la volonté ? » On pourrait prolonger indéfiniment l'énumération interrogative : — Etes-vous avec Auguste Comte, qui croyait déposséder toutes les vieilles religions et qui finit par organiser, sur le papier, une religion dont, naturellement, il voulait devenir le pontife ? avec Littré, qui, après soixante ans d'un labeur prodigieux, confessait ne rien savoir sur l'origine de l'homme ni sur l'origine du monde et encore moins sur le sens que l'un et l'autre pouvaient présenter ? avec l'agnostique Herbert Spencer, qui refuse de laisser éliminer la notion de l'absolu ? avec Renan, qui chantonnait tous les airs ? Les penseurs incrédules ne répondraient pas, sous prétexte de fierté ; au fond, parce qu'ils ignorent comment ils pourraient commencer à débrouiller le chaos.

Vers la fin de 1901, M. Berthelot était, en pleine Sorbonne, félicité comme « le seul de tous les chimistes vivants », qui eût pu embrasser l'ensemble des progrès accomplis dans le monde de la chimie. Il compte même qu'après lui personne ne goûtera cet avantage ni cet honneur. Il l'a déclaré à un maître intervieweur, M. Huret, du *Figaro* :

« Je suis l'un des derniers, *le dernier même, je crois,* qui puisse dire qu'il possède une idée complète de la science chimique, dans toute son étendue, et cela parce que je suis arrivé à un moment où il était encore possible d'en embrasser tous les éléments. On peut affirmer que, désormais, *ce sera impraticable.* » Il n'y a pas que la chimie, ajoutait M. Berthelot, montrant sur sa table trois journaux de médecine qu'il reçoit chaque jour. Il faisait aussi allusion aux autres sciences, dont il entrevoit la stagnation prochaine, pour cause de débordement rapide et continuel : « ... Pour généraliser utilement, il faut partir de faits exacts. Or, le cerveau humain, ne pouvant plus absorber l'immense majorité des faits acquis par les sciences, ne pourra plus généraliser, c'est-à-dire s'étendre, se développer, progresser. Je prévois donc, pour un temps futur, une période où le progrès intellectuel restera stationnaire » [3].

En effet, un coup d'œil sur l'extension et la multiplicité des sciences donne le vertige. C'est un prodigieux amas de richesses, exposé à dépérir, en raison même de son développement. Vaste et divisée à ce point, la science tourne au chaos. Pour la rendre praticable, il y faudrait une classification, qui, par elle-même, ouvrirait des chemins et permettrait des vues d'ensemble.

On a parfois rêvé d'une initiative que pourrait prendre quelque membre de l'Institut, lequel exhorterait ainsi tranquillement ses collègues : « S'il vous plaît, où en est donc la pensée moderne et d'abord la pensée scientifique ? Nous devrions pouvoir dire un mot là-dessus. Chacun de nous s'excuse en assurant qu'il est noyé dans un océan de phénomènes et qu'il ignore ce qui se passe à côté de lui. Tel astronome s'en rapporte au physicien, qui compte sur le géologue, lequel attend l'opinion du physiologiste, lequel se plaint des incertitudes du philosophe. Et les historiens et les économistes et les jurisconsultes !

« Notez qu'il ne s'agit pas du tout de prononcer le dernier mot du savoir... Au contraire, c'est le premier que l'on réclame. Nous n'allons pas laisser le public poser éternellement ?

« Tenez, un des nôtres, M. de Freycinet, a suggéré le moyen de commencer la besogne. Dans un livre intitulé : *Essai sur la philosophie des sciences*, cet homme pratique propose que les savants de profession fassent chacun le résumé de « leur science favorite ». Puis, on s'occuperait de grouper ces inventaires partiels. On ferait, s'il le fallait, un troisième, un quatrième résumé. En somme, c'est la méthode de l'épicier qui veut savoir ce qu'il a en magasin.

« La comparaison n'est-elle pas assez noble ? Inspirons-nous au moins de l'exemple du *Bon Marché*. Les comptoirs et les *rayons* sont joliment variés, là : cependant, on y dresse l'inventaire tous les mois, certains disent toutes les semaines. Est-ce que le *Bazar de la Science* ne pourra jamais se mettre au niveau du *Bon Marché* ? Nous vendons de tout, nous aussi ! »

En pareil cas on procéderait comme dans les explorations et dans les inventaires, puisque l'entreprise a ce double aspect. On choisirait des points de repère, on tracerait les grandes lignes d'une carte et l'on dessinerait un plan qui peu à peu se remplirait.

Un effort très considérable est accompli déjà ; mais non pas à l'Institut officiel : dans le monde de la science chrétienne ; et il a donné une œuvre constituée, tout entière et destinée à de plus grands succès. M. l'abbé Blanc, professeur de philosophie aux Facultés catholiques de Lyon, a composé, rédigé et fait imprimer, un *Dictionnaire universel de la pensée*. Le volume est majestueux et lumineux. Là se suivent (après l'ordre alphabétique) les mots classés dans leur ordre *logique*, chacun entouré de ceux auxquels il se rapporte, et tous rendant visible, par leur seule disposition, l'enchaînement des *idées* et des *choses*. Organisée d'après la structure et le fonctionnement de l'intelligence humaine cultivée, cette encyclopédie se lit comme un traité ou comme une histoire. Le premier mot est « Dieu ». Ainsi ouverte par la théologie, l'encyclopédie se continue par la métaphysique, la logique, la psychologie, la morale, l'anthropologie, la sociologie, etc ; ensuite viennent les sciences naturelles, physiques, mathématiques, l'histoire, politique ou littéraire, la bibliographie, etc. Ce grand dictionnaire, de 1600 pages, représente un cadre dont les dimensions peuvent s'élargir presque indéfiniment et contenir dix, cinquante ou cent volumes. Ils seront tous à leur place, comme dans la bibliothèque la mieux rangée. L'extension est d'ailleurs commencée. Elle s'effectue selon un plan gradué, même au point de vue du format ; car d'abord M. l'abbé Blanc prit pour type un simple volume in-12, qui d'ailleurs fut très vite admis dans les écoles et dans les collèges libres : c'était la maquette.

En attendant l'heure de la développer, il publiait six volumes (un *Traité de philosophie scolastique* et une *Histoire de la philosophie*) une série d'opuscules sur la synthèse des sciences, sur le libre-arbitre, sur la question sociale, etc. Doué d'autant de persévérance que de modestie, ce grand travailleur a poursuivi avec méthode l'œuvre réclamée par la science et par la foi et dont un prochain avenir verra les proportions monumentales.

Avouons cependant que la pédagogie libre-penseuse suit parfois un certain ordre. Il consiste dans une sorte de renversement et de parodie systématiques, dans une contrefaçon à rebours. Ainsi, les onctueuses et solennelles formules élaborées par M. Buisson : « Il y a quelque chose en moi... qui est sans doute de la même essence que les lois éternelles de l'univers... L'esprit qui est en moi se reconnaît dans l'esprit qui est hors de moi » [4] représentent la dénaturation de l'enseignement biblique. En effet, le Dieu de la Bible dit : « Faisons l'homme à notre image et à notre ressemblance. *Faciamus hominem ad imaginem et similitudinem nostram* » [5]. D'après M. Buisson, notre tour serait venu d'accomplir la même merveille et elle ne dépendrait que de notre volonté, puisque « croire en Dieu, ce n'est pas croire que Dieu est, c'est vouloir qu'il soit ». Et si nous ne voulions pas, existerait-il néanmoins ? Et quelle utilité trouvons-nous à ce qu'il existe, s'il dépend de nous ? L'homme réalisant Dieu ; ce Dieu humain aidant l'homme à réaliser la totalité de l'Etre, voici la Trinité dérobée à la Révélation par Hégel et, bien entendu, contrefaite, déguisée, caricaturée.

A quoi donc songeait M. Buisson de railler les croyants qui ont besoin que Dieu s'appelle Trinité ? (*La Religion, la morale et la science*, etc. Appendice, page 253). Pas de surnaturel, déclare-t-il, s'imaginant l'escamoter d'un geste. Mais alors la nature prendrait soudain le caractère surnaturel, puisqu'elle existerait par ses propres forces ; et voilà la contradiction dans les termes. Comme dit Pascal, a propos d'un autre sujet, « cela est impossible et d'un autre ordre ». Hégel lui-même avait aperçu l'insondable profondeur du dogme qui permet à la créature de conduire son regard vers l'Absolu réel, vivant et fécond. Assurément nous ne comprenons pas cette existence, mais la Trinité nous fait entrevoir le monde supérieur où règne le prodige que Dante a chanté, l'unité plurale non-circonscrite et qui circonscrit toute chose :

Quell' uno e due e tre che sempre vive,
E regna sempre in tre e due e uno,
Non circonscritto, e tutto circonscrive.

Continuant Hégel, M. Buisson veut poser la

réalité à l'envers. C'est une entreprise audacieuse et encore plus inconsidérée.

M. le Recteur Payot préférerait un certain ou très incertain manichéisme : la seule vérité bien établie étant la maladresse de Dieu à pratiquer la loi morale. M. Payot ne dit pas quelle est l'origine de la loi morale. Il ne renseigne pas là-dessus les quinze ou vingt mille instituteurs ou institutrices qui puisent une philosophie et une morale dans le *Volume ;* mais il leur recommande la sévérité vis-à-vis de Dieu, qui doit « se soumettre ou se démettre ». Quand Dieu aura donné des preuves de bonne volonté, les hommes pourront user d'indulgence envers lui, car on croit que les hommes disposent de la justice et de la miséricorde et que, certainement, ils valent beaucoup mieux que la divinité !
Les défauts dont ils souffrent encore seraient surtout les défauts de la nature divine, laquelle serait tout au moins entachée d'arbitraire.
Les pédagogues ont défiguré la volonté divine, comme les historiens révolutionnaires la volonté du monarque français. La vieille formule « car tel est notre bon plaisir », ou plus souvent et plus anciennement, « car tel est notre plaisir » est empreinte aujourd'hui d'une signification toute capricieuse qu'elle n'eut jamais pendant des siècles et surtout à l'origine. Quand Beaumanoir écrivait: « ce qui plaît à faire au roi doit être tenu pour loi », il interprétait la pensée générale :

que le roi personnifiait « le commun profit », l'utilité publique [6]. Dans la *Bibliothèque de l'École des Chartes*, M. Demante a exposé le sens véritable du mot *plaisir : placitum*, qui signifie « *volonté* » en vertu de l'autorité et conformément à la justice, *Legum placita, Placere senatui... Sancimus, Decernimus, Placet*. Les *Actes des Apôtres*, au sujet du concile de Jérusalem disent : « *Placuit apostolis et senioribus cum omni Ecclesia* ». M. Demante rappelait que le mot incriminé est demeuré dans la procédure moderne : « Plaise au tribunal... Requiert qu'il vous plaise... » [7]. Les avoués et les avocats n'ont pas l'intention d'invoquer la fantaisie des juges. Et, comme l'a fait remarquer M. Léopold Delisle, « le bon plaisir du roi était une locution courante dans la société du xviii° siècle ; elle ne choquait personne en France, pas même les parlementaires, qui se faisaient un point d'honneur d'allier au plus absolu dévouement à la royauté le plus scrupuleux souci des prérogatives de leur compagnie et des privilèges de leurs villes ou de leurs provinces » [8].

Bien moins encore, ou plutôt sans nulle comparaison, la souveraineté infinie... Mais ce n'est pas la peine de le dire. Les hommes qui ne sont pas obsédés par le désir de remanier la religion sur leur mesure savent bien que la volonté divine est la justice même. Les autres auraient besoin d'abord de perdre l'habitude de semoncer le Créateur, habitude qui se répand dans la pédagogie, surtout par les soins de M. le Recteur Payot.

En somme, l'interversion et la contrefaçon systématiques, le fini dominant l'infini, la nature absorbant le surnaturel, la justice humaine imposant à Dieu la justice... Et puis la Déclaration des Droits de l'Homme transformée en *Credo* pour montrer l'inutilité de tout Credo ; le doute proclamé comme le principe de la vérité absolue, lequel principe est qu'il n'y a point de vérité absolue ; des dogmes laïques fondés sur la règle qui exclut tout dogme... Enfin une doctrine, une religion et bientôt une église laïques, car il ne faut pas laisser les pontifes sans ouvrage...

Oui, une église et un culte. De bonne heure M. Payot en a manifesté le désir et a indiqué le moyen d'assurer à la libre-pensée la direction des consciences : « Si l'Université, avec sa culture morale supérieure, sa science profonde, *empruntait à l'Eglise catholique* tout ce que l'admirable connaissance du cœur humain a suggéré à cette prodigieuse institution, l'Université *gouvernerait*, sans conteste et sans rivalité possible, *l'âme de la jeunesse* » [9].

Tant de contrefaçons laissent la foule déçue et défiante. Elle cherche un enseignement qui se soutienne d'un bout à l'autre, qui mette les choses en leur place et qui, avec franchise et avec logique, aborde les problèmes essentiels. « La morale, dit M. Brunetière, n'est rien que l'ensemble des préceptes qui gouvernent la conduite. Et d'où voulez-vous que dérivent eux-mêmes ces préceptes, sinon de l'idée que nous nous formons de notre destination ? Mais là même est le domaine de la croyance. Que devons-nous croire de nous-mêmes et de notre rôle en ce bas monde ? Comment devons-nous traiter nos semblables ? Sont-ils faits pour nous ? Sommes-nous faits pour eux ? Ou tous ensemble sommes-nous faits pour travailler à une œuvre commune ? Devons-nous user de la vie comme n'en usant pas ? Ou devons-nous croire qu'elle ne nous a été donnée que pour en jouir ? Toutes ces questions assurément sont bien simples, elles sont bien banales, ce sont des questions quotidiennes. *Nous les tranchons sans nous en douter, à toute heure et en toute occasion...* Mais qui ne voit qu'elles relèvent et qu'elles dépendent de la « croyance » et qu'à l'origine des unes ou au terme des autres nous retrouvons l'acte de foi ? » [10].

Alors que beaucoup d'hommes distingués et bien intentionnés continuent d'hésiter devant des déclarations qui les attirent, qui les intimident et qui les laissent embarrassés dans l'effort, occupés à chercher des formules et des périphrases, M. Brunetière, lui, emploie carrément les mots justes réclamés par les idées vraies.

Certaine philosophie, certaine pédagogie et

certain dilettantisme lettré ou badaud, niais ou pervers, sont effarés d'entendre M. Brunetière, ce puissant prosateur, ce maître polémiste, jadis plus ou moins libre-penseur, affirmer et démontrer l'autorité, la noblesse et la fécondité du dogme. Le courant de sentimentalité religieuse qui s'appelait, hier encore, le néo-christianisme, apportait un véritable péril pour le prestige de la foi. Nos ennemis n'avaient pas manqué de dire que les nouveaux apôtres de la croyance étaient précisément dépourvus de croyance et même n'en voulaient pas avoir. Il y avait là, en effet, une sorte d'aveu de faiblesse fondamentale, où l'on apercevait une irréductible hostilité. Entre autres services, nous devons à l'illustre écrivain d'avoir dissipé ce brouillard et poussé tout un public sur la route qui mène directement vers la région de la pleine lumière.

On annonce de nouvelles menées, on prévoit des combats plus violents : c'est dans le combat que l'Eglise a grandi. La lutte pour les Investitures, appelée de ce nom de « Querelle » qui présente aujourd'hui un sens anodin ; le grand schisme, l'assaut donné par le paganisme ressuscité, l'hérésie protestante furent des crises au milieu desquelles semblaient se rompre les murailles et les fondations du monde chrétien. Si cruel que soit le conflit, il ne l'est pas davantage qu'à l'époque où la Papauté fut en proie au déchirement ; lorsque les peuples se demandaient quel était le vrai Pontife ; lorsque, selon le mot de l'héroïque Catherine de Sienne, « l'excès du mal s'abattit sur l'Eglise ». Alors, la foi et la science elles-mêmes se lamentaient par la bouche de Giovanni dalle Celle : « Ils disent que le monde doit se renouveler ; je dis, moi, qu'il doit périr ». Envisagée de loin, la tourmente du quatorzième siècle produit l'effet d'une force gigantesque propre à tout renverser et qui fut domptée cependant. Grégorovius a parlé pour tous les adversaires de l'autorité pontificale en souscrivant cet aveu : « Un royaume temporel y eût succombé, mais l'organisation du royaume spirituel était si merveilleuse, l'idée de la Papauté si indestructible, que cette scission, la plus grave de toutes, ne fit qu'en démontrer l'indivisibilité ».

L'autorité que le laïcisme croyait ruiner, le laïcisme finira par la servir malgré lui, lorsque, dévoilé et manifesté tout entier (et nous touchons à cette heure), il apparaîtra ce qu'il est essentiellement : une contrefaçon ; une vaste entreprise où l'on voit des chimistes, des physiologistes, des naturalistes, traiter, au nom de la science, mainte question qu'ils n'ont pas étudiée ; des pédagogues, amenés, de découverte en découverte, c'est-à-dire d'échec en échec, à improviser l'éducation, puis la morale, puis la philosophie, puis une espèce de métaphysique anti-métaphysique dans laquelle les grands mots *Nature, Conscience, Devoir, Idéal, Progrès,* inexpliqués et solennels, trônent comme des fétiches ; certains libéraux, passant de la déception à la colère, transformer la liberté en doctrine impérative et le doute en dogme ; des gens haineux ou dédaigneux envers l'Eglise et non moins ambitieux de contrefaire le *Syllabus* ; enfin, tout un débordement de prétentions étourdies.

NOTES ET RENVOIS

CHAPITRE PREMIER

Les grands mots

1. Voltaire, *Dictionnaire philosophique*, au mot *Nature*. — 2. Rousseau, *Emile*. Livre IV. — 3. Kant, *Critique de la Raison pratique*. Livre I. Chapitre III. — 4. Taine, *Les origines de la France contemporaine*, L'Ancien Régime, p. 312. — 5. M. Proal, *Des suicides par misère à Paris*. (*Revue des deux Mondes*, Novembre 1898). — 6. M. Clémenceau, *La Mêlée sociale*, p. 29. — 7. M. Sully-Prudhomme, *Le Bonheur* (La curiosité). — 8. M. Le Goffic, *Les romanciers d'aujourd'hui*, p. III. — 9. M. Philibert Audebrand, *Cent ans du roman français* (*Revue des Revues*, 1ᵉʳ février, 15 février, 1ᵉʳ mars 1901). — 10. M. Ch. Renouvier, *Victor Hugo le philosophe*, p. 377-378. — 11. A. de Pontmartin, *Causeries littéraires*. Tome I. — 12. Th. Gautier, *Mademoiselle de Maupin*, p. 23. — 13. Balzac, *Pierrette*. Préface. — 14. A. de Pontmartin, *Causeries littéraires*. Tome I. — 15. A. Nettement, *Histoire de la littérature sous le gouvernement de Juillet*. 1ᵉʳ vol. — 16. M. F. Brunetière, *Le Roman naturaliste*. — 17. M. F. Brunetière, *Manuel de l'histoire de la littérature française*, p. 435. — 18. M. F. Brunetière, *Questions de critique*. 1 vol. p. 223. — 19. Ovide, *L'art d'aimer*. Ch. I.

Le Théâtre.

1. M. Ferdinand Brunetière, *Manuel de l'histoire de la littérature française*, page 433. — 2. Id. — 3. Id., p. 437. — 4. Saint-Marc Girardin, *Cours de littérature dramatique*. T. I, 339. — 5. Louis Veuillot, Les *Libres-Penseurs*, 71-73. — 6. M. Augustin Filon : *De Dumas à Rostand*, 21. — 7. M. Louis Chevalier, Nos contemporains, d'après le théâtre de ce dernier quart de siècle. (*Revue bleue*. Août 1899). — 8. M. Augustin Filon, *De Dumas à Rostand*, 94. — 9. M. François Veuillot, *Revue du Monde catholique*, 1902. — 10. Louis Veuillot, *Les Odeurs de Paris* ; p. 134-135.

CHAPITRE II

La légende du maître d'école

1. *Bulletin de la Ligue de l'Enseignement*. N° 5. — 2. M. le Marquis de Moussac, *La Ligue de l'enseignement. Histoire. Doctrine*. 76-77. — 3. Id. — 4. Id. 74. — 5. Jean Macé, *Compte-rendu de la Ligue*. Rapport 1877. — 6. *Bulletin de la Ligue de l'enseignement*. Congrès annuel. 1881. — 7. M. Georges Goyau, L'*Ecole d'aujourd'hui*, 55. — 8. Id. *L'idée de patrie et l'humanitarisme*. — 9. M. Copin-Albancelli, *La Franc-Maçonnerie et la question religieuse*. Consulter le journal antimaçonnique *La Bastille*, dirigé par M. Copin-Albancelli et qui publie chaque semaine des observations et révélations très significatives. — 10. M. Brisson, *La Morale indépendante*. 1ᵉʳ N°. 1865. — 11. Paul Bert. Conférence faite au Havre. Voir le recueil intitulé *Le Cléricalisme. Questions d'éducation nationale*, publié par M. Aulard. Pages 130 et suivantes. — 12. Id., p. 106. — 13. Id., p. 125. — 14. M. Wyrouboff. *Revue de la philosophie positive*. (Novembre-Décembre 1883). — 15. M. Henri Marion, *Leçons de Morale*, p. 115. — 16. Renan. Discours sur les prix de vertu à l'Académie. 4 août 1881. — 17. M. F. Brunetière, *Manuel de l'histoire de la littérature française*. Page 511. — 18. *L'Echo de l'enseignement primaire* 1893, p. 120. — 19. *La Tribune des Instituteurs*, 1886, p. 243. —

20. *Union pédagogique française*, 1893, p. 280-285 (citée par M. Goyau). — 21. M. G. Fonsegrive, *Les livres et les idées*, p. 187-191. — 22. M. Sabatier. Correspondance du *Journal de Genève*. 7 et 14 octobre 1891. — 23. M. Tarde. *Revue pédagogique*. Mars 1897. — 24. M. Buisson. *Revue pédagogique*. Avril 1897. — 25. *Revue pédagogique*. Février 1897. — 26. M. Fouillée. *Revue des Deux Mondes*. 1897. T. I, pages 425, 434. — 27. Paul Janet. *Revue bleue*. (L'enseignement de la philosophie) 24 février 1894. — 28. M. Ernest Lavisse, *A propos de nos écoles*. Page 246.

CHAPITRE III

Certains savants. Le Banquet Berthelot

1. M. Brunetière. *Revue des Deux-Mondes*. (*Après une visite au Vatican*) 1ᵉʳ janvier 1895. Puis la brochure *Science et religion*. — 2. Condorcet *Esquisse d'un tableau des progrès de l'esprit humain*. Didot. T. IV, Œuvres. Page 395. — 3. Renan, *L'Avenir de la science*, 37. — 4. Edmond Schérer, *Études sur la littérature contemporaine*. Tome VIII, 182, 183. — 5. Edgar Quinet, *Allemagne et Italie*. Tome II, 380 et suivantes. — 6. Littré, *Études sur les barbares et le Moyen-âge*, 135 à 143. — 7. Renan, *Histoire des langues sémitiques*. Livre I, ch. 1, page 5. — 8. Renan, *Histoire d'Israël*, vii. — 9. Id. id. — 10. Id. id. xxix. — 11. Littré, *Auguste Comte et la philosophie positive*, 505. — 12. Littré. *Revue de philosophie positive*, janvier 1880. — 13. Ch. Darwin, *Correspondance*. Autobiographie, 1ᵉʳ volume, 364, 365. — 14. Ch. Darwin, *Correspondance*. Lettre à Gray, IIᵉ volume, 174, 175. — 15. M. Berthelot. *Science et morale*. Préface. Page XI. — 16. Id., XII. — 17. Id., 18-19. — 18. Id., 26. — 19. Id., XI. — 20. Id., XII. — 21. Id., 16. — 22. Jules Simon, *Histoire de l'École d'Alexandrie*. — 23. Vacherot, Histoire critique de l'École d'Alexandrie 1ᵉʳ vol. 200, 201. — 24. M. Berthelot. *Science et philosophie*, 36. — 25. Tyndall. — 26. M. Duclaux, Discours reproduit par la *Revue des Revues*, 15 mars 1900. — 27. M. Payot, *L'Éducation de la démocratie*, page 6.

CHAPITRE IV

L'éducation morale dans l'Université

1. Le *Volume*, 16 mars 1901. — 2. *Id.*, 9 février 1901. — 3. M. Jaurès, *De la réalité du monde sensible*, page 103. — 4. M. Anatole France, *Le jardin d'Epicure*, 55, 56, 65, 88, 89. — 5. Le *Volume*. — 6. M. Payot, *Les bases de la croyance*. — 7. Le *Volume*. 4 octobre 1902. — 8. *Id.*, 6 décembre 1902. — 9. *Id*. — 10. M. Payot, *L'éducation de la démocratie*, page 6. — 11. Le *Volume*. 4 octobre 1902. (Deuxième article. *Morale*). — 12. *Id*. 29 novembre 1902. — 13. *Id.*, 3 mars 1902. — 14. *Id. Id*. — 15. *L'Education morale dans l'Université*. Enseignement secondaire. Conférences et discussions présidées par M. Alfred Croiset. 1900-1901. — 16. *Id.*, Pages 3-6. — 17. *Id.*, p. 205. — 18. *Id*. p. 200-201. — 19. *Id.*, p. 203. — 20. *Id.*, p. 204. — 21. *Id*. p. 202. — 22. *Id.*, p. 207. — 23. *Id.*, p. 208. — 24. *Id*. p. 208. — 25. *Id*. Avant-propos. x et xi. — 26. *Id*. p. 209. — 27. *Id*. p. 210. — 28. *Id*. — 29. Le *Volume*. 4 octobre 1902. — 30. *L'éducation morale dans l'Université*. (Conférences et discussions). Page 209. — 31. *Id.*, p. 219. — 32. *Id.*, p. 220. — 33. *Id.*, p. 217.

CHAPITRE V

La solidarité. La dette sociale.

1. M. Léon Bourgeois. — 2. *Congrès international de l'éducation sociale*, Pages 328 à 333. — 3. *Bulletin de la Ligue de l'enseignement* 1896, p. 417. — 4. *Congrès international de l'éducation sociale*, 82. — 5. *Esquisse d'une philosophie de la solidarité*. Conférences et discours 1901-1902. Page 16. — 6. *Id*. 27. — 7. *Id*. 65. — 8. M. Fonsegrive. *Solidarité. Pitié. Charité*. 23-46. — 9. M. Brunetière, *Discours de combat*. Nouvelle série, 54. — 10. Saint Paul. I Cor. iv, 7. — 11. M. Fonsegrive. *Solidarité. Pitié. Charité*. Pages 45-46.

CHAPITRE VI

Propos divers sur le même sujet

1. M. DE LANESSAN. Le *Transformisme*. Préface, Pages 3, 8, 9. — 2. Id. Page 23. — 3. Id. — 4. Id. 76. — 5. M. LAVISSE. Le *Temps*. août 1900. — 6. Id. *Annales de la Jeunesse laïque*. Juin 1902. — 7. M. LIARD. Discours de novembre 1902. — 8. M. A. FOUILLÉE. *La conception morale et civique de l'enseignement*. Pages 131-132. — 9. M. le président BOURGEOIS. Discours prononcé le 6 juin 1902. — 10. M. BRUNETIÈRE. *Discours de Combat*. Première série. Page 225.

CHAPITRE VII

Les Jeunes filles

1. M. BUISSON. Discours prononcé sur la tombe de M. Pécaut. 5 août 1898. (Cité dans *l'Ecole d'aujourd'hui*, de M. Goyau). — 2. Id. — 3. M. GOYAU, *L'Ecole d'aujourd'hui*. Page 89. — 4. M. PÉCAUT, *Critique religieuse* (Cité dans *l'Ecole d'aujourd'hui*, 91). — 5. M. DARLU, inspecteur général de l'enseignement, *Revue pédagogique*, 15 février 1900. — 6. Publiées sous le titre *Quinze ans d'éducation*. — 7. Auguste SABATIER. Le journal le *Temps*, 2 août 1898. — 8. Félix PÉCAUT, *Quinze ans d'éducation*. Pages 298, 230. — 9. Id., 302-304. — 10. M. E. M. DE VOGÜÉ. *Les morts qui parlent*. 159, 162. — 11. Melle Gabrielle RÉVAL. Les *Sévriennes*. Page 31. — 12. Id. — 13. Id. p. 15. — 14. Id. 99. — 15. Id. 97. — 16. Id. — 17. *Journal de Genève*, 18 juillet 1900.

CHAPITRE VIII

Morale socialiste

1. M. JAURÈS. Discours prononcé à la Chambre, le 11 février 1895. — 2. Id. *Réalité du monde sensible*. Deuxième édi-

tion, page 108. — 3. Id. 109. — 4. Id. 55. — 5. Id. 61. — 6. Id. 66. — 7. Id. 102-103. — 8. Id. 354. — 9. Id. 422. — 10. Benoît MALON, La *Morale sociale*. Introduction par M. Jaurès. Page II. — 11. Id. — 12. Id., III. — 13. Id. — 14. Id. IV. — 15. Id. V. — 16. Id. — 17. Id. — 18. Id. VI. — 19. Id. 7. — 20. Id. 8. — 21. Id. 376. — 22. M. Georges RENARD, Régime socialiste. (Dans la *Revue socialiste*. Novembre 1897. Pages 516-517). — 23. id., 531-532. — 24. M. Gabriel DEVILLE, *Principes socialistes*. Pages 68 et suiv. — 25. Id. *Philosophie du socialisme*, pages 2 et 3. — 26. M. Jules GUESDE. *Essai de catéchisme socialiste*. (Bruxelles) Pages 9, 10, 25. — 27. Id., 24. — 28. Id., 28-29. — 29. Id., 30. — 30. Id., 78-79 — 31. M. FOURNIÈRE, *La famille idéale*. (*Revue socialiste*, mars 1898 ; pages 288-289). — 32. Id. (Mars-Avril-Juin 1898). — 33. *Les Annales de la Jeunesse Laïque*. Janvier 1903, page 238. — 34. Id., Décembre 1902, 200-202. — 35. *Comment on enseigne la morale* (Brochure de la collection des *Temps nouveaux*), 170.

CHAPITRE IX

L'impératif catégorique

1. SCHOPENHAUER, *Le fondement de la morale*. (Traduction de M. Burdeau). Page 195. (Note du traducteur). — 2. Id., 32. — 3. Id., 72. — 4. M. RUYSSEN, *Kant*. Pages 9 et 10. — 5. M. FOUILLÉE, *Le Kantisme*. (*Revue philosophique*. Novembre 1891. 463-464). — 6. Joseph de MAISTRE, *Soirées de Saint-Pétersbourg*. (Note XII, du cinquième entretien). — 7. M. CRESSON, *La Morale de Kant*. Pages 194, 195. — 8. *Revue de philosophie*, octobre 1902. (Résumé du cours de M. Brochard). — 9. M. BROCHARD, (Revue philosophique, février 1902). — 10. Id., — 11. Edmond SCHÉRER, *Études sur la littérature contemporaine*, vol. VIII. Pages 165, 166, 184, 185.

CHAPITRE X

La liberté autoritaire

1. *Petite République*, 26 octobre 1900 — 2. *Lanterne*, 16 fé-

vrier 1900.— 3. Id., 25 septembre 1901.— 4. Id. — 5. M. Léon
BRUNSCHWIG, *Introduction à la vie de l'esprit*, Pages 171-172.
— 6. *Lanterne*, 25 septembre 1901. —.7. *Annales de la Jeunesse
laïque*, décembre 1902. Page 214. — 8. Id., Janvier 1903. 256.
— *Petite République*, 25 août 1902.

CHAPITRE XI

L'évangile de M. Buisson

1. *La Religion, la Morale et la Science ; leur conflit dans
l'éducation contemporaine*. Quatre conférences faites à l'*Aula*
de l'Université de Genève (Avril 1900) par M. Ferdinand
BUISSON. Page 253. — 2. Id., 64-65. — 3. Id., 65. — 4. Id., 16.
— 5. Id., 136-137. — 6. Id., 138. — 7. Id., 25-26. — 8. 83-84. —
9. Id., 84. — 10. Id., 111. — 11. Id., 117. — 12. Id., 129. — 13.
Id., 130. — 14. Id., 193. — 15. Id., 254. — 16. Id., 104, 105, 106,
107, 108, 109. — 17. Id., 216-217. — 18. Id., 217. — 19. *Le Christianisme au XXe siècle. Journal de l'Eglise Réformée de France*.
2 janvier 1903. — 20. M. BUISSON, *La Religion, la Morale et la
Science*, etc. Page 223. — 21. Id., 180-181. — 22. Id., 108. —
23. Id., 254. — 24. Id., 253. — 25. M. FONSEGRIVE, *Le catholicisme et la vie de l'esprit*, 434. — 26. M. BUISSON, *La Religion,
la morale et la science*, 113-114. — 27. Id., 114. — 28. Id., 114.
29. Id., 93-94. — 30. Id., 108. — 31. Id., 123. — 32. Voir plus
haut, chap. IV. — 33. M. BUISSON, *La Religion, la Morale et
la Science*, etc. Pages 199. — 34. Id. 197.

CHAPITRE XII

« Le livre le plus lu en psychologie »

1. M. RABIER, *Leçons de philosophie*. Tome I. Pages 10 et
11. — 2. Id., 468. — 3. Id., 408. — 4. Id.,

CHAPITRE XIII

« La paille des mots et le grain des choses »

1. M. Rabier, *Leçons de philosophie.* Tome I. Page 464. — 2. — M. Picard, Introduction aux Rapports du Jury international. Page 31. — 3. *Figaro,* décembre 1901. — 4. M. Buisson. *La Religion, la Morale et la Science,* page 193. — 5. *Genèse,* ch. I, v-26. — 6. M. Luchaire, *Manuel des institutions françaises,* page 463. — 7. — M. Demante, *Bibliothèque de l'École des Chartes.* Tome LIV, pages 86, 90. — 8. M. Léopold Delisle, id., id. — 9. M. Payot, *l'Éducation de la volonté,* page 259. — 10. M. F. Brunetière, *Discours de combat* (Première série. *Le besoin de croire*) page 325.

NOMS PROPRES CITÉS

ALLART (Maurice), 259.
ANCELOT, 46.
ANDRÉ (général), 283.
ANDRIEUX, 46.
ARCHIMÈDE, 243.
ARISTOTE, 11, 245, 288.
ARLINCOURT (d'), 26.
ARNAULT, 46.
ATHÉNÉE, 41.
AUDEBRAND, 25.
AUGIER (Emile), 49, 50.
AULU-GELLE, 41.

BACON (Roger), 256.
BALZAC, 31, 33.
BANCEL, 254.
BARRÈS (Maurice), 315.
BELOT (Adolphe), 35.
BELOT, 143, 144, 146, 147, 148, 149, 150.
BEAUMANOIR, 325.
BENJAMIN CONSTANT, 26, 46.

BÉRANGER, 75.
BÉRENGER (Henri), 175, 185, 186, 188.
BERGERAT, 25.
BERNARDIN DE ST-PIERRE, 26.
BERNÈS, 146.
BERT (Paul), 71, 72, 73, 74, 78, 87, 274.
BERTHELOT, 101 à 112, 123, 142, 319.
BLANC (Louis), 185, 275.
BLANC (l'abbé Elie), 322.
BLANQUI, 172.
BONJOUR, 47.
BONZON, 87, 89.
BOSSUET, 11.
BOURGEOIS (Emile), 265.
BOURGEOIS (Léon), 153 à 166, 192 à 194.
BOURGET (Paul), 36, 37.
BRIFFAUT, 47.
BRISSON (Henri), 67 à 69, 234, 235.

BROCHARD, 245, 246, 248.
BRUNETIÈRE, 33, 34, 45, 47, 82, 97 à 101, 163, 164, 197, 328, 329.
BRUNSCHWIG (Léon), 261.
BUISSON (Ferdinand), 7, 86, 89, 91, 93, 158, 159, 182, 185 à 188, 204, 254, 262 à 264, 271 à 303, 317, 323, 324.

CATHERINE DE SIENNE (Ste), 330.
CÉBY (Jules), 265.
CELLE (Giovanni dalle), 330.
CÉSAR, 195.
CHARBONNEL, 186, 276.
CHASTAND, 252.
CHATEAUBRIAND, 26.
CHAUMETTE, 185.
CHENIER (André), 213.
CHÉNEDOLLÉ, 80.
CHEVALIER (Louis), 52.
CICÉRON, 11.
CLARETIE, 54.
CLÉMENCEAU, 19.
COMBES (Emile), 64, 283.
COMTE (Auguste), 142, 173, 176, 318.
CONDORCET, 99.
COPERNIC, 242, 243.
COPIN-ALBANCELLI, 65.
COPPÉE (François), 184.
COURBET, 134.
COURDAVEAUX, 65.
COUYBA, 306.
CRESSON, 244.

CROISET (Alfred), 137, 144, 159.

DAGAN, 254.
DANTE, 160, 324.
DARWIN, 99, 107, 108.
DAUDET (Alphonse), 36.
DEHERME, 250 à 254.
DELAVIGNE (Casimir), 46.
DELISLE (Léopold), 326.
DEMANTE, 326.
DENIS (abbé), 252.
DESJARDINS (Paul), 166 à 168
DEVILLE (Gabriel), 153, 226.
DIOGÈNE LAERCE, 41.
DONNAY, 53.
DOUMERGUE (E.), 57, 58.
DREYFUS, 282.
DUBOIS (A.), 80.
DUCLAUD, 111, 112.
DUCRAY-DUMINIL, 26.
DUMAS père, 32, 46.
DUMAS fils, 50, 51.

ERASME (d'Erbach), 184.
ESPAGNY (d'), 4.
EURIPIDE, 195.

FAGNIEZ, 185.
FAURE (Fernand), 65.
FAURE (Sébastien), 172.
FAVRE (Mme Jules), 215.
FERGUSSON, 243.
FERROUILLAT, 75.
FERRY (Jules), 74, 76, 87, 105, 271.
FEYDEAU, 35.

NOMS PROPRES CITÉS

FICHTE, 239, 242, 318.
FILON (Augustin), 50, 52.
FLAUBERT (Gust.), 34, 35.
FONSEGRIVE, 86, 163, 164, 294.
FONTENELLE, 298.
FOUILLÉE (Alfred), 94, 189, 231, 242, 305.
FOUQUIER (Henri), 20.
FOURIER, 299.
FOURNIÈRE, 230, 231, 233, 260, 261, 265.
FRANCE (Anatole), 40 à 42, 119, 120, 300.
FREYCINET (de), 321.

GABORIAU, 35.
GAMBETTA, 73, 74.
GAUTIER (Théoph.), 28, 48.
GAYRAUD (Abbé), 258.
GEORGE SAND, 30.
GILLOTIN, 83.
GOBILLOT, 131 à 133.
GOBLET, 76.
GOYAU (Georges), 63, 64, 80, 204.
GREGOROVIUS, 330.
GUESDE (Jules), 153, 226, 227, 229 à 231.
GUIRAUD, 46.

HAECKEL, 99.
HARRISSON, 176.
HÉGEL, 185, 284, 318, 324.
HERVÉ, 133, 135.
HERVIEU, 52.
HOMÈRE, 138.
HOUSSAYE (Arsène), 35.

HUGO (Victor), 22, 27, 46, 48, 66, 201.
HURET, 319.
HUXLEY, 111.

JACOBI, 318.
JANET (Paul), 94, 318.
JANVION, 254.
JAURÈS, 118 à 120 ; 172, 179, 193, 217 à 222, 260, 266, 285, 286, 318.
JEAN (saint), 286.
JOUY, 46.

KANT, 7 à 9, 121, 124, 127, 129, 130, 142, 239 à 247, 296, 317, 318.
KOCK (Paul de), 26, 46.
KROPOTKINE (Prince), 230.

LABICHE, 317.
LA FONTAINE, 81.
LANESSAN (de), 177 à 179.
LAPICQUE, 133.
LA TOUR SAINT-YBARS, 49.
LAVEDAN (Henri), 52.
LAVISSE, 95, 179 à 185.
LEBRUN, 46.
LECONTE DE L'ISLE, 51.
LE GOFFIC, 25.
LEIBNIZ, 11, 315.
LEMIRE (Abbé), 258.
LESSING, 240.
LEVRAUD, 306.
LEVY-BRUHL, 138, 139.
LIADIÈRES, 47.
LIARD, 79, 188, 190, 191.
LICHTENBERGER, 84.

Littré, 104 à 107, 275, 319.
Loti, 37.

Macé (Jean), 59 à 63.
Maistre (J. de), 5, 197, 240, 243.
Malapert, 140 à 146, 150.
Malon (Benoît), 220 à 223, 226, 227.
Marc-Aurèle, 23.
Marion, 79.
Margueritte (Paul et Victor), 42, 234.
Marx (Karl), 226.
Maupassant (de), 38, 39.
Mazères, 46.
Malleville, 46.
Mérimée, 34.
Molière, 312.
Moltke (de), 58.
Montalembert (de), 275.
Montépin (de), 35.
Moziman (colonel), 58.
Mun (Cte de), 257.
Musset (A. de), 29.

Napoléon, 133, 134.
Naquet, 233, 234.
Néron, 23.
Nettement (Alfred), 33.
Pascal, 122, 148, 324.
Paul (saint), 284.
Paulsen, 241.
Payot, 112 à 136, 146, 193, 219, 299, 318, 325, 327.

Pécaut (Félix), 85, 86, 203 à 209, 269.

Périé, 93.
Philelphe, 41.
Picard, 46.
Picard (Alfred), 317.
Pigault-Lebrun, 26.
Piou (Jacques), 257.
Platon, 11, 22, 110.
Pline, l'ancien, 195.
Plotin, 109, 110.
Pogge (le), 41.
Ponsard, 49.
Ponson du Terrail, 35.
Pontmartin (A. de), 28, 32.
Pressensé (de), 252.
Prévost (Marcel), 40.
Proal, 16.
Proudhon, 170, 172, 254, 258.
Ptolémée, 242.

Quinet, 103, 104.

Rabier (Elie), 306 à 313, 316.
Renan, 23, 81, 82, 99, 104, 105, 110, 282, 319.
Renard (Georges), 224.
Renault-Morlière, 256.
Restif de la Bretonne, 26.
Réval (Gabrielle), 211.
Ribot, 257.
Richet (Ch.), 196, 198.
Rocafort, 146.
Rod (Edouard), 37.
Rolewink, 184.
Rousseau (J.-J.), 7.

Rousset (Camille), 134.
Ruyssen, 240.

Sabatier (Auguste), 86, 88, 89, 206, 264, 271, 294.
Saint Marc-Girardin, 48.
Sangnier, 252.
Schelling, 318.
Schérer (Edmond), 100, 175, 247, 248.
Schiller, 240.
Schleiermacher, 205.
Schopenhauer, 8, 127, 138, 233, 238, 239, 242, 299, 318.
Scribe, 47.
Séailles, 166 à 174.
Senancour, 26.
Sénèque, 11, 196.
Simon (Jules), 109.
Socrate, 207.
Sophocle, 138.
Sorel (G.), 153.
Soulié (Frédéric), 32.
Soumet, 46.
Spencer (Herbert), 176, 287, 319.
Spinosa, 127.
Stael (Mme de), 26.
Stendhal, 26, 46.
Stuart-Mill, 142.
Sue (Eugène), 33.

Sully - Prudhomme, 22, 166 à 168.

Taine, 9, 11, 312, 315.
Talleyrand, 198.
Tarde, 89 à 93.
Térence, 284.
Thomas (Saint), 11, 170.
Tite-Live, 138.
Trithème, 184.
Tyndall, 111.

Vacherot, 110.
Veuillot (Louis), 49, 54, 198.
Veuillot (François), 53.
Viennet, 47.
Vigny (A. de), 34, 46, 49.
Virgile, 138.
Viviani, 259.
Vogué (Vte E. M. de), 209, 210.
Voltaire, 5, 6, 22, 84.

Wagner, 252.
Waldeck-Rousseau, 254 à 258, 268, 283.
Waldersee (général de), 58.
Wimpheling, 184.
Wyrouboff, 79.

Zola, 23, 42.

TABLE ANALYTIQUE DES MATIÈRES

CHAPITRE PREMIER

Les grands mots

(*Nature, Morale, Conscience, Devoir, Raison, Idéal, Liberté, Justice*).

Dans le Public. — Ennui et misère. 1
Dans la littérature. — Roman et Théâtre. . . . 24

CHAPITRE II

La légende du maitre d'école

I. — *La période d'enthousiasme.*

Jean Macé. — L'instruction pure et simple. « Faiseurs de lumière sans plus ». — La Ligue triomphante se dévoile. — La Ligue et la Maçonnerie. — La *morale indépendante*. — M. Brisson. — Paul Bert. — Plus de théorie morale. — Devant les Chambres. — Le Dieu des braves gens. — Les Manuels. — La morale civique. 57

II. — *Déception et cris d'alarme.*

Le rapport de M. Lichtenberger. — Le déficit moral. — Les craintes de M. Pécaut. — « Laïciser la religion ». — « L'âme de l'école ». — M. Bonzon. — M. Sabatier. — La jeunesse criminelle. — M. Tarde à M. Buisson. M. Buisson. Sa réponse. — M. Fouillée. — Paul Janet. — M. Lavisse . . 83

CHAPITRE III

Certains savants

M. Brunetière. — Le banquet Berthelot. — M. Berthelot contredit par tout le monde. — « Boniments de tréteaux ». 97

CHAPITRE IV

L'éducation morale dans l'université

I. — *Kant à l'école primaire.*

M. Payot. *Le Volume.* — La philosophie de la douleur. — Sommation à Dieu. Concours pédagogique. — La toute-puissante volonté. — L'ivresse du doute et de l'action. — Au delà du Kantisme. — L'affaire Gobillot. — Contre l'armée. . . . 115

II. — *La haute pédagogie.*

A l'École des Hautes Études sociales. — Plus de doctrine morale. Le « ton » et l'« allure ». — La suspecte métaphysique. — Déclamation et mimique. 137

CHAPITRE V

La Solidarité

I. — *La Dette Sociale.*

M. Bourgeois et sa découverte. — Deux alliés en

désaccord. — Encore l'École des Hautes Études sociales. 153

II. — *L'humanité et l'Individu.*

Découverte de l'humanité. — L'individu est tout. — L'individu n'est rien. — L'individu se décidera-t-il à exister ? 166

CHAPITRE VI

Propos divers sur le même sujet

M. de Lanessan enterre Dieu. — « La mouvante opinion de l'humanité sur elle-même et sur Dieu ». M. Lavisse. — M. Lavisse définit « ce que c'est que d'être laïque ». — La déesse Raison. — Une «provision d'idéal». M. Liard. — Vertu et récompense. — A la Chambre. M. Bourgeois en cérémonie. — La nation et l'armée. . . . 177

CHAPITRE VII

Les Jeunes Filles

I. — *L'école de Fontenay.* M. Pécaut. — L'incident des « *Morts qui parlent* ». 203
II. — *Les « Sévriennes ».* 211

CHAPITRE VIII

Morale socialiste

M. Jaurès égal de Dieu et fervent adorateur de Dieu. — En quatre ans. — L'égoïsme altruiste. 217
Benoît Malon. — M. Georges Renard. — L'union libre. — Pas de libre arbitre. — M. Deville. —

Tautologie philosophique. 222
M. Guesde. — Tous les besoins légitimes. — Plus
de remords. — La famille provisoire. . . . 227
M. Fournière. « La famille idéale ». — Les expériences amoureuses. 230
Les Annales de la Jeunesse laïque. — Le Mariage.
— M. Naquet dénonce le « catholique » Brisson.
— Les *Temps nouveaux* . . . , ... 233

CHAPITRE IX

L'Impératif catégorique

Kant et Schopenhauer. — M. Fouillée contre le Kantisme. — Un coup d'état dans le monde moral. —
M. Cresson. — M. Brochard. — L'ancien pasteur Schérer 237

CHAPITRE X

La Liberté autoritaire

Les laïcisateurs se vengent de leurs déceptions et de leurs inquiétudes. — Les Universités populaires. — L'affaire Deherme 249
Les Congrégations. M. Waldeck-Rousseau. Le vœu. MM. Renault-Morlière, Piou, de Mun, Ribot, abbé Gayraud, abbé Lemire. — La guerre à la croyance catholique. M. Viviani. — Plus d'école neutre. — M. Jaurès dénoncé. — « Vieille guitare ». — Le Congrès de Lyon. — Les catholiques hors la loi. — Promesse de M. Buisson, oubliée par lui. — Lapsus ou précaution ? — « Épris de vérité ». — Pas plus de liberté que de neutralité. — Dogme démocratique. — L'exécution 254

CHAPITRE XI

L'Évangile de M. Buisson

M. Buisson veut « laïciser la religion ». — La religion « catholique » libre-penseuse. — Plus de surnaturel. — Le Dieu de M. Buisson. — Concessions apparentes. — L' « arrière-fond métaphysique ». — Ironiques subtilités. — Une « fenêtre sur l'infini ». — Le moralisme insuffisant et suffisant. — M. Buisson disciple et continuateur de Jésus. 271

CHAPITRE XII

« Le livre le plus lu en fait de psychologie »

MM. Levraud et Couyba. — Un livre interrompu. — M. Rabier 303

CHAPITRE XIII

« La paille des mots et le grain des choses »

Le mot fétiche. — Le grand besoin d'un peu d'ordre. — Le *Dictionnaire universel de la pensée*. — M. l'abbé Blanc. — Le Dieu de la pédagogie laïque. — Le bon plaisir de Dieu. — La contrefaçon pédagogique. — Le réveil du sens commun 315

NOTES ET RENVOIS. 333
NOMS PROPRES CITÉS 341
TABLE ANALYTIQUE DES MATIÈRES 347

FIN DE LA TABLE DES MATIÈRES

IMPRIMERIE J. BELLIN. — MONTDIDIER.

Documents manquants (pages, cahiers...)
NF Z 43-120-13

www.ingramcontent.com/pod-product-compliance
Lightning Source LLC
Chambersburg PA
CBHW060056190426
43202CB00030B/1820